"呼和浩特市科技项目计划（2013-创-2）"资助项目

中国西部城市文化产业发展战略实证研究

张智荣 柴国君 编著

图书在版编目(CIP)数据

中国西部城市文化产业发展战略实证研究./张智荣,柴国君编著.—北京:经济管理出版社,2014.6

ISBN 978-7-5096-3108-9

Ⅰ.①中… Ⅱ.①张… ②柴… Ⅲ.①城市文化-文化产业-产业发展-研究-西北地区 ②城市文化-文化产业-产业发展-研究-西南地区 Ⅳ.①G127

中国版本图书馆CIP数据核字(2014)第089790号

组稿编辑:王光艳
责任编辑:许　兵　吴　蕾
责任印制:杨国强
责任校对:陈　颖

出版发行:经济管理出版社
　　　　(北京市海淀区北蜂窝8号中雅大厦A座11层　100038)
网　　址:www.E-mp.com.cn
电　　话:(010)51915602
印　　刷:北京京华虎彩印刷有限公司
经　　销:新华书店
开　　本:720mm×1000mm/16
印　　张:16.25
字　　数:309千字
版　　次:2014年6月第1版　2014年6月第1次印刷
书　　号:ISBN 978-7-5096-3108-9
定　　价:58.00元

·版权所有　翻印必究·
凡购本社图书,如有印装错误,由本社读者服务部负责调换。
联系地址:北京阜外月坛北小街2号
电话:(010)68022974　邮编:100836

中国西部城市文化产业发展战略实证研究编委会

主　编：张智荣　柴国君

副主编：王志强　安俊美　曹　鲲

编　委：王　姗　王冠杰　李文龙　李建斌
　　　　刘建军　吕　君　周慧林　屈燕妮
　　　　游喜喜

前 言

中国的社会转型是一个长期的阶段性过程,尤其是在以磨合和调整为重要特征的社会转型中期,制定和调整城市发展战略,不仅要考虑城市社会的现实需要,而且要考虑到未来的可持续发展的需要。自党的"十六大"以来,我国城镇化发展迅速,2002年至今,我国城镇化率以平均每年1.35%的速度发展,城镇人口平均每年增长2096万。2011年,城镇人口比重达到51.27%,比2002年上升了12.18%,城镇人口为69079万,比2002年增加了18867万人;乡村人口65656万,减少了12585万人。城镇化速度的加快,要求城市必须增强综合竞争力,提高为居民造福的能力。

提到城市竞争力,大多数人首先想到的是城市经济的发展情况、城市规模的大小、城市状况等。然而,人们往往会忽略一个很重要的因素,即城市文化产业。世界上的城市是千差万别的,根本的区别就在于城市文化的不同。城市是文化的体现,每一个城市都有属于自己的鲜明色彩,都有属于自己的灵动音符,都有属于自己的故事。所以,一个城市要张扬城市个性,增强综合竞争力、创造文化新特色和发展文化产业是十分重要而且是必要的。因此,在城市经济发展和城市竞争中,发展文化产业刻不容缓。

所谓文化产业,是在市场经济条件下,对精神产品的生产、交换、分配和消费实行规模化、专业化和商品化的一种文化发展方式。其特征是将文化和经济结合,以满足人们的文化需求为目标,强调以经济效益带动社会效益。随着世界经济与文化的日益融合,文化和文化产业已渗透到经济和社会生活的各个方面,表现出越来越举足轻重的地位,成为影响经济增长水平、提升竞争力和增强综合国力的主要因素。文化"软实力"越来越成为综合竞争力的核心要素,文化兴则社会兴,文化强则实力强。

文化产业与城市经济的发展密切相关。一个城市要长足发展,并彰显特色,必须大力发展文化产业。首先,文化产业的发展为城市创造新的经济增长点,有利于加快小康社会的建设,一个城市的经济增长,不仅取决于该城市的物质生产部门,在很大程度上与该城市的文化传统、民俗风情、社会风气、地理环境、气候条件等因素密切相关。城市特色文化是一种重要的文化资源,它和具体的产业相结合,能创造出巨大的经济效益。随着我国经济发展水平的不断提高,人们的生活质量越来越高,对文化产品的需求和消费日益增加,由此形成了一个又一个新的经济增长点,同时文化产业具有广泛的关联度,能对其他产业产生巨大的拉动作用,从而为城市经济的发展再创动力。其次,文化产业的发展为提升城市竞争力提供了精神动力和智力支持。文化是人们思想观念和世界观的集中反映。城市的主体文化能培养起一代代人对城市的心理归属感和认同感,使人们形成大体一致的价值观念和行为取向,成为凝聚和激励城市各个阶层的重要精神力量。最后,文化产业的发展可以促进城市的可持续发展,增强城市的竞争力。一个城市的现代化发展程度如何,从一定程度上来说,主要是看该城市文化产业发展的程度高低以及由文化所串联起来的其他产业的发展水平,可以这么说,城市发展以文化论输赢。

中国城市的发展东、西部地区差异极大,西部地区城市大多属于欠发达城市,中国的发展类型属欠发达追赶跨越式。实现欠发达城市经济的跨越式发展,在很大程度上取决于城市化进程。西部城市化进程中存在的问题主要表现在:城市化总体水平偏低、城市呈粗放型发展、城市基础设施落后、城乡差距进一步拉大、城市间的吸引与辐射作用弱小以及生态环境整体恶化等。

当前,面对新一轮的发展形式,当发达地区城市纷纷把文化产业纳入战略视野加快推进时,中国西部城市能否抓住机遇,在发展文化产业上有所作为是一个值得认真研究的问题。首先,从客观条件分析,尽管中国西部城市发展文化产业面临种种劣势和困难,但也不乏特长和优势。比如,一些地方比较完整地保留了反映古老文明的遗迹,具有深厚的文化积淀;一些城镇也有着丰富的人文内涵,折射出悠久的历史色彩;一些乡村拥有丰富的民间艺术品种或得天独厚的自然景观。这种独特的文化资源条件,是那些发达地区所无法比拟的,同时也是这些地区自身发展文化旅游及相关产业的强有力支撑和依托。其次,从主观动因来分析,中国西部城市的各级干部和广大群众并不甘心落后,在他们当中蕴藏着极大的发展热情和积极性。一旦寻找到一条能够改变落后现状的路子,他们便会以一种特有的执着和踏实精神去追求、去奋斗。最后,从发展需求和趋势来分析,中国西部城市要想求得较快发展,必须在调整产业和产品结构上下功夫,而文化创意产业的高附加值可以推动城市产业升级,推动服务业向高品位的现代服务业转变,提升城市品位,打造城市建设新形象。

呼和浩特市属于国务院公布的第二批国家级历史文化名城,其所在地——内蒙古自治区的土默川平原是华夏文明的发祥地之一,是胡服骑射的发祥地,是昭君出塞的目的地,是鲜卑拓跋的龙兴地,是旅蒙商家互市之地,是游牧文明和农耕文明交汇、碰撞、融合的前沿。其政治结构、经济结构及文化结构的基础已经由早期的以游牧生产方式为主转变为现在的以工业生产方式为主。呼和浩特市具备中国西部城市的所有特点,因此在一定程度上是中国西部城市的典型代表。

笔者以呼和浩特市文化产业发展战略为实证,较系统地研究了中国西部城市文化产业发展的基础条件、目标定位、发展重点及其战略举措,在一定意义上可为中国西部城市文化产业的发展提供借鉴。呼和浩特市文化产业的研究基础薄弱,笔者在对呼和浩特市文化产业管理相关单位和文化产业生产经营企业整体调研的基础上,走访了全区十二个盟市的相关单位,并对成都、昆明、西安和银川等"兄弟城市"的文化产业发展经验进行了专题考察,收集了大量的数据和资料,为本研究顺利开展奠定了良好的基础。在研究过程中,呼和浩特市委、市政府给予了充分的支持和关心。市委常委、宣传部长王雪峰同志在研究过程中携相关部门领导亲自与研究成员座谈,并多次给予指导;副市长白金祥同志结合内蒙古自治区制定文化产业中长期规划的要求,与研究成员举行了座谈讨论。此外,呼和浩特市市委宣传部、文广局、发改委等相关部门及众多文化企业也给予了积极的支持,在此一并表示深深的谢意。

另外,作为社会科学服务于社会的重要工具,本书坚持学术视角、专家立场,讲求实事求是、客观公正,体现科学性、应用性、丰富性。研究秉承学术上各抒己见,内容上兼容并蓄。因此,本书研究成果或结论均属个人或课题组观点,不代表单位或官方结论。由于文化产业涉及门类较多,归口管理复杂,资料收集难度较大,且数据统一性较差,加之时间仓促,研究工作难免挂一漏万,敬请谅解。

张智荣

2014 年 4 月

目 录

第一章 城市发展与文化产业 …………………………………… 1
一、城市发展与文化产业的联动关系 ……………………………… 1
二、城市文化产业发展的相关理论概述 …………………………… 9

第二章 国内外城市文化产业发展的实践 …………………… 16
一、国外城市文化产业发展的实践 ………………………………… 16
二、国内城市文化产业发展的实践 ………………………………… 22
三、城市文化产业发展的基本模式 ………………………………… 27

第三章 中国西部城市文化产业发展的基本路径 …………… 30
一、中国西部城市文化产业发展的主要特点 ……………………… 30
二、西部城市文化产业发展的基本路径 …………………………… 32

第四章 中国西部城市文化产业发展经验 …………………… 37
一、西安市文化产业发展经验借鉴 ………………………………… 37
二、成都市文化产业发展经验借鉴 ………………………………… 46
三、昆明市文化产业发展经验借鉴 ………………………………… 51
四、银川市文化产业发展经验借鉴 ………………………………… 57

第五章 中国文化产业发展政策研究 ………………………… 66
一、中国文化产业发展政策沿革 …………………………………… 66
二、中国文化产业发展政策走向 …………………………………… 75

第六章　呼和浩特市文化产业资源及其开发利用 …… 77

一、呼和浩特市文化资源及其产业化价值分析 …… 77

二、呼和浩特市文化产业生产力资源现状及特点 …… 93

三、呼和浩特市文化资源产业化开发的评价 …… 114

第七章　呼和浩特市文化消费现状、特点和趋势研究 …… 123

一、呼和浩特市文化消费现状及趋势调查 …… 123

二、呼和浩特市文化消费现状与影响因素分析 …… 126

三、呼和浩特市文化消费趋势分析 …… 133

四、呼和浩特市游客消费行为分析 …… 136

五、启示 …… 142

第八章　呼和浩特市文化产业发展现状 …… 144

一、呼和浩特市文化产业发展现状分析 …… 144

二、呼和浩特市文化产业发展存在的问题分析 …… 159

第九章　呼和浩特市文化产业发展定位与目标 …… 163

一、呼和浩特市文化产业发展的定位 …… 163

二、呼和浩特市推进文化产业发展的基本原则 …… 168

三、呼和浩特市文化产业发展战略目标 …… 169

四、呼和浩特市文化产业发展的基本任务 …… 173

五、呼和浩特市文化产业发展战略实施步骤 …… 175

第十章　呼和浩特市文化产业发展战略重点 …… 180

一、数字传媒业 …… 180

二、文化旅游业 …… 183

三、文化创意设计业 …… 190

四、文博会展业 …… 194

五、文娱演出业 …… 198

六、艺术品创作与交易业 …………………………………………… 201
七、出版印刷与发行业 ……………………………………………… 204

第十一章　呼和浩特市文化产业总体布局 …………………………… 209

一、呼和浩特市文化产业发展布局的指导思想 …………………… 209
二、呼和浩特市文化产业总体布局 ………………………………… 211

第十二章　中国西部城市文化产业发展战略举措与保障体系 ……… 226

一、中国西部城市发展文化产业的战略举措 ……………………… 226
二、中国西部城市文化产业发展的保障体系 ……………………… 240

第一章
城市发展与文化产业

城市是文化产业发展的重要载体和平台。城市为文化产业发展提供了必需的资源、文化氛围和广阔市场。当然并不是只有城市才有文化产业,但是不可否认的是城市在今天,尤其是中国文化产业发展中具有重要地位,以及发挥着越来越重要的作用。

一、城市发展与文化产业的联动关系

从全球经济的发展来看,文化产业对经济发展的促进作用越来越明显,越是经济发达国家,文化产业也越发达,而且"文化产业体现出向城市集聚和扩展的特征"。①

(一)文化产业

文化产业的发展,是以文化为基础,以文化事业发展为保障。离开文化,文化产业将成为无本之木、无源之水。没有文化事业发展,文化产业发展将困难重重。

---

① 张胜冰:《文化产业与城市发展》,北京大学出版社,2012年版。

1. 文化

什么是文化？很多专家、学者从不同学科的角度做过不同的解释，据统计，有关"文化"的各种不同定义至少有两百多种。英国人类学家泰勒认为：文化或文明即是包括知识、信仰、艺术、道德、法律、风俗，以及作为社会成员的个人而获得的任何能力与习惯的一个复杂的整体。① 我国学者张俊伟认为：文化是指一个国家或民族的历史、地理、风土人情、传统习俗、生活方式、文学艺术、行为规范、思维方式、价值观念等。文化的本质属性就是非强制性的影响力。② 可见，文化的内容极其广泛，无论怎么定义文化，我们都能发现它涵盖了人们生活的方方面面，既表现为人们的高级精神生活，又体现在人们衣食住行等日常生活中。文化成为人们生活的准则，影响着人们的思维方式、行为习惯。

关于文化的分类，国内外专家学者同样提出了诸多的观点和看法，具体地讲，有两分法，即将文化分为物质文化和精神文化；有三层次说，即文化表现为物质、制度和精神三个层次；有四层次说，即物质、制度、风俗习惯和思想与价值；还有将文化分为六大子系统，即物质、社会关系、精神、艺术、语言符号和风俗习惯等。③

2. 文化事业

文化事业是我国特有术语，是我国政治经济体制当中存在的文化事业单位的集合名词。文化事业的本质在于非营利性，与考虑营利性活动的文化产业相对应。从这个意义上来说，非国有性质的公益性文化服务组织（如私人博物馆），以及其他社会文化服务组织（如社会上各类文化团体）也属于文化事业的范畴。文化事业单位，是指在文化领域从事研究创作、精神产品生产和文化公共服务的组织机构。④

3. 文化产业

自20世纪90年代以来，随着以知识为核心生产要素的知识经济时代的到来，文化产业得到快速发展，甚至在有些国家已经成为支柱产业，文化产业成为经济发

---

① 文化，百度百科，http://wenku.baidu.com/View/bef36f3383 lh4bb4cf7ecd/5b.html.
② 张俊伟：《极简管理：中国式管理操作系统》，机械工业出版社，2013年版。
③ 向勇、刘静：《文化产业应用理论》，金城出版社，2011年版。
④ 百度百科，http://baike.baidu.com/view/1568899.htm.

展中的"朝阳产业"或"黄金产业"。

关于文化产业概念的界定,世界各国还没有一个统一的说法。较为权威的定义有,联合国教科文组织规定:文化产业是指"按照工业标准生产、再生产、储存以及分配文化产品和服务的一系列活动"。在美国,文化产业主要是指为满足人们文化需求,通过工业化和商品化方式进行的文化用品和文化服务的生产、交换和传播。文化产业主要包括生产文化产品和提供文化服务。① 而站在知识创新角度,文化产业通常又被称为"文化创意产业",强调了新时期文化产业是以知识创新为基础,以信息技术为手段,以创意、产业化方式进行生产、传播文化产品和提供文化服务的新兴产业。

随着我国文化产业的发展,国内对文化产业的研究也日益深入,关于什么是文化产业的问题,2003年9月,文化部在下发的《关于支持和促进文化产业发展的若干意见》中,将文化产业界定为:"从事文化产品生产和提供文化服务的经营性行业。"2012年,《文化部"十二五"时期文化产业倍增计划》中指出:文化产业是社会主义市场经济条件下满足人民多样化精神文化需求的重要途径,是促进社会主义文化大发展大繁荣的重要载体,是国民经济中具有先导性、战略性和支柱性的新兴朝阳产业,是推动中华文化"走出去"的主导力量,是推动经济结构战略性调整的重要支点和转变经济发展方式的重要着力点。文化产业是与文化事业相对应的概念,两者都是社会主义文化建设的重要组成部分。文化产业是社会生产力发展的必然产物,是随着中国社会主义市场经济的逐步完善和现代生产方式的不断进步而发展起来的新兴产业。2012年,国家统计局对"文化及相关产业"的界定是:为社会公众提供文化产品和文化相关产品的生产活动的集合。根据这一定义,文化及相关产业包括了四个方面的内容,即文化产品的生产活动、文化产品生产的辅助生产活动、文化用品的生产活动和文化专用设备的生产活动。其中文化产品的生产活动构成文化及相关产业的主体,其他三个方面是文化及相关产业的补充。②

4. 城市文化产业

城市文化产业是指与城市经济相匹配的文化产业。它主要包括:软件开发业、信息咨询业、创意设计业、教育培训业、体育竞技业、报刊出版业、影视娱乐业、文化

---

① 丹增:《文化产业发展论》,人民出版社,2005年版。
② 国家统计局:《国家统计局关于印发文化及相关产业分类(2012)的通知》国统字[2012]63号,2012年7月。

旅游业等。① 城市拥有科技、信息、人才、资金、基础设施等方面的优势,是文化产业发展的重要平台。

5. 文化产业的兴起与发展

文化产业的发展,一直伴随着科学技术的进步。15世纪金属活版印刷的发明,带来了传播媒介的革命,它提供了第一批可重复生产的产品、第一条生产流水线、第一次大规模生产。② 第一次产业革命后,生产水平大幅度提高,文化产业也因此快速发展起来。电子媒介的出现,催生出大众文化产业。1895年,电影被发明;1920年,世界上第一家广播电台开始播音;1926年,电视出现;等等。这些传播工具的出现,标志着人类进入电子媒介时代,继而进入印刷传播与电子传播并驾齐驱的现代大众传播时代。③ 与此同时,其他各种文化产业,如报刊、图书出版、演艺娱乐业、会展业、文化遗产等,也开始蓬勃发展,为文化产业的形成、发展奠定基础。

进入20世纪中叶以来,随着现代高科技,如微电子与信息技术、新材料、新能源技术等的飞速发展,特别是计算机和互联网的出现,极大地推动了文化产业的发展,文化产业开始形成庞大的产业群和较为完整和系统的产业链。今天,文化产业已经成为很多国家特别是发达国家的支柱性产业,已经成为当今世界经济发展中最为活跃、最具潜力的部分。④

6. 我国文化产业的发展

追溯我国文化产业的发展,大致可以划分为三个阶段:

(1) 早期文化产业发展阶段。这个阶段主要指从19世纪中叶到新中国成立之前。在这一时期,西方文化、生产方式和管理模式逐渐进入中国,文化产业也开始逐步形成。1861年11月,由字林洋行创办、美国传教士伍德主编的《上海新报》公开发行,紧接着《申报》、《新闻报》、《循环日报》、《时务报》等报纸相继问世,标志着我国报纸产业的诞生和形成。在图书出版业,1897年创办的商务印书馆和1912年创办的中华书局是我国两大图书出版机构,从编印新式中小学教科书开始,到出版中外文工具书、刊物和学术著作等,从小型的印刷工场到引进先进、大型的印刷设备,标志着我国现代出版印刷业也已逐步形成。其他如戏剧演出业、文物古玩字画业等行业也相继发展起来。

---

①③④ 宋桂友:《文化产业基础》,重庆大学出版社,2010年版。
② 谢名家等:《文化产业的时代审视》,复旦大学出版社,2002年版。

(2)现代文化产业发展阶段。这个阶段主要是指从改革开放到20世纪末。新中国成立以后,文化被认为是意识形态,文化部门属于事业单位,其职责主要是宣传方针政策,这样的体制根本谈不上文化的产业化发展。改革开放后,我国经济发展迅速,人民群众生活水平提高,人们对文化的需求日益强烈,文化开始逐步由文化事业向文化产业化转变。1985年,国务院转发《关于建立第三产业统计的报告》,把文化艺术作为第三产业的一个组成部分列入国民生产统计项目,标志着我国已经将文化艺术业视作产业。1991年,国务院批转《文化部关于文化事业若干经济政策意见的报告》,首次提出"文化经济"观念。1992年,在由国务院办公厅综合司编著的《重大战略决策——加快发展第三产业》一书中,首次提出"文化产业"。1998年,文化部专门设立文化产业司,负责拟定我国文化产业发展规划和相关政策,推进文化产业的发展。就在这一阶段,我国文化制造企业、文化服务企业、文化消费场所,以及广告公司、演艺公司等文化企业,如雨后春笋般涌现出来,甚至出现了一些文化企业集团,文化发展呈现出强劲的产业化趋势。[①]

(3)新兴文化产业发展阶段。这个阶段主要是从进入21世纪开始,由于全球经济一体化和我国加入世贸组织带来的强劲挑战和巨大的推动作用,以及信息技术高速发展,我国经济结构转型,为我国文化产业发展带来了千载难逢的机遇。这一阶段我国文化产业发展的主要特点表现为:在高科技引领下,文化产业逐步走向区域化、集群化、科技信息化。

进入21世纪,我国政府对文化产业的发展给予极大关注。2002年,党的"十六大"明确提出"积极发展文化事业和文化产业"、"完善文化产业政策,支持文化产业发展,增强我国文化产业的整体实力和竞争力"。2003年9月,文化部制定下发了《关于支持和促进文化产业发展的若干意见》,指出文化产业是"随着我国社会主义市场经济的逐步完善和现代生产方式的不断进步而发展起来的新兴产业",分析了我国文化产业发展的现状和存在的主要问题,明确了我国文化产业发展的指导思想、发展目标和基本思路,提出了发展我国文化产业的主要措施。在2006年中共中央办公厅、国务院办公厅印发的《国家"十一五"时期文化发展纲要》中,对我国文化发展做了科学规划和部署,对文化产业明确提出要"发展重点文化产业"、"优化文化产业布局和结构"、"转变文化产业增长方式"、"培育文化市场主体"、"健全各类文化市场"、"发展现代文化产品流通组织和流通方式"等。2012年,《国家"十二五"时期文化改革发展规划纲要》中指出,"要构建现代文化产业体

---

① 宋桂友:《文化产业基础》,重庆大学出版社,2010年版。

系,推动文化产业跨越式发展,使之成为新的经济增长点、经济结构战略性调整的重要支点、转变经济发展方式的重要着力点,为推动科学发展提供重要支撑"。2012年,《文化部"十二五"时期文化产业倍增计划》中提出"全面提升文化产业创新能力和核心竞争力,推出一批内容健康向上、深受群众喜爱、市场占有率高的中国原创文化产品,努力满足人民多样化精神文化需求,推动文化产业成为国民经济支柱性产业"。正是由于国家的高度重视,使得我国文化产业迎来了发展的春天,走上了加速发展的快车道。

(二)城市发展与文化产业的关系

文化产业与城市发展是共生共荣的关系。① 城市的发展,极大地推动了城市文化产业的发展。从国内外一些文化产业发展较好的城市来看,城市规模越大,经济发展越好,城市居民的生活水平越高,则文化产业基础设施越完备、越先进,城市居民在文化方面的消费需求越强烈,文化产业发展越好,反之亦然。

1. 城市发展为文化产业发展提供了雄厚的经济基础

文化产业的发展需要大量的前期投入,需要完善的基础设施,需要人才、市场的培育,如此巨大的资金需求,如果得不到满足,必然制约文化产业的发展。相对于农村而言,城市经济发达,经济规模也比较大,发展文化产业具有先天优势。国内外文化产业较为发达的地区,都是经济实力较强的城市或地区。一般而言,文化产业主要通过政府直接投入、银行贷款、民间资金注入或其他融资渠道来解决资金问题,从当前我国城市和农村发展的实践来看,城市在资金来源和使用方面比农村有着更大、更明显的优势。

2. 城市发展为文化产业提供了人才、技术和文化支撑

文化产业发展的一个重要条件就是必须拥有大量的专业人才,包括经营人才、管理人才和研发人才。城市也是文化产业人才的主要聚居地,城市也能够为培育人才提供最好的条件,包括培育机构、资金、学习条件等。

文化是文化产业发展的基础,文化资源是文化产业发展的重要资源,脱离了地方文化发展文化产业,就会失去发展的土壤,无法汲取营养,从而丧失生命力。城

---

① 张胜冰:《文化产业与城市发展》,北京大学出版社,2012年版。

市是文化的主要载体,每一个城市都有自己的历史,都有经过长期沉淀下来的独特的城市文化,这些文化资源成为文化产业发展的重要源泉。国内外凡是文化产业发展较好的城市,无不立足于本身的文化。如欧洲的多数城市以及亚洲日本和韩国,我国的北京、上海等城市。

3. 城市发展为文化产业提供了更大的消费市场和发展空间

城市一直是商品消费的主要地区。2013 年,我国城镇常住人口为 73111 万,占我国人口总数的 53.73%,城镇居民人均可支配收入 26955 元,农村居民人均纯收入 7907 元,城镇消费品零售额 205858 亿元,①占消费总额的 86.56%。从以上数据可以看出,城镇居民消费是我国消费的主要力量,城市是消费的主要市场。

我国城镇居民收入水平和教育水平的提升,直接带来的是城镇居民文化消费能力、文化消费需求的日益增强,为城市文化产业的发展、文化市场的培育奠定了基础。近年来,我国旅游业快速发展。按照国际上的一般看法,当人均 GDP 达到 1000 美元时,旅游需求开始产生;突破 2000 美元,"大众旅游消费"开始形成;达到 3000 美元,旅游需求就会出现爆发式增长。2010 年,我国人均 GDP 达到 4000 美元,2013 年达到 6767 美元,标志着我国旅游业进入快速发展阶段。2013 年国内游客 32.6 亿人次,比上年增长 10.3%;国内旅游收入 26276 亿元,增长 15.7%。②旅游业的快速发展,游客旅游经验和消费能力的提高,我国旅游业开始由原来的"低级阶段"向品位游、文化游等高级阶段转变,文化旅游业发展空间极大。

近年来,我国加速推进城镇化建设,城市规模不断加大,居民人口数量逐渐增加,基础设施日趋完备,公共服务体系日益完善,消费品市场不断扩张,城市得到充足的发展,为城市文化产业的发展奠定了物质基础。

4. 在新经济条件下,文化产业成为城市发展新的经济增长点

"新经济"是针对"旧经济"而言。所谓"新经济"是指以信息和技术革命为基础,以满足消费者需求为目的新的经济模式。"新经济"主要集中于第三产业和第四产业,即服务经济和知识经济领域。

20 世纪后期,发达国家受能源、环境、劳动力成本等因素的影响,传统制造业开始向发展中国家尤其是新兴经济体国家转移,传统经济模式在发达国家开始走

---

①②国家统计局:《2013 年国民经济和社会发展统计公报》,2014 年 2 月。

向衰落,带来的是经济发展缓慢甚至是衰退,失业率上升。因此,发达国家必须通过产业结构调整来寻求新的发展机会,第三产业、第四产业开始逐步兴起,"新经济"模式开始出现。21世纪初的美国,就是通过发展高新技术产业和知识主导型产业,经济才逐渐恢复活力,社会就业逐步提升,新经济成为经济发展的主要力量。新经济模式也开始由美国走进欧元区,并逐步走向全球。

而对于中国、印度等发展中国家来说,同样面临着经济结构转型的问题。近年来,发展中国家经济增速较快,人均消费水平日益提高,由此形成对能源的依赖和能源日益短缺的矛盾,经济发展与环境保护的矛盾,经济粗放发展与持续发展的矛盾日益凸显,以及由于劳动力成本的快速增加,使其在20世纪90年代以来在全球市场上确立的价格优势正在逐渐消失。如何保持经济继续增长,缓解多年来由于经济快速增长带来的一系列矛盾,发展中国家经济结构转型升级已迫在眉睫。

文化产业是新兴产业,是新经济模式的主要力量,文化产业的兴起和快速发展正是在全球经济结构转型升级这一大背景下完成和实现的。文化产业也必将成为未来城市发展的主线,成为城市发展新的经济增长点。

5. 在新形势下,文化产业的发展对就业的拉动作用日趋明显

我国城市规模不断扩大,城市人口不断增加,给城市就业带来空前的压力。如前所述,由于第二产业逐渐衰落,而且其受环境、国家宏观政策的影响,对就业的拉动能力日趋减弱,第三产业和第四产业对就业的吸纳能力日益增强,因此,必须大力发展第三产业和第四产业,才能缓解就业压力。2013年,我国第三产业增加值为262204亿元,增长了8.3%,第三产业增加值比重为46.1%,第三产业增加值占比首次超过第二产业,①城镇就业人员和全国农民工总量已达65134万人。据人社部发布的2011年我国三次产业就业人口公报显示,第三产业就业人口占就业人口总数的35.7%,②已超出第一产业、第二产业的34.8%和29.5%,第三产业成为吸纳就业的主体,而且这个趋势越来越明显。文化产业作为新兴产业,是第三产业、第四产业的主要部分,必将成为解决就业的主要渠道。

6. 文化产业有助于城市品牌的树立,提升城市的品位和层次

城市品牌是一个城市在推广自身城市形象的过程中,根据城市的发展战略定

---

① 国家统计局:《2013年国民经济和社会发展统计公报》,2014年2月。
② 人社部:《2011年我国三次产业就业人口公报》,2012年6月。

位所传递给社会大众的核心概念,并得到社会的认可。① 城市品牌的树立,必须立足于城市实际,结合自身的文化内涵,这样的品牌才能树得起、立得住。中国香港的城市品牌定位是活力与创新的"亚洲国际都会",它既紧密结合了中国香港100年来逐步积淀下来的特有的城市文化,又考虑到中国香港在未来世界和中国内地发展中的角色和地位。

城市文化产业的发展,能够推进城市文化事业的发展,完善城市文化基础设施,促进不同地区文化交流,吸引各类专业人才,从而促进城市经济水平的提升,满足城市居民的物质文化需求。同时,城市文化产业的发展,有助于城市文化的发展与传播,有助于树立城市的良好形象,有助于城市的品牌不断推广,让城市品牌和形象被城市居民接受,被其他地区的人们认知、了解。

二、城市文化产业发展的相关理论概述

城市文化产业不能一哄而上,人云亦云,盲目发展,需要相应的理论的支撑。

(一) 城市文化产业可持续发展的相关理论

1. 城市可持续发展理论

城市可持续发展是一种新的发展理论,是在城市发展理论基础上发展、形成的。1987年,世界环境与发展委员会(WCED)通过并发表了《我们共同的未来》报告,第一次提出了可持续发展的概念,从此,人类社会的可持续发展开始逐渐被人们所接受,对其研究也日渐深入。该报告认为可持续发展就是指"既满足当代人的需要,又不对后代人满足其需要能力构成危害的发展"。在1989年发表的《关于可持续发展的声明》中,对可持续发展做了较为系统的定义:可持续发展是指满足当前需要而又不削弱子孙后代满足其需要能力的发展。它包括子孙后代的需要、国家主权、国家公平、发展中国家的持续经济增长、自然资源基础、生态抗压力、环境与发展相结合等。也就是说,可持续发展是经济增长、社会进步要与资源和环境的

---

① 百度百科,http://baike.so.com/doc/6282887.html.

保护结合起来,和谐发展。在人类追求发展,满足自身日益增长的物质、文化需求的同时,又要处理好因经济发展带来的自然资源和环境问题,使得子孙后代也能够满足他们的需要,能够和当代人一样发展、进步。可持续发展是一个全球性问题,必须在全球共同努力下可持续发展才能实现。如何实现可持续发展？1994年3月我国通过的《中国21世纪议程》,是我国实现可持续发展的总体战略方案。方案中提出,我国实现可持续发展的战略目标包括"主要是在保持经济快速增长的同时,依靠科技进步和提高劳动者素质,不断改善发展质量,促进社会的全面发展与进步,建立可持续发展的社会基础,提倡适度消费和清洁生产,控制环境污染,改善生态环境,保持可持续发展的资源基础,逐步建立国家可持续发展的政策体系、法律体系及可持续发展的综合决策机制和协调管理机制。"

可持续发展理论的主要内容包括:①可持续发展的核心是发展。发展是人类社会永恒的主题,脱离了这个主题,就谈不上可持续。②可持续发展要统筹兼顾短期利益和长期利益、近期目标和远景目标,发展不能以牺牲环境、子孙的利益为代价。③可持续发展不仅仅是经济发展,而是经济、社会、人口、资源、环境的协同发展。④可持续发展涉及的领域较多,包括社会、经济、人口、资源、环境等,因此可持续发展规划和实践,必须要考虑诸多因素,要通盘考虑,要有大局观。⑤可持续发展要注重社会效率的提升。发展需要资源,效率低下是对资源的最大浪费,要能够利用最少的资源换取最大限度的发展。⑥可持续发展是整体发展,不能只顾自己,不顾他人,只看局部,不考虑全局,只关注发达地区,不注意贫困地区。

2. 文化产业可持续发展理论

文化产业可持续发展理论的提出和研究要相对较晚。2001年,联合国教科文组织通过的《世界文化多样性宣言》中提出,"文化在不同的时代和不同的地方具有各种不同的表现形式。这种多样性的具体表现是构成人类的各群体和各社会的特性所具有的独特性和多样化","文化多样性是人类的共同遗产,应当从当代人和子孙后代的利益考虑予以承认和肯定"。所以,文化产业中的文化资源并不是取之不尽,用之不完的。在人类社会不断发展、技术进步日新月异的今天,很多国家或地区的传统文化已经出现了不同程度的损毁,甚至是消失。因此,文化同样存在可持续发展的问题。2003年原文化部部长在第七届国际文化政策论坛部长级年会发表《传统文化与现代化》主题演讲时指出:"现代化进程不断加快,为当代文化的发展创造了条件,也使传统文化的生存和发展出现了困境。传统文化的保护和发展,已经成为在经济全球化过程中维护世界文化多样性以及人类社会可持续发展的重要方面。""传统文化的保护,既包括物质形态的传统文化,也包括非物质形态的传统文化。"可见,文化的可持续发展是人类社会可持续发展的重要组成部分,对于传统文化的保护迫在眉睫且任务艰巨。只有对传统文化保护、继承、发扬,才能保证文化多样性和多元性的发展。

文化产业涉及的内容和领域非常广泛,如何在推动文化产业发展的同时,实现对传统文化的保护和发展。不同的专家学者站在不同的角度,对文化产业的可持续发展提出了不同的观点和看法,主要包括:①从文化资源开发和保护视角。历史文化遗产是文化资源的形式之一,是文化可持续发展的基础。要利用法律手段来保护文化资源的开发和利用,规范文化市场秩序。文化产业的文明发展只有在文化经济的可持续发展的文化生态环境中才是可能的。②从体制机制研究视角。研究者认为,文化体制问题是文化产业可持续发展的障碍,必须通过体制改革和机制的完善来实现文化产业的可持续发展。③从产业结构调整视角。文化产业的产业结构调整与社会、环境、资源的可持续发展有着紧密的关系。随着文化产业的快速发展,传统文化产业已不可能适应新经济发展的要求,必须通过文化产业结构的调整、升级才能实现文化产业的可持续发展。①

(二)文化产业区域发展理论

区域发展指在一定时空范围内,以资源开发、产业组织、结构优化为主要中心的一系列经济社会活动。② 区域发展理论是在19世纪初期兴起的,最初主要研究单个生产厂商在生产过程中,通过优化工厂区位来实现成本最低。随着近代空间经济学的发展,区域发展理论的研究开始从生产过程扩展到市场,由单个厂商扩展到整个产业,研究目标也开始转变为如何实现利润最大化。20世纪40年代,随着空间经济理论的发展,区域发展理论进入系统化发展时期。这一时期的区域发展理论在观点上呈现多样化的特点,如区域发展阶段理论、均衡发展理论、不均衡发展理论、区域增长理论、新马克思主义增长理论等。20世纪80年代,全球经济一体化浪潮到来,信息技术迅猛发展,现代区域发展理论进入一个新的发展时期。这一时期的区域发展理论开始强调知识、信息的重要性,认为在区域发展中,知识和技术将成为区域经济发展中最重要、最活跃的因素。

---

①胡惠林:《我国文化产业发展战略理论文献研究综述》,上海人民出版社,2010年版。
②百度百科,http://baike.so.com/doc/6971130.html。

文化是一个区域概念,打破了人为划分的行政区划。因此,区域文化产业发展是在区域经济发展和区域合作的基础上实现的。区域文化产业的发展,必然要实现市场化、协同化发展,是文化产业相关行业的共同发展,是文化产品和服务产业链上下游的共同发展。城市是实现区域合作的主体,城市文化产业发展必然要依赖区域城市的合作、协同发展。在区域文化产业发展过程中,单一城市首先应站在区域发展的高度,综合考察区域文化资源、经济基础、技术条件、市场及文化需求,建立区域合作制度和体制,分析城市在区域合作中拥有的优势、存在的劣势和发展潜力等,确定城市在区域合作中能够发挥的作用以及应扮演的角色,进而明确本城市在区域发展中的定位,以及适合发展的产业、行业。只有实现区域合作,打破地方保护主义,改变单一地区对文化资源的抢夺和占有的乱象,才能实现区域文化资源共享,区域内各部分优势互补,文化产业各行业有序发展,产业链有效整合,才能实现社会效率的提升、文化产业的充分发展。

文化产业的区域发展,必须要解决好以下几个问题:①建立有效的合作机制问题。在区域合作中,地方保护主义对区域发展阻碍极大,必须得到政府的支持,政府间的合作对于文化产业的区域发展至关重要。只有政府之间消除隔阂,才有可能打破地方保护主义壁垒,才能制定有效的制度和机制,保证文化产业区域发展的顺利进行。②解决好文化产业发展差异问题。由于相关地区经济发展差异造成的文化产业发展不平衡,有可能形成好的更好、差的更差的局面。③区域内合作单位的定位问题。要充分分析区域内各单位的优势、劣势,站在区域发展的高度,全盘考虑,明确定位,完善布局,确定好各地方在文化产业各行业、各领域以及产业链上各个环节中所发挥的作用。

(三)文化产业集聚与集群化发展理论

产业集聚是指同一产业在某个特定地理区域内高度集中,产业资本要素在空间范围内不断汇聚的一个过程。产业集聚问题的研究产生于19世纪末,马歇尔在1890年就开始关注产业集聚这一经济现象,并提出了两个重要的概念即"内部经济"和"外部经济"。马歇尔之后,产业集聚理论有了较大的发展,出现了许多流派。比较有影响的有韦伯的区位集聚论、熊彼特的创新产业集聚论、E.M.胡佛的产业集聚最佳规模论、波特的企业竞争优势与钻石模型等。①

---

① 陈少峰:《文化产业战略与商业模式》,湖南文艺出版社,2006年版。

1. 产业集聚的形成模式

(1) 市场创造模式。在区域内首先形成专业化市场,随着专业化市场的发展,产业的生产、研发等也逐渐集聚在市场附近,形成产业集聚。

(2) 资本转移模式。当一定数量的外部资本迁入区域内后,有可能吸引同类企业或相关企业、更多的外部资本迁入,从而形成产业集聚。当产业集聚形成后,就会产生集聚效应,区域产业效率会得到大幅提升,效益会增加。其原因是:①产业集聚能够形成规模经济,企业会更有效率。集中在一起的企业,通过一定区域内行业的分工与合作,能够降低生产成本和交易费用,下游企业也可以获得上游企业更稳定、更有效率的服务,区域企业将扩大在整个市场和行业中的影响力并有可能获得话语权,更重要的是可以吸引优秀的人力资源到区域中来。②有助于提升企业的创新能力。在区域内,由于企业与企业之间互动变得更容易,员工与员工之间沟通的机会更多,新工艺、新技术传播速度更快,以及人才的高度集中,为企业创新、技术创新创造条件。③提高企业的竞争力。产业集聚必然会加剧区域行业之间的竞争,竞争为企业生存、发展不仅带来压力,更会增添动力,企业必须不断提升管理水平,改进生产技术,降低成本,提升自身的竞争力。因此,与区域外的企业相比,区域内企业更具竞争优势。

2. 文化产业集聚

文化产业集群是指在一定区域内,相关文化企业按照分工协作的方式,集聚在一起的现象。文化产业集群具有一般传统产业集群的特征,但由于文化产业的特殊性,与传统产业集群有所区别。主要表现在以下两方面:一方面是传统产业集群主要关注技术创新,而文化产业集群在技术创新之外,更注重文化创意的产生;另一方面是传统产业集群多是因为企业集聚才形成人才的集聚,而文化产业集群一般是由于人才的集聚才形成企业的集聚。当前我国文化产业集群理论的研究,主要集中在集群发展模式、集群形成机制、竞争优势发展建议和文化产业集群竞争力评价等方面,在研究深度和广度尚处于初级阶段,没有形成自己的研究体系。① 现在我国各地区主要采取政府主导建立文化产业园区的形式来形成本区域的文化产业集群。

---

① 胡惠林:《我国文化产业发展战略理论文献研究综述》,上海人民出版社,2010年版。

（四）新兴业态文化产业发展战略

　　文化产业发展战略为国家、区域或文化企业明确了目标，指明了方向，制定了规划，它对文化产业发展具有全局性、前瞻性的意义。因此，要想发展文化产业，必须要研究、制定发展战略，这是文化产业发展的前提条件。从战略层面划分，文化产业发展战略包括国家战略、区域战略和文化企业战略。① 根据战略的具体内容划分，包括文化产业品牌发展战略、文化产业市场拓展战略、文化产业资本扩张战略和文化产业人力资源战略等。

　　新兴文化产业是指依托科学技术，尤其是数字技术和网络技术的新形态文化产业，主要包括数字出版、数字电视、动漫、网络游戏、手机新媒体等均是其代表性业态。② 新兴文化产业从出现的那一刻起，就蕴含着巨大的发展能量，发展速度极快，必将超越传统文化产业。从某种意义上说新兴文化产业改变了人们的生活方式，它代表着文化产业未来的发展方向。

　　新兴文化产业与传统文化产业相比，更注重创意和创新，因此其发展战略与传统文化产业相比有着很大的区别。新兴文化产业发展战略可分为三种类型：其一是作为整个文化产业发展战略组成部分的新兴文化产业发展战略；其二是作为独立研究对象的学校文化产业发展战略；其三是新兴文化产业所包括的具体门类的发展战略。③作为文化产业整体战略中的一部分，新兴文化产业发展战略实际上是附属于整体战略，它对新兴文化产业的发展只是宏观的、框架式的规划，并没有对如何发展新兴文化产业做出较为深入的分析和规划。作为独立的新兴文化产业发展战略，对发展的目标、定位、政策、产业布局等有了较为详细、合理的规划，并要提出切合实际的发展策略、发展步骤等。它的制定充分考虑地方文化、技术、人才等方面的因素。具体门类的发展战略主要是针对国家或区域内具体的新兴业态行业发展做出规划，如数字出版产业战略、动漫产业发展战略、网游产业发展战略、手游产业发展战略等。该规划必须要紧密结合实际，要深入的调查研究，综合考虑自身的基础和潜力，分析优、劣势和资源条件，还要考虑自身的比较优势，决定哪些产业适合发展，哪些产业不适合发展，切忌不能胡子眉毛一把抓，最后哪个行业也搞不好。

---

①朱建纲：《文化产业发展战略研究》，湖南教育出版社，2006年版。
②③胡惠林：《我国文化产业发展战略理论文献研究综述》，上海人民出版社，2010年版。

（五）比较优势和竞争优势理论

比较优势理论是由大卫·李嘉图在其代表作《政治经济学及赋税原理》中提出的。比较优势指的是国与国在贸易中所拥有的相对优势。该理论认为，在国家贸易中，每个国家都会根据"两利相权择其重，两弊相权择其轻"的原则，将资源投入到本国具有相对优势的行业中，集中生产并出口具有"比较优势"的产品，而针对"比较劣势"的产品一般会选择进口的方式。

文化产业涉及的领域、行业非常广泛。每个城市的经济发展水平不同，拥有的文化资源、基础设施、地理区位、人才、技术等各不相同。因此，在城市文化产业发展过程中，要深入分析本城市的资源条件，包括物质资源、人才资源、技术资源、信息资源、政策资源等，将优先的资源投入到拥有"比较优势"的文化产业和文化产品生产中，而不应该"遍撒胡椒面"，丢了西瓜捡了芝麻，造成文化资源浪费，社会效率低下。现今，我国很多城市不顾自身资源条件，一窝蜂上马动漫、游戏产业，发展后劲不足，就是最好的反面教材。

竞争优势理论是由迈克尔·波特提出，波特认为在各国或地区同类产业或可替代产业之间存在着绝对优势，这些优势不仅取决于一国或地区的资源条件，而是主要由该国或地区的产业创新和升级能力决定的。当前国际贸易中的竞争更多地表现为对知识的创造和吸收能力的竞争，竞争已远远超出某一个企业或行业的范围，已经涉及到一国或地区内部多种因素，价值观、文化、经济结构和历史都成为竞争优势产生的来源。① 竞争优势理论指出，国与国的国家竞争优势模型（又称钻石模型）包括四大要素和两大变数。四种要素包括：要素条件、需求条件、相关及支持产业以及公司的战略、组织以及竞争对手的表现。两种变数是指政府与机会。机会是难以掌控的，而政府政策的影响是至关重要的。

文化产业的竞争已日趋激烈，仅仅依靠独特的文化资源已难以取得竞争优势，随着技术进步的步伐不断加快，替代产品的生产，规模经济带来的成本降低，将不断蚕食资源带来的优势。新兴业态文化产业的飞速发展及未来无限的发展空间，都要求城市文化产业必须将发展重点转移到提高自主创新能力、产品的升级换代、成本控制能力方面，只有通过知识、技术、创新才能在产业发展中获得竞争优势。

---

①百度百科，http://baike.so.com/doc/6740670.html.

第一章
国内外城市文化产业发展的实践

20世纪90年代以来,由于计算机技术和网络技术的发展,文化产业得以快速发展。由于文化产业在经济发展、人民生活水平提高方面发挥着越来越重要的作用,以及其巨大的发展潜力,各国政府纷纷将关注和发展的重点转移到这一"朝阳产业"上来。与文化产业发展如火如荼的发达国家相比,我国文化产业无论在理论研究还是发展实践方面起步都较晚,尤其是西部欠发达地区,虽然资源禀赋得天独厚,具有先天的比较优势,但由于经济基础薄弱、观念落后、经验缺乏,文化产业发展得比较缓慢,有些地方文化产业盲目发展,对文化资源造成了极大的损毁。本章通过介绍发达国家和国内发展较好城市的文化产业发展实践,希望从中能发现城市文化产业走上良性发展轨道的规律和经验。

一、国外城市文化产业发展的实践

国外部分发达国家很早之前就十分重视文化产业的发展,已经成为其国民经济的战略性支柱产业,形成了良好的发展模式。

(一)美国

美国是当今世界当之无愧的头号文化产业强国。美国前总统克林顿曾称:"美国负有独一无二的责任和具有独一无二的能力在世界推进美国的价值观和促进美国的利益。"近年来,美国利用其在国际上的经济、技术、政治、军事等优势,在全球强行推行文化霸权主义,普及美国文化和价值观。2011年,美国拥有1500多家日报、8000多家周报、1.22万种杂志、1965家电台和1440家电视台,还拥有美国广播公司、哥伦比亚广播公司、全国广播公司三大电视巨头以及全球最具影响力的电影生产基地好莱坞。文化产业产值约占国内生产总值的10%,文化产业成为仅次于军工行业的第二大支柱产业。①

1. 实行"市场自由型文化产业政策"

美国制定文化产业政策奉行的是市场自由主义原则,这一原则体现了美国政府的执政理念和社会的特点,文化产业的发展完全按照自由竞争的市场规律来进行,政府绝不干涉,因此,美国政府没有设立文化部,以免影响自由竞争的市场经济的发展。美国政府主要致力于"为文化企业营造良好的发展环境,文化产业政策为市场经济服务。"②

2. 完善文化法律、法规

美国是世界上第一个为文化立法的国家,尤其是知识产权法体系更为完善。1965年,美国颁布了《国家艺术及人文事业基金法》。20世纪70年代,美国政府为保护文化产业的版权,提升版权产业发展能力,增强其在全球的竞争力,先后通过了《版权法》、《半导体芯片保护法》、《计算机软件保护法》、《反电子盗版法》、《跨世纪数字版权法》、《伪造访问设备和计算机欺骗滥用法》等一系列法规,形成了完善的知识产权法体系。

3. 重视科技进步和文化产业人才培育

与世界上的文明古国相比,美国的历史文化资源匮乏,这是其文化产业发展的一大劣势,但是美国极其注重科学技术的进步和人才的培养,因此,成为当今世界头号文化产业强国。现在,美国拥有世界上最先进的科学技术,拥有数量最多、最优秀的文化产业人才,将技术和人才有机地结合在一起,是美国文化产业飞速发展的主要原因。如电影《阿凡达》,利用先进的科技手段,给人以强烈的视觉冲击,因而在全球获得了18.437亿美元的票房收入,成为票房冠军,仅在我国票房收入就达到14亿元。花木兰的故事在我国流传已久,虽曾搬上荧屏,但反响平平,经好莱坞改编为动画片的《花木兰》,票房收入达到3亿美元,这是人才与技术融合的最好

---

① 新华网:《美国文化产业探析》,http://news.xinhuanet.com/world/2011-11/08/c_111153906.htm.
② 张胜冰:《文化产业与城市发展》,北京大学出版社,2012年版。

例证。

4. 充分发挥产业集聚效应和辐射效应

一般而言,文化产业的发展大多采取集群式发展模式,这种模式便于集中资源和管理,能够增强文化企业的盈利能力。美国文化产业发展就是走这样的发展道路。比较典型的文化产业集群是"百老汇"。百老汇是纽约曼哈顿地区的一条大道,在这条25公里长的大道上,建有几十家艺术剧院,是美国表演艺术最发达的地区,是美国最大的艺术产业集聚区。百老汇的成功,不仅推动了文化产业的发展,更带动了旅游业和观光业的发展,每年从世界各地来到百老汇欣赏艺术表演、参观、旅游的游客数以千万计,仅2011年,百老汇就卖出1230万张剧票,其中外地游客购买比例达63.4%。美国文化产业集群化发展的另一个典型案例就是好莱坞。好莱坞不仅是全球时尚的发源地,也是全球音乐电影产业的中心地带,拥有着世界顶级的娱乐产业和奢侈品牌,引领并代表着全球时尚的最高水平,如梦工厂、迪士尼、20世纪福克斯、哥伦比亚公司、索尼公司、环球公司、WB(华纳兄弟)等这些电影巨头,还有像RCAJ IVE Interscope Records 这样的顶级唱片公司都汇集在好莱坞①。现今,在全球放映的影片中,好莱坞电影占85%。好莱坞电影制作采取的是工业化模式、流水线生产,从拍摄前的市场调研、分析、编剧、拍摄过程,到服装设计、制作和后期处理,再到院线推广,整个过程都有专业的公司或者部门。可见,好莱坞的电影制作已经形成了一条完整的产业链,完全实现了产业联动。

(二)英国

英国有着悠久的历史和丰厚的文化资源,也是当今世界的文化产业强国。1997年,英国政府将经济发展的重点转向发展文化创意产业,将文化创意产业作为英国经济新的增长点。经过十几年的发展,现在英国的文化创意产业已成长为仅次于金融服务业的第二大产业,产值已占国内生产总值(GDP)的7%,文化创意产业为130万人提供了就业岗位,并间接创造了100万个就业岗位。

1. 政府直接主导文化产业的发展

与美国执行的"自由主义政策"不同,英国采取的是"政府主导型产业政策",

---

①百度百科,http://baike.so.com/doc/2159838.html。

英国文化产业发展始终伴随着政府的经济发展战略进行,并且一直在政府的管理下发展。英国是世界上第一个通过政策来推动文化产业发展的国家。1997 年,在时任首相布莱尔的积极推动下,成立"创意产业特别工作小组",出台了《英国创意产业路径文件》。特别工作小组成员构成较为复杂,包括外交部、英国文化委员会、财政部、贸易和工业部、教育和就业部、科学和技术部、环境、交通和区域部、苏格兰事务部、威尔士事务部、北爱尔兰事务部、妇女部、唐宁街 10 号政策研究室等部门的首长、政府高官以及文化创意产业相关的重要公司负责人等。这种建构模式有力地规避了政府部门条块分割的缺憾,使与创意产业发展相关的部门能够彼此协调,提高了办事效率和协作能力,为产业管理和文化政策的实施创造了环境。①1997 年,英国政府还成立了文化、媒体和体育部,以加强对文化创意产业的指导和管理。

2. 充分发挥独特的自然资源与文化资源优势

结合独特的自然资源与文化资源,英国重点发展以公益性为主的博物馆文化产业、市场性为主的文化旅游产业、公益性与市场性相结合的表演艺术产业三个部分组成。②

英国在旅游业的发展中充分注入文化因素,将旅游与文化有机地结合起来,推动了文化旅游产业的发展。2011 年,旅游业收入达 1140 亿英镑,在世界旅游大国中名列第五。英国的博物馆、图书馆、书店、艺术馆数量极多,资源丰富。很多文化设施的品位高、内涵丰富、外观独特,吸引着世界各地的游客和学生来此参观、学习。近年来英国向世界各地招生,各国的留学生不仅受到英国文化的熏陶,为文化市场带来大批的消费者,更给英国带来可观的收入,推动了文化产业的发展。

英国有着悠久的戏剧传统。全国有 300 家左右的剧院供专业演出使用。其中约有 100 家位于伦敦,15 家剧院永久性地属于由国家拨给经费的剧团,包括皇家剧院和总部在莎士比亚故乡艾玛河畔特拉特福的皇家莎士比亚剧团。英国还有几个著名的交响乐团、室内乐团、合唱团和唱诗班。流行音乐和摇滚乐产业通过唱片销售、巡回音乐会,为英国带来可观的海外收入。根据英国表演专利协会的统计,2008 年,英国的音乐出口收入上升了近 2000 万英镑,英国音乐人在海外表演和音

---

① 邱明丰:《发达国家文化产业管理模式研究》,《学理论》,2010 年第 25 期。
② 陈美华、陈东有:《英国文化产业发展的成功经验及对中国的启示》,《南昌大学学报(人文社会科学版)》,2012 年第 5 期。

乐产品出口2008年收入超过1.396亿英镑。①

英国是欧洲第四大音箱载体销售市场。音乐制品销售连续10年以10%的速度增长。人们对歌剧的兴趣正在升温,每年约有300万成年观众欣赏歌剧演出。全国大约有6万人从事舞蹈,使其成为英国人参与程度最高的活动之一。皇家芭蕾舞蹈剧团、伯明翰皇家芭蕾舞蹈剧团、北方芭蕾剧院以及兰伯特舞蹈团都是世界上顶尖的舞蹈团。②

3. 文化产业资金的来源和管理

1993年,英国通过了国家彩票法案,以立法形式将每年的彩票所得用于发展文创产业。根据英国国家彩票法案的规定,彩票的收入分配比例为抽奖返奖比例即50%,其中的28%通过"美好事业"项目反哺社会,政府、发行商、零售商共获取22%的管理和销售费用。因此,英国国家彩票是全球反馈社会比例最高的彩票之一。自1994年彩票公开发售以来,到1999年为止,投入到公共文化领域的彩票收入共计63.8亿英镑,直接用于文化事业发展的资金达25.5亿英镑。由于2012年伦敦奥运会取得巨大成功,英国政府决定自2012年4月至2013年3月,将加大对文化创意产业的投入力度,在"美好事业"基金分配中,将健康、教育、环境和慈善调整为40%,而体育、艺术、遗产保护分别提升至20%。

如何管理庞大的文化创意产业投资,成为各国极其重视的问题。英国政府采取"一臂间隔"原则,即"中央政府部门在其与接受拨款的文化艺术团体和机构之间,设置了一级作为中介的非政府公共机构,亦称为'官歌',负责文化拨款的具体分配和评估,协助政府制定并具体实施相关政策"③。虽然接受政府委托,但仍属于独立机构,其职能不受政府或其他组织的影响,以最大程度保证资金使用的独立性,避免受政府或各种党派对资金使用的影响,确保资金公平、客观、有效率地输送到最需要的文化企业或个人手中。

(三) 韩国

韩国文化产业起步较晚。1998年韩国正式提出"文化立国"发展战略,确立文

---

①②《英国文化创意产业发展现状》,http://xcb.wuxi.gov.cn/templates/wxxc1033400.shtml.
③毕佳、龙志超:《英国文化产业》,外语教学与研究出版社,2007年版。

化产业将作为韩国经济的支柱产业。从此韩国文化产业走上发展的快车道,仅仅经过十几年,韩国就已成为当今世界第六大文化产业强国。2010年,韩国文化产值超过650亿美元(约合人民币4000亿元),占GDP的6.5%。

1.政府高度重视文化产业的发展

1998年,在制定"文化强国"战略后,韩国成立了隶属文化观光部的文化产业局,同年又成立了游戏产业振兴中心。2001年成立文化产业振兴院,政府每年划拨专项资金5000万美元。从1998年起,韩国政府相继出台了《国民政府的新文化政策》、《文化产业促进法》、《文化产业发展五年计划》、《文化产业发展推进计划》、《21世纪文化产业的设想》、《电影产业振兴综合计划》等法律、政策,以推动文化产业的发展。

韩国政府不断加大对文化产业的投资力度。2000年,韩国对文化产业投资占国家总预算的1%;2001年上升至9.1%,进入"1兆韩元时代";2011年达33.709亿韩元,较2010年又增长6.2%。[1] 韩国政府通过运作"文化产业投资组合",开通"网络投资"和"证券市场融资"平台,设立文化、文艺、电影、出版、广播等基金,鼓励企业、民间和国外资本投入,来推动文化产业的发展。到目前为止,政府和民间设立各类有二三十项,基金额每年增幅达30%。近年来,文化产业振兴院组建17个"文化产业专门投资组合",为文化产业融资达2073亿韩元,其中民间融资占到83%。

2.高度重视培养文化产业人才

韩国政府高度重视文化产业专业人才的培养,对教育的"梯子"是世界上最高的,教育投资在政府预算中占的比例最大。[2] 韩国政府为加快培养文化产业人才的速度,先后成立了首尔游戏学院、全州文化产业大学、清江文化产业大学、大邱文化开发中心、网络信息学院、传统文化学校等。韩国政府还通过设立"文化产业大奖",以激励专业人员在文化创意、创新方面做出突出成绩。

3.实施文化产业"走出去"战略

韩国人口少、国土面积小,要想使韩国成为文化产业强国,必须要开拓国际市

---

[1] 林培等:《韩国——讲故事讲出4000亿文化产值》,新华日报,2012年6月7日。
[2] 张胜冰:《文化产业与城市发展》,北京大学出版社,2012年版。

场。韩国经过深入分析、研究、制定,实行文化产业"走出去"战略,首先进入中国、日本等与其文化有相似之处的周边国家市场,再以此为跳板迈向国际市场。一个成功的案例就是韩国电视剧《大长今》,该剧将目标市场分为四级:一级是中国和日本,称为核心区;二级是全球华人居住区及有中日文化根源的外籍华裔聚居地,称为影响区;三级是欧美市场,称为扩散区;四级是受欧美文化影响的国家,称为辐射区。① 2002年,韩国政府还专门设立文化产品"出口奖",鼓励本国企业的文化产品走出国门,开拓海外市场。"走出去"战略帮助韩国成功迈入文化产业强国行列,现在,文化产业已成为韩国仅次于汽车的第二大出口创汇产业。

韩国政府利用多种形式搭建文化交流平台,不遗余力地推广韩国文化和文化产业。从2005年起,韩国每年都要举办"海外新闻及文化节记者交流会",通过交流会,起到宣传文化、推介文化产品的作用。韩国还通过"免费体验"模式让国外客户体验韩国文化产品。

二、国内城市文化产业发展的实践

我国《国民经济和社会"七五"(1986~1990)发展计划》将我国划分为东部沿海、中部、西部三个经济地带。由于东部、中部和西部地区在经济、文化、区位、技术、资源等方面的差异明显,因而城市文化产业的发展极不平衡,且表现出不同的特点。

(一)东部地区文化产业发展实践

东部地区主要包括北京、天津、河北、辽宁、上海、江苏、浙江、福建、山东、广东和海南等11个省(市)。东部地区是我国经济最发达的地区,文化产业的发展也比中、西部地区成熟。在由上海交通大学国家文化产业创新与发展研究基地、中国文化发展指数研究中心公布的《2013中国文化产业发展指数报告》中,我国文化产业发展前十省(市),东部地区占据9席。北京市、上海市、广东省三省(市)文化产业规模占据我国文化产业的半壁江山。

---

① 张胜冰:《文化产业与城市发展》,北京大学出版社,2012年版。

1. 文化产业发展规模大,速度快

东部地区抓住经济发达、市场体系成熟、技术领先、人力资源丰富、资金雄厚、消费者购买力强、需求旺盛等优势,大力推进文化产业发展,仅用不到十年时间,文化产业已成为东部地区的支柱型产业。2011年,北京市文化创意产业总收入已超过9000亿元,比上一年增长20%,GDP占比超过12%,从业人员达123万人;上海市文化创意产业实现产值达6429.18亿元,比上一年增长16.9%,占GDP的15.5%,从业人员118万人;广东省文化创意产业产值达3000亿元,占GDP的5.6%,文化产品出口年均增长超过20%,2009年达323亿美元,占全国出口总额的一半以上。2011年全国文化产业生产总值达3.9万亿元,仅北京、上海、广东三省(市)文化产业生产总值近1.85亿元,占全国总量的48%。①

2. 新兴业态文化产业成为发展的主要力量

东部地区充分利用人才、经济、技术等方面的优势,大力发展新兴业态产业,以点带面,推动文化产业的整体发展。文化与科技的融合是东部地区文化产业发展的重要方式。科学技术的进步,不仅推动了数字出版、数字娱乐、网络等新兴业态文化产业的发展,同时提升了文化制造业、印刷出版业、文化艺术业等的发展层次和水平,提高了传统文化产业在行业中的竞争力,促进了传统文化产业的发展。2010年,北京市软件、网络及计算机服务实现产业增加值847.1亿元,占北京市文化产业增加值的50%,年复合增长率达18%,新闻出版业实现增加值171.8亿元,广告会展业实现增加值127.4亿元;上海市文化服务业实现增加值703亿元,网络文化服务实现增加值150亿元,这两项占上海市文化产业增加值的87.6%;广东省数字出版业实现产值200亿元,占全国的1/5,报刊实现总收入133亿元,网络游戏业总收入152亿元,占全国的1/3强,印刷业总产值1650亿元,占全国的10%。

3. 政府高度重视,政策落地,执行力强

我国文化产业的发展,离不开政府的组织、管理和支持,北京市、上海市和广东省更是如此。2006年,北京市出台《北京市促进文化创意产业发展的若干政策》,是全国最早出台文化产业政策的省市。2011年,北京市推出发展文化产业的"1+X"政策,"1"是指发挥北京市的中国文化中心作用,"X"是指文化体制改革、文化

---

① 叶朗:《中国文化产业年度发展报告(2012)》,北京大学出版社,2012年版。

创意产业发展的其他政策。北京市政府不断优化文化产业布局,发展具有优势的战略性支柱产业。此外,北京市政府不断加强政策性资金的扶持力度,现已初步建立起贷款贴息、担保、引导资金、上市融资等投融资服务体系,为文化产业的发展创造了有利的宏观环境。上海市制定了国际化大都市和"设计之都"的城市发展战略。为配合该战略的实施,推动文化产业的发展,上海市出台了一系列的扶持政策,如《上海市金融支持文化产业发展繁荣的意见》、《关于促进上海市数字出版产业发展的若干意见》等。上海市政府还逐步推进文化体制改革,制定文化体制改革的"时间表",推动经营性文化单位的"转企改制"。同时,大力提倡民营资本进入文化产业领域,扶持民营文化企业发展。广东省成立了深圳文化产权交易所和广东南方文化产权交易所,成立文化产业投资基金,以拓宽文化产业的投融资渠道。①

4. 文化产业园区的发展

文化产业园区是我国实现文化产业集聚最主要、最重要的形式。各地方政府高度重视文化产业园区的建设和发展,从现在文化产业园区的实践来看,很多地区的文化产业园区没有实现产业集聚,而是蜕变成为文化地产,中、西部地区尤为严重。本章介绍东部地区发展较好的文化产业园区,以帮助中、西部地区吸取经验、总结教训。

2003年,北京市石景山区政府准备建设"北京数字娱乐业示范基地",成立了集聚区推进办公室,负责日常管理和推进工作,出台了《石景山区关于鼓励支持数字娱乐产业的办法(试行)》等推进政策和措施,并对基地建设进行了深入的调查、研究,在此基础上,于2007年编制《文化产业集聚区2008~2010年发展规划》,在一系列行之有效的措施下,示范基地被评为首批"北京市文化创意产业十大集聚区"之一,示范基地已建成了Dotman数字娱乐产业平台、北京数字内容制作公共技术服务平台、数字版权交易中心、孵育体系等公共技术、服务平台。入住示范基地的搜狐畅游是金融危机后首个在纳斯达克全球精选市场公开发行股票的公司。②

上海多媒体产业园是上海市政府于2002年发起创立的国内首个多媒体产业基地,并被认定为"国家数字媒体技术产业化基地(上海)园区"称号。作为长宁区"数字长宁"发展战略规划的重要组成部分,为支持创业者发展,2003年,园区内成立了国内第一个多媒体产业孵化基地——上海多媒体产业园创业有限公司(以下

---

① 叶朗:《中国文化产业年度发展报告(2012)》,北京大学出版社,2012年版。
② 向勇、刘静:《中国文化创意产业实践与观察》,红旗出版社,2012年版。

简称 MPVC),专业从事多媒体企业孵化、高新技术企业创业投资及高科技园区和孵化基地的管理,并经上海市科技创业中心批准,被列为上海市高科技孵化器网络的成员。MPVC 成立至今,已在上海多媒体产业园、兆丰世贸大厦、华敏翰尊国际、华联发展大厦和华联创业园建立起了五个孵化基地,吸引了数百家高科技企业入驻,累计吸引资金逾十亿元。①

深圳东部华侨城坐落于深圳大梅沙,占地近 9 平方公里,由华侨城集团斥资 35 亿元精心打造,是国内首个集休闲度假、观光旅游、户外运动、科普教育、生态探险等主题于一体的大型综合性国家生态旅游示范区,主要包括大峡谷生态公园、茶溪谷休闲公园、云海谷体育公园、大华兴寺、主题酒店群落、天麓大宅六大板块,体现了人与自然的和谐共处。华侨城以"规划科学合理,功能配套齐全,城区环境优美,风尚高尚文明,管理规范先进"为规划、建设和管理的目标,经过十多年的努力,将东部华侨城建设成为一个世界级旅游度假目的地。②

(二) 中部地区文化产业发展现状

中部地区主要包括山西、吉林、黑龙江、安徽、江西、河南、湖北、湖南 8 个省。我国中部地区历史文化资源丰富,经济发展水平介于东部和西部之间。近年来,中部地区的文化产业发展势头迅速,文化产业在 GDP 中所占的比重也在逐年增长。湖南省成为我国文化产业前十强省中唯一入选的中、西部省份。

1. 文化产业发展处于起步阶段

与东部地区相比,中部地区文化产业发展较晚,但表现出良好的发展势头。2011 年,湖南省文化产业产值达到 2500 亿元,年增长率达 20%,占 GDP 的 12.7%,文化产业已成为湖南省经济发展的支柱型产业。江西省文化产业主营业务产值突破 1000 亿元,文化出口增速居全国第 5 位、中部第 2 位,自 2004 年以来,年均增速超过 20%。河南省文化产业实现增加值 865 亿元,增幅达 15%。黑龙江省文化产业增加值为 258 亿元,增幅达 36%。吉林省文化产业产值达 500 亿元,占 GDP 的 4.9%,年均增长 20%。安徽省文化产业产值达到 500 亿元,占 GDP 的 3.3%。湖北省文化产业实现增加值 504.88 亿元,比上一年增长 27.6%,占 GDP 比重为 2.58%。

---

① 来自 http://www.mpvc.cn/cn/index.htm.
② 来自 http://www.octeast.com/about/qi-ye-jie-shao.html.

以上数据说明,与东部地区相比,中部地区文化产业发展规模还比较小,仍然处于起步阶段,但发展速度较快,未来发展空间较大。①

2. 文化资源优势向文化产业优势转变

中部地区有着深厚的历史文化底蕴。河南省是中华文化的发源地之一,名胜古迹很多。山西省的晋文化、湖南和湖北省的湘楚文化、江西省的红色文化等,中部地区具有如此丰富的旅游资源、文化资源是文化产业发展的重要基础。近年来,中部各省(市)在发展文化旅游,发挥文化资源优势的基础上,大力推进产业化发展。2011年,湖南省继南岳、武陵之后,又打造韶山、岳阳、天门山3家5A级文化旅游景区,全年实现旅游收入1800亿元。同时,加大数字出版、动漫游戏等新兴业态文化产业,新闻出版业实现产值400亿元,动漫游戏业产值已达110亿元。河北省围绕"五大文化品牌"(红色太行、壮美长城、诚义燕赵、神韵京畿、弄潮渤海),逐步将文化旅游资源转变为文化产业优势。山西省提出"绿色GDP"和"文化强省"战略,合理规划文化产业布局,推进文化产业化发展。吉林省大力推广"东北二人转",将这一极具地方特色的表演形式逐步产业化,"二人转"现已走向全国,成为吉林省文化产业的新生力量。江西省大力发展红色旅游,仅2011年接待红色旅游人数达5500万人次,红色旅游收入440亿元。江西省还结合红色文化,推出多部红色经典大剧,实现红色戏剧自制化、系列化和品牌化。

(三)西部地区文化产业发展实践

西部地区主要包括四川、重庆、内蒙古、广西、贵州、云南、西藏、陕西、甘肃、青海、宁夏、新疆等12个省市及自治区。西部地区自然资源丰富,属于多民族地区,传统文化呈现多样性,与我国其他地区相比优势明显,但经济发展缓慢,属于欠发达地区,因此文化产业发展也相对滞后。

1. 文化产业发展规模较小

西部地区的文化产业受制于文化产业体制,较为僵化,基础设施还不完备,文化产业人才缺乏,文化产业发展和地位与其文化资源大省极不相称,文化产业发展仍处于初级阶段。2010年,重庆市文化产业增加值为238.75亿元,占GDP的

---

① 以上资料来源为各省市统计公报。

3.1%;四川省文化产业总收入为432.8亿元。2011年,陕西省文化产业实现增加值372亿元,占GDP的3%。云南省发展较好,2012年,文化产业实现增加值600亿元,占GDP的6.5%。以上这些省市是西部地区经济发展较好、文化产业规模较大的省市,但总体来看,与中东部地区相比,文化产业发展规模较小,差距较大。

2. 文化产业发展主要依托于自然资源和历史文化资源

西部地区受经济落后的制约,高新技术产业发展缓慢,新兴业态文化产业发展艰难。因此,文化产业发展主要依托自然资源和历史文化资源,通过文化旅游来拉动文化产品的生产和服务业的发展。云南省是西部地区的文化产业大省,文化旅游业已经成为继烟草行业之后的第二大产业,主要原因是凭借着丰富的文化资源和秀丽的风景。贵州省抓住"中华文化游"主题活动年和第九届全国少数民族运动会的有利契机,在2011年,推进文化旅游发展,旅游总收入达1429.48亿元,同比增长34.70%。广西壮族自治区积极推动民族文化的发展,推出大型民族音画舞台剧《八桂大歌》、国内首部大型实景演出《印象·刘三姐》、打造具有广泛国际影响力的南宁民歌艺术节,都取得了很好的效果。广西壮族自治区的文化产业增加值2010年为180.21亿元,增幅高达26.9%。2011年,内蒙古自治区旅游业总收入达889.55亿元,增长21.41%。新疆维吾尔自治区(以下简称新疆)旅游总收入达442亿元,增长44%。

三、城市文化产业发展的基本模式

城市文化产业发展模式,实质上就是某个特定城市从自身条件出发所选择的文化产业发展道路和战略选择。城市文化产业的发展模式既要紧密联系实际情况,又要积极大胆创新。文化生产力水平取决于文化资源的利用能力、文化科技的应用能力、文化产品市场的营销能力。城市文化生产力发展水平决定着城市文化产业发展模式的选择。

目前,在世界各国城市文化产业发展中,主要有三种模式:资源依赖型城市文化产业发展模式;科技驱动型城市文化产业发展模式;市场营销型城市文化产业发展模式。

(一)资源依赖型城市文化产业发展模式

任何文化产业的运行与发展,都离不开文化资源。文化资源是文化产业运行的最基本要素,也是文化产业发展初级阶段的主要产业要素。利用文化资源的能力决定着文化产业的发展水平。从时间跨度看,文化资源分为传统文化资源、现代文化资源和未来文化资源;从物质属性看,文化资源分为自然文化资源(自然遗产)、物质文化资源(物质遗产)和非物质文化资源(非物质遗产);从地域领域看,文化资源可分为民族文化资源(本地域文化资源)、外国文化资源(其他民族文化资源)和世界文化资源(国际文化资源)。文化产业发展水平不高的国家和地区,文化资源的利用范围往往局限在传统文化资源、自然文化资源和民族文化资源上,主要开发旅游业和演艺业。由文化资源利用因素决定文化产业发展模式,是文化产业处于初级发展阶段的主要模式。

目前,欠发达国家和地区的城市文化产业就处在文化资源利用能力决定文化产业发展模式的层次阶段。比如,我国西部城市的文化科技应用能力较弱,文化产品市场掌控能力较差,现在只能依靠自身较为丰富的文化资源(自然文化资源、传统文化资源和民族文化资源)开发来推进文化产业发展。

(二)科技驱动型城市文化产业发展模式

文化科技是提炼文化资源和加工文化产品的主要生产手段。通过文化科技对原生态文化资源的提炼加工,使文化资源和文化产品更适合现代文化生活的需要,以满足各种文化市场的需要。就目前的文化生产力水平而言,文化科技因素主导的科技驱动型文化产业发展模式是城市文化产业处于中级发展阶段的主要模式。

文化科技决定着城市文化生产力水平和城市文化产业发展模式。文化科技作为现代文化产品的生产技术,主要包括信息技术、网络技术、数字技术、虚拟现实技术、仿真技术、语言文字技术、声音技术、图形图像技术、动漫制作技术、电子印刷技术、新材料技术和剧场舞美技术等高技术在文化产品制作领域的综合运用。具体如下:第一,通过积极运用电子技术、网络技术、信息技术、数字技术,加快对传统文化产业的改造,推动与演艺、影视、动漫、游戏等相关领域的融合,用先进的生产手段和表现形式,增强文化产品的感染力和影响力;第二,通过大力发展网络文化、手机文化、数字节目制作、3D 电影、三维动画等业态,拓展增强文化产品的消费方式和传播能力[1]。

大部分发达国家中心城市和中国东部地区的中心城市正在进入主要依靠文化科技因素决定文化产业发展模式的层次阶段。比如,目前北京、上海、深圳、广州、杭州等城市已经具有较高的文化资源整合利用能力,文化科技应用能力也日见增强,但是对文化市场的掌控能力还不够理想。因此,东部地区一些中心城市模仿制造业发展模式,开发建设动漫基地、网络游戏产业基地、艺术品创作区等,通过文化科技的局部区域聚集,形成了现代文化产业聚集发展模式。

(三) 市场营销型城市文化产业发展模式

市场营销型城市文化产业发展模式,就是经济、文化、科技高度发达的城市通过整合文化市场营销要素,生产高品质的文化产品,从而掌控国际文化市场消费趋向,引导国际文化产业发展走向的高级城市文化产业发展模式。在现代市场经济条件下,尽管文化产业也要遵循市场游戏规则,但是作为特殊的非物质产业,其伸展空间巨大,通过合理、科学、大胆的艺术创作手段,引导人们文化消费的心理、兴趣,可以实现掌控文化市场的目标。文化市场营销因素主导的城市文化产业发展模式,必须在已经拥有了较强的文化资源整合利用能力和文化科技应用能力的前提下,才可能使自身的文化产品在国际文化市场上具有超强的竞争力,并对国际文化消费趋向和国际文化产业的发展走向产生影响[2]。

文化产业发展比较成熟的发达国家的中心城市已经处于主要依靠文化产品市场营销因素决定文化产业发展模式的高层次阶段。如美国的纽约和洛杉矶、日本的东京、英国的伦敦、韩国的首尔、中国的香港等,这些城市已经拥有了较强的文化资源整合利用能力,文化科技应用能力也走在前沿,其文化市场的营销能力正在成为其城市文化产品竞争力打造的关键。

---

[1] 祁述裕、韩骏伟:《新兴文化产业的地位和文化产业发展趋势》,《马克思主义与现实》,2006 年第 5 期。
[2] 雷兴长:《文化产品走向世界的战略价值选择》,《科学经济社会》,2009 年第 2 期。

第三章
中国西部城市文化产业发展的基本路径

在文化科技应用能力和文化市场营销能力均较弱的情况下,经济欠发达地区城市主要依托自然资源和历史文化资源等成为文化产业发展的必然选择。但这并不等于这些城市文化产业发展的水平始终会落后于发达地区的城市。因为一些欠发达地区在自然文化资源、传统文化资源和民族文化资源方面往往占有先天优势,只要在文化资源开发利用方式上大胆创新,完全可以将文化资源占有的先天优势转化成为文化产业的后天优势,从而逐渐缩小与发达地区城市文化产业发展水平的差距。

一、中国西部城市文化产业发展的主要特点

中国西部城市自然资源、历史文化资源富集。随着经济快速发展,人民群众文化需求日益增强,政府高度重视,西部城市文化产业逐步发展起来。

1. 西部城市文化资源丰富

西部城市自然资源、文化资源富集,山川风光秀丽,历史名城众多,民族文化独具特色。西部城市有春城昆明、古都西安、桂林山水;西部地区诸多城市还是多宗教信仰、多民族聚居地,我国五个少数民族自治区都集中在西部,云南省有52个少数民族定居,新疆有47个少数民族定居,不同宗教信仰、不同民族聚居,带来了绚丽多彩的文化。丰富的文化资源为文化产业提供了发展的源泉。从西部城市文化产业的发展现状来看,主要依托自然资源和历史文化资源,通过对文化资源的利用和开发,转化为文化产品和文化服务。西部城市都将文化旅游业作为文化产业最

主要的发展形式,通过文化旅游业的发展,带动文博会展、图书出版、民族产品、影视创作、文化休闲娱乐等行业的发展。近年来,很多西部城市将地区文化与创意产业有机地结合起来,为文化产业发展注入了新的活力,带来了更大的发展空间。

2. 城镇居民对文化产品和文化服务的需求旺盛

近年来,随着西部城市经济发展快速,城镇居民收入水平明显提高,他们对文化消费的需求也愈来愈强烈,文化产品和文化服务的消费水平不断增强。2010年,银川市文化教育消费达到14.94亿元,"十一五"期间,其文化教育消费年均增长率达到15.05%,增幅位列36个中心城市第6位;人均文化教育消费1604元,年均增长10.88%,增幅位列36个中心城市第8位。重庆市文化教育消费达到253.72亿元,"十一五"期间,文化教育消费年均增长率达到12.24%,增速位列36个中心城市第11位。西安市人均文化教育消费达2130元,年均增长9.44%,增幅位列36个中心城市第12位。①

3. 西部城市文化产业发展极不平衡

西部城市文化产业发展与东中部地区城市相比,起步较晚,发展极不平衡。昆明、西安等城市文化产业发展较快,接近甚至超过东、中部城市,其他城市尤其是西北地区城市发展缓慢,与东中部地区城市差距较大。2011年整个西北地区文化产业的增加值在500~550亿元,不如中部一个城市的增加值。②

4. 文化产业基础薄弱

西部地区一直是我国经济欠发达地区。西北地区最大城市——西安市,2011年GDP在全国城市位列第28位,人均GDP约为4449美元,比全国人均GDP5437美元低近20%。由于经济落后,地方政府没有更多的财力投入到文化基础设施建设中,文化产业体系还极不完善,吸引、培养文化产业人才的能力较弱,文化产业发展起步较晚。因此,多数城市的文化产业发展处于初级阶段,文化产业在发展规模和总量上都处于弱势。

---

① 王亚南:《中国中心城市文化消费需求景气评价报告(2012)》,社会科学文献出版社,2012年版。
② 叶朗:《中国文化产业年度发展报告(2012)》,北京大学出版社,2012年版。

二、西部城市文化产业发展的基本路径

具体来说,我国西部城市文化产业的跨越式发展可以通过三个策略组合来实现,这三个策略组合分别是文化资源深度开发与文化资源产业发展相结合、文化品牌打造与文化品牌市场化相结合、政府主导与市场培育相结合。

(一)文化资源深度开发与文化资源产业发展相结合

作为对文化资源开发利用具有高度依赖性的欠发达地区城市,要客观对待与积极发展文化资源产业。一些业内人士只承认文化产业,不承认有文化资源产业。任何产业运作都需要利用相应的资源,文化产业也是如此。但是,文化产业发展既需要利用有形资源(或物质资源),更需要利用无形资源(或智力资源和知识资源)。

因此,从概念上讲,文化资源产业与文化产业是小概念和大概念的关系,文化产业包含文化资源产业,文化资源产业是文化产业的一个主要组成部分。文化资源产业与文化产业的区别在于:文化资源产业更看重文化资源的合理有效利用,文化产业更看重文化产品开发的市场经济效益。传统文化产业利用文化资源多一些,新兴文化产业利用文化技术更多一些。

西部城市应根据文化资源的比较优势,参考和借鉴国际上已有的文化资源产业化发展模式,有效整合本区域内各种优势文化资源,因地制宜模仿或创新适合于自身的文化资源产业化发展模式,并建立系统、完善的文化资源产业化开发和可持续发展的保障机制。

在现代文化产业的文化资源、文化技术和文化市场三大产业要素中,许多经济欠发达地区城市最具有优势的是文化资源。但是,在制作文化产品中所需要消耗的文化资源的丰富性和复杂性大大超过了制造工业产品所需要消耗的自然资源。

在形式上,文化资源可分为自然文化资源和历史文化资源、现代文化资源。自然文化资源又可划分为无机层面的地貌、地理资源和有机层面的植物、动物资源两大类;历史文化资源也可划分为历史遗迹资源和传统民俗资源;现代文化资源可以划分为三大类,即在社会生活中提炼出的现实文化资源和在科技活动中创造出的

超现实文化资源,以及有可能成为再生文化资源的文化作品。

在形态上,文化资源又可分为物质文化资源和非物质文化资源。物质文化资源包括大部分自然文化资源和历史文化资源,以及部分现代文化资源;非物质文化资源包括大部分现代文化资源,以及小部分自然文化资源和历史文化资源。在文化产品生产中,对物质文化资源的开发,既要保护又要利用;对非物质文化资源的提炼,既要大众化又要时尚化。

西部城市如何把握文化资源的利用方式,这是形成文化资源产业发展模式的关键。从文化产业发展的一般规律来看,一个区域或城市发展文化产业,往往是从文化资源比较优势,走向文化技术竞争优势,再走向文化市场综合优势。"靠山吃山,靠水吃水",西部城市拥有文化资源的比较优势,必然选择文化资源产业发展模式。

经济欠发达地区城市文化资源产业发展模式一般有三种选择:一是利用传统文化资源,发展旅游文化产业;二是提炼物质文化资源和非物质文化资源,发展现代版权业;三是整合各种文化资源,发展新兴文化产业。我国西部城市在选择文化资源产业发展模式时,必须对自己拥有的各种文化资源进行有效的评估和筛选。文化资源越适用于市场,产业化价值就越高;文化资源越稀缺,市场潜力就越大。

(二)文化品牌打造与文化品牌市场化相结合

在我国西部城市文化产业发展的进程中,建设城市文化品牌并进行推广,是文化资源深度开发和文化资源产业化的重要途径。任何一个城市都可以结合当地文化与旅游资源、本地经济环境和产业特色、创意活动等来整合资源、创建或塑造品牌项目,并通过与区域(主要是城市)品牌的整体推广来达到预期的目标。

由于历史和地理的原因使经济欠发达地区往往处于相对封闭的状态,但正是这种封闭保存了这些地区文化原生态的特点。在全球化交往日益频繁的大背景下,原生态的文化资源愈发显示出其独特的魅力和厚重神秘感,加之这类文化资源不可替代的垄断性,这一切都为这些地区文化品牌构建提供了先天的优势。我国西部各省区和"中国西部文化"就具备这种典型特征。我国西部各个省区都拥有丰富多彩的,并迥异于中部地区和东部沿海地区的自然、历史、人文资源,这一文化特质可以概括为"中国西部文化"。但我国西部各省区文化在具备共性的基础上又各具特色,存在较大的差异性。这使得我国西部文化内部在"共性"视角下存在差异化、多样化,在差异化基础上又有"共性",这为形成统一的"中国西部文化"品牌奠定了天然的优势。

近年来,我国西部各省区的一些中心城市在推动本地文化产业发展过程中,都非常重视城市文化品牌的塑造。如西安市发展文化产业最大的卖点与资本,无疑就是3000多年的历史和地上、地下数不清的文物,尤其是那些其他城市所不具备的世界知名品牌资源——被誉为"世界八大奇迹"的秦始皇兵马俑,目前世界上保存最完整、规模最大的古城墙,等等。西安市充分发挥这些资源的品牌效应,进行品牌扩张,使地下的文化走上来、走出来、活起来,成了可读、可感的文化产品。如曲江新区依靠区域内得天独厚的资源和文化等基础,进行品牌扩张,目前已初步形成了以文化旅游、会展创意、影视演艺、出版传媒等为主导的文化产业体系,跃升为西部最重要的文化旅游集散地之一,是陕西省文化旅游产业发展的标志性区域。又如《成都市国民经济和社会发展第十一个五年规划纲要》中明确指出:大力发展文化产业,要实施品牌发展战略。成都除了拥有享誉世界的"金沙文化"等历史品牌资源外,还有"大熊猫文化"、"青城山——都江堰世界文化遗产"等自然文化品牌,以及别人无法复制的休闲文化。因此,成都在成功推出文化品牌的同时,延伸了产业链,进行了品牌扩张。如发挥体验经济优势,用先进的数字技术与最流行的娱乐文化相互融合后打造"数字娱乐帝国",获得了"全国三大数字娱乐中心"之一的殊荣,等等①。

虽然中国西部城市的文化品牌战略实施对推动本地区的文化产业发展起到了一定的效果。但在创牌的过程中普遍存在的相互模仿、同质竞争现象正在损坏着"中国西部文化"品牌的整体形象。在内容上,我国西部各城市都比较注重历史文化资源和自然景观资源的品牌包装,而较少关注品牌的延展性和整体性。在形式上,我国西部各城市都过度依赖文化旅游、节庆会展和文艺演出等传统业态打造文化品牌,而较少关注新兴文化产业与传统产业的结合。这种现象正在导致"中国西部文化"品牌空心化和品牌价值下降。

文化品牌的最终价值归属来自于其市场价值的体现,即文化品牌的市场化。文化品牌市场化的实现不仅有赖于品牌最初的策划和推广,更依靠品牌的增值空间和市场区分度。对于资源依托型城市文化产业的发展,其城市文化品牌市场化与文化资源的开发利用方式直接相关,显然文化资源的无序开发将导致这一类型城市文化品牌打造与文化品牌市场化严重脱节。以我国西部城市为例,其城市文化品牌市场化的真正实现,不仅要依托"中国西部文化"这一整体品牌,还要注意

---

① 赵德兴、李惠芬、谭志云、付启元:《国内主要城市文化产业模式比较研究》,《青海社会科学》,2009年第3期。

各子文化品牌的归属,如草原文化品牌、丝绸之路文化品牌、雪域高原文化品牌、西南文化品牌等,同时还应该在品牌塑造的过程中注重创意和科技元素的融入。从而使我国西部各城市文化品牌能够成为"中国西部文化"这一整体品牌下的有机节点,它们之间通过既相互联系,又互为补充的关系共同构筑一个具有国际竞争力的品牌体系。

(三)政府主导与市场培育相结合

政府主导是许多经济欠发达国家和地区文化产业发展的初始推动力,如韩国就是以政府主导方式推动文化产业发展的典型。韩国的文化产业发展首先由政府从国家意志高度明确文化产业发展方向,制定专门法律法规确立"文化立国"的国家方针,政府全面参与文化规划,制定宏观文化发展战略和产业政策,在以市场为基础来配置资源的前提下,由政府组织、发动和协调各种社会主体的力量,加快文化产业增长速度。鼓励大企业集团积极开拓市场,在市场中进一步增强竞争力。这种模式被认定为文化产业发展起步阶段最有效的模式,文化产业发达的国家几乎都不同程度地实行过。

我国文化产业发展模式总体也是以政府主导模式为主。通过政府的主导发展,我国文化产业在近十年取得了举世公认的成就:文化生产得到较大解放,满足了人民群众日益增长和多样化的文化消费需要;文化市场不断开放,在市场化进程中稳步有效地扩大人民群众的文化权利,为文化的发展和繁荣奠定了坚实深厚的基础[①]。

但是,随着文化产业的发展,政府主导模式的消极影响也开始显现。《2008年中国文化产业发展报告》中指出:这些年我国文化产业发展体制性"松绑"和政策性推动还是产业发展的基本动力,市场机制开始发挥作用,但是体制性的束缚仍然较大,出自市场本身的、内生性质的产业发展还没有普遍出现。政府主导模式弊端主要表现有:首先,很多大型的文化产业集团尚处于与市场的磨合中,部分文化事业单位通过大规模企业化改制之后具有一定企业性质,但其高层管理人员仍由原来政府一级官员担任,还依然享受着行政保护、垄断性资源才能生存。其次,政府主导导致我国文化产业的民营化程度较低,投资主体单一。特别是一些利润较高的行业,诸如传媒等产值较高的行业,大多处于政府垄断的状态,市场壁垒极高。

[①] 张晓明等:《应对国际金融危机挑战,大力推动文化产业实现新的跨越》,《2009年中国文化产业发展报告》,2009年第4期,第6页。

民营资本主要集中在室内娱乐等低层次的行业,阻碍了文化产业的投资渠道。最后,过分强调政府主导而忽略了市场机制的作用,利用行政力量干预资源配置过程,导致资源配置的低效率,反而束缚了企业和市场的发展。

由于我国东、西部地区不同的社会发展水平和经济基础,文化产业发展模式也呈现出不同的特点。近年随着文化体制改革的深入以及市场经济的发展,在东部地区部分发达省市,文化产业与市场经济结合逐步紧密,市场化运作机制对东部地区文化产业的推动作用开始体现;而在西部等不发达的地区,政府的行政推动仍是文化产业发展的最大发展动力。在东部地区由于市场经济活跃,市场体系较为完善,融资渠道较多,使得市场化运作机制对东部地区文化产业推动作用明显。与西部地区相比,民营文化企业非常活跃,实力强且影响力大。西部地区市场机制尚处于作用不明显阶段,当前多数项目的起步和推进还依赖于政府强有力的推动作用。政府出面直接推动,形成文化运行机制上的良好氛围和政策环境,促使文化产业发展较快。以云南、广西等省市及自治区为代表的西部文化产业发展已经显示出了模式化的特征:走以地域性民族文化为内涵、以文化旅游为主线、以品牌运作为核心的文化产业发展路径①。

当下文化产业发展迅猛,我国的文化体制改革迈入新阶段,面对国际文化市场竞争日趋激烈的格局,随着文化产业的强劲增长,政府与市场的关系也随之发生重大改变,现阶段支撑政府主导型发展模式的一些现实依据也将随之减弱或消失。因此,有必要探索新形势下的文化产业发展模式。作为走资源依托型城市文化产业发展道路的中国西部城市,鉴于其市场主体的文化科技应用能力和文化市场营销能力均较弱的现实,今后相当长的一个时期政府主导还将是推动当地文化产业发展的重要方式。但当地政府必须清醒地认识到政府主导发展模式的局限性和过渡性,下一阶段文化产业发展模式应尽快地从政府主导转为政府引导、市场运作模式。具体而言,其一是把政府精力放在宏观调控上,对文化产业的扶持应该从出台相关政策,建立健全法律法规体系,创造好的市场环境等方面,减少对文化市场主体的行政性干预,充分发挥市场机制的调节作用。其二是明确市场主体,政府要逐步缩小直接经营营利性文化生产企业的范围。其三是要放宽文化产业准入限制,通过政策调控等手段鼓励社会力量介入文化产业领域。

国外的相关经验证明,文化产业发展的好与坏,法律保护、政府支持是一方面,但最根本的是要以产业规律来经营文化产业,只有市场化运作才是文化产业可持续发展的根本途径。

---

① 张晓明等:《走进"十一五":发展文化产业的新阶段》,《2007 年中国文化产业发展报告》,2007 年第 4 期,第 2~5 页。

第四章
中国西部城市文化产业发展经验

为了验证我们提出的有关我国西部城市文化产业发展理论,同时为我国西部城市文化产业发展战略的制定提供现实依据,我们选择了西安、成都、昆明、银川四个典型的西部城市进行了相关调研,并对这些城市文化产业发展经验进行了总结。

一、西安市文化产业发展经验借鉴

西安是国内文化产业发展较好的典型城市之一,在充分利用历史文化资源、挖掘文化消费市场潜力、积极促进文化产业健康发展方面有着丰富的经验,非常值得我们学习借鉴。

(一)西安市文化产业发展现状

西安,古称长安、京兆,举世闻名的世界四大古都之一,是中华文明的发祥地,中华文化的杰出代表,是丝绸之路的起点,是中国历史上建都时间最长、建都朝代最多、影响力最大的都城,居"中国古都"之首。历史上最为强盛的周、秦、汉、隋、唐等十三个朝代均建都于此。西安也是联合国教科文组织最早确定的"世界历史名城"和国务院最早公布的国家历史文化名城之一,是世界著名旅游胜地,被誉为"天然历史博物馆"。2011年《全国主体功能区规划》将西安确定为"全国历史文化基地",着力打造西安为国际化大都市。

自党的"十六大"提出"积极发展文化事业和文化产业"以来,西安市把发展文化产业放在重要位置,作为产业结构调整的战略支撑点,按照"重点在影视、突破在动漫、创新在戏剧、做大在板块"的发展思路,坚持以市场为导向,以资本为纽带,以项目为载体,大力实施资本拉动、板块带动、项目推动战略,全市文化产业蓬勃发展。文化产业增加值从2004年的46.01亿元增加到2011年的250.7亿元,增长了4.45倍,占GDP比重从2004年的4.2%提高到2011年的6.49%,增长了2.29%,文化产业连续三年保持了20%以上的增长速度,已成为西安市经济支柱性产业。

1. 文化产业政策体系初步建立

西安市自2003年被确定为全国文化体制改革综合试点城市开始,西安市文化产业政策纷纷出台,有力推动了文化产业发展。2003年,西安市委、市政府提出"产业强市"的发展战略,成立了文化体制改革试点工作领导小组。2004年,出台了《2004~2010年西安市文化产业发展规划》,明确了全市文化产业发展的基本思路、总体目标和对策措施等。2005年,根据文化产业资源优势及潜力因素,将文化产业作为西安市经济发展五大主导产业之一,为文化产业发展提供了重要条件。2006年,成立了西安市加快发展文化产业领导小组,确定了西安市文化产业发展的方向、思路和重点突破领域,出台了《西安市加快发展文化产业实施方案》,成为指导全市文化产业发展的纲领性文件。同年10月,设立了西安市文化产业发展专项资金(每年2000万元,2010年增至5000万元,现已增至1亿元),为全市文化产业快速发展和文化产业重点项目建设起到了重要的引导和扶持作用。2009年初,制定了《西安市文化体制改革中经营性文化事业单位转制为企业的规定》和《西安市文化体制改革中支持文化企业发展的规定》,为推进经营性文化单位转企改制创造了良好条件。2010年6月,《西安市深化文化体制改革总体方案》正式出台,对全市深化文化体制改革的主要任务、政策措施、步骤和时限等进行了明确的安排部署。2011年4月,《西安市国民经济和社会发展第十二个五年规划纲要》提出以三大核心区为主体的文化产业发展布局,为西安市未来五年文化产业发展指明了方向。

2. 文化产业市场主体进一步完善

2004年至2010年9月,先后完成西安市新华书店、西安市电影公司、西安秦腔剧院、西安话剧院、西安歌舞剧院、西安儿童艺术剧院、西安市豫剧团、西安说唱艺术团、西安出版社和区县剧团、电影公司的转企改制工作,全面完成了市属经营性文化事业单位的转企改制任务。为了推动改制后文化企业的发展、培养龙头文化企业集团,2010年,西安市委、市政府将西安歌舞剧院有限责任公司、西安话剧院有限责任公司、西安儿童艺术剧院有限责任公司、西安市豫剧团有限责任公司、西安说唱艺术传播有限责任公司、西安出版社有限责任公司、西安市电影公司、西安市新华书店8个文化企业整体移交西安曲江新区管委会管理运营。曲江新区对市属8个文化企业进行整合重组,成立了西安文化发展(集团)有限公司,实现了优势文化资源与资本战略平台的有效对接,为西安市文化产业快速发展培育了良好的市场主体。

3. 文化产业发展格局初步形成

西安市先后建成了包括曲江、高新、经开等八大各具特色的文化产业园区,培育了广播影视、新闻出版、文化娱乐等多项重点行业,实施了西安城墙景区工程、大唐不夜城项目、大明宫遗址公园和含元殿御道修复工程、乐游原青龙寺遗址保护工程、西安广电中心及关中民俗艺术博物馆等12个重大文化产业项目,文化产业取得长足发展。目前,西安市共创立国家级文化产业园区1个,国家级文化产业示范基地4个,省级文化产业示范基地和单位28个,国家新闻出版总署还在西安市设立了数字出版和印刷包装两大基地。初步形成了以唐文化、影视业及会展业为主的曲江新区板块,以文化创意产业为核心的高新区板块,以印刷、出版、包装为龙头的经开区板块,以广运潭、丝路国际区为亮点的浐灞板块,以秦、唐文化为内涵的临潼区板块,以宗教文化为主题的秦岭北麓板块,以秦汉文化旅游为主题的沣渭板块,西安唐皇城历史文化街区板块八大文化产业板块和文艺路演艺街区、纺织城创意文化街区、大唐西市文商旅街区三大街区。

4. 文化产业精品力作不断涌现

文艺创作空前繁荣,精品力作不断涌现。电影《图雅的婚事》荣获第57届柏林国际电影节"金熊奖"和全省"五个一工程"优秀作品奖。电影《隐形的翅膀》荣获全国"五个一工程"优秀作品奖和第12届中国电影"华表奖"。电影《团员》荣获第58届柏林国际电影节"银熊奖"。电影《纺织姑娘》荣获蒙特利尔国际电影节大奖。电影《老港正传》荣获第12届中国电影"华表奖"、优秀少儿电影奖和优秀对外合拍片奖。电视连续剧《特殊使命》、《大秦帝国》分别荣获第27届"飞天奖"和第25届金鹰奖。电视剧《热血兵团》荣获全国"五个一工程"优秀作品奖。话剧《郭双印连他乡党》先后荣获全国"五个一工程"优秀作品奖、首届中国戏剧奖·曹禺剧本奖、第五届全国话剧优秀剧目展演一等奖和第八届中国艺术节"文华剧目奖",并被确定为国家舞台艺术精品工程十大精品剧目。秦腔《柳河湾的新娘》和儿童剧

《小小阿凡提》荣获全省"五个一工程"优秀作品奖。贾平凹的长篇小说《秦腔》和吴克敬的中篇小说《手铐上的兰花花》荣获茅盾文学奖,叶广芩的《青木川》、200卷大型文献工具书《四部文明》、大型文化丛书《中国传统文化经典语录》等作品,在全国产生巨大反响,受到各界广泛好评。

(二)西安市文化产业发展措施

近年来,西安市积极探索具有历史文化特色的国际化大都市发展之路,通过科学布局,锻炼内功,深化文化体制改革,利用和扩大世园会的带动效应,改善了增长的动力格局,促进了文化产业的良性发展,取得了突出的成绩。西安市文化产业增加值近年来稳步增长,增幅持续保持在20%以上,文化产业已经成为全市五大主导产业之一。2011年,西安文化产业增速更达31.4%,占GDP比重已达5.88%,实现了跨越式发展。总体而言,西安市近年来文化产业发展的突出表现主要得益于以下几方面的措施:

1.以文化产业板块和项目建设为纽带,不断扩大文化品牌影响力

"板块化推进,园区化承载,大项目支撑,大品牌塑造"是西安市发展文化产业的重要思路。从发展成果来看,西安市已经形成了以文化旅游为重点的曲江国家级文化产业示范区板块、以文化创意产业为重点的高新区板块,以印刷包装产业为重点的经开区板块,以古城区旅游为核心的城墙景区板块,以秦唐文化旅游为主的临潼国家级旅游景区板块和以宗教生态旅游为核心的秦岭北麓旅游区板块;此外,沪灞生态区也凭借世园会的影响力和欧亚经济论坛永久会址的优势,即将成为西安市高级别会展业、创意产业和生态文化旅游的重要板块。

曲江国家级文化产业示范区已经在文化旅游、影视演艺、会展创意、传媒出版等多个领域形成产业链和产业集群,其中旅游产业持续带动西部及周边旅游市场"井喷",自2009年以来,实现年旅游综合收入50亿元;会展产业年均组织展会达130余场,拉动周边产业累计近100亿元,使西安市成为名副其实的区域会展经济中心。曲江演艺产业全方位覆盖大众通俗演出、高端品位演出、地域特色演出市场,"三驾马车"并驾齐驱,年均组织演出300余场,观众累计近150万人次,占据西安市90%以上市场份额。以文化旅游产业闻名全国的曲江,在整合西安市旅游资源的同时,也在文化创意产业领域突破发展,曲江文化产业聚集区和雁翔路国家文化产业聚集区就是近年来曲江着力打造的文化创意产业核心区。其中,曲江文化

产业聚集区以曲江文化产业孵化中心、智慧大厦、创意大厦为支撑,形成了总面积达20万平方米的文化创意硅谷,从业人员达到3万余,2011年实现文化产业增加值达25.25亿元,文化产业年产值超过200亿元。西安市曲江区雁翔路国家文化产业聚集区总规划面积约400万平方米,总投资约300亿元。聚集区将围绕传媒、影视、创意、出版、网络服务五大文化产业门类,计划于2016年底建成6~8个产业子功能园区,吸纳文化企业约2000家,从业人员超过5万,年营业收入超过200亿元,带动上下游文化产业链实现产值达500亿元,成为中国西部文化产业发展的新地标。2012年,将率先开工建设华商现代传媒产业园、西部广播电视文化产业园、陕西广电网络文化产业园、陕西出版传媒产业园。聚集区将在全省文化产业发展中发挥重要的引领示范和辐射带动作用。

西安市高新区大力发展动漫游戏、数字出版、广播影视、文化艺术产业,积极培育龙头企业,使创意产业连续多年保持30%以上的产业增速,成为高新区增长最快的战略性新兴产业之一。目前,高新区已经认定了16个创意产业聚集区,汇聚了2300多家创意企业,从业人员突破5万,年研发产品实现新增版权约4000件,营业收入突破100亿元。区内汇聚了国内最大的移动增值服务商——卓望信息技术(西安)有限公司、陕西华商传媒集团、西北第一门户网站——华商网、腾讯大秦网、陕西出版集团、陕西人民教育出版社、陕西未来出版社、陕西都市传媒、小哥白尼杂志社等一批出版企业,目前西安市高新区联合陕西省新闻出版局在西安市高新区北拓展区规划2平方公里建设国家级数字出版基地,正组建注册资金5亿元的基地运营公司和30亿元的产业发展基金,建设园区,打造产业,重点发展手机出版板块、电子书板块、传统出版数字化板块、数字动漫与网络游戏板块、网络教育板块、数据库出版板块六大业务板块。基地建设目标为2015年实现产值过100亿元,2020年过1000亿元,成为"西部领衔、国内一流、国际知名"的国家级数字出版基地。

西安市经开区印刷包装产业发展迅猛,初步形成了以四大功能园区为承载的印包产业加速集聚的良好态势,已成为加快全省、全市印刷包装产业发展的重要支撑力量。目前,印包基地已累计引进各类企业52家,项目总投资29.9亿元,预计实现年销售收入34.73亿元。已有人民日报西安印务中心、双健包装、新华音像制品公司、秦源软塑包装、西安圣宝塑料彩印等27家企业建成投产,雄峰印务、中国地图社亚东地图、五洲文化数码等企业在建。中心区的出版印刷、教育培训等产业发展迅猛,聚集了华商传媒、中财印务、中富包装等一大批印刷包装龙头企业。出口加工区的西安经开区数据中心,总投资超过5000万美元,是西北最大数据中心。

泾渭新城以高端制造业为特色,着力打造千亿元先进装备制造业基地,形成了对印刷包装产业设备研发、制造的有力支撑。

2012年,在各个板块的发展和园区带动下,西安市的文化产业品牌开始走向全国,走向世界。欧亚经济论坛在新一轮西部大开发中的作用日益凸显,成为国家确定中西部地区唯一的国家级国际论坛;中国东、西部合作和投资贸易洽谈会经过16届的筹办已经成为东、西部重要的文化、经贸交流纽带;中国西部文化产业博览会成为全国最大规模的国家级文化产业博览会之一。西安影视集团作为国家四大影视集团之一,与曲江影视、陕文投共同推动"影视陕军"重塑辉煌;曲江文旅成为迅猛崛起的中国大旅游产业集团,在做足"唐韵",最大程度地发挥出唐文化的产业价值的基础上,又以《大秦帝国》为切入点和起点,搭建涉及动漫游戏、秦腔、连环画、文化书籍、衍生品等秦文化全产业链,塑造秦文化品牌《长恨歌》、《梦回大唐》成为社会效益、经济效益双丰收的演艺品牌。大唐西市、关中民俗艺术博物馆成为我国民营资本开发保护历史文化遗产和传统文化资源的代表性样本,扬名国内外。

2.以集团发展为引擎,发挥整合资源、融通资金、文化交流的综合作用

以西安曲江文化产业投资(集团)有限公司为代表的大集团发展迅猛,成为拉动西安市文化产业发展的巨大引擎。西安曲江文化产业集团成立于1995年,是经西安市政府批准、由曲江管委会投资设立的独资公司。2002年以来注册资本增至42亿元,企业进入高速发展期。截至2011年底,公司总资产达275亿元,累计缴纳各种税费超过20亿元,先后获得国家级文化产业示范基地、中国服务业500强第325名等,2011年成功跻身第四届全国"文化企业30强",实现总产值76.1亿元,完成固定资产投资65.1亿元,集团体系企业全年通过银行贷款、债券融资、BT融资、股权融资等多种方式累计融资68.05亿元,引进文化企业128家。目前,已形成以文化旅游为龙头,集会展、演艺、影视、动漫、出版传媒、文化商业、文化体育、文化金融、文化项目建设、城市运营于一体的全文化产业价值链,建立起资源共享、上下互动、创意叠加效应快速凸显的发展体系。

3.稳步推进平台建设工作,为搭建产业链条提供支持

2011年5月25日,由陕西文化产业投资控股(集团)有限公司、陕西广电网络传媒(集团)股份有限公司、陕西盛唐天下投资发展有限公司共同出资5000万元人民币注册成立了陕文投集团控股子公司——西安电视剧版权交易中心有限公司。

经营范围主要涉及电视剧版权、电视剧网络版权、电视剧涉外版权、电视剧剧本版权、作品改编权及摄制权、广播电视节目版权、动漫版权、电影版权、电视剧衍生品版权及其他版权交易服务,依法开展电视剧行业咨询、市场调查、信息发布、项目推荐及投资引导、文化产业项目等服务。仅半年就实现交易额过亿元,成功完成融剧宝业务5笔。版权交易中心与陕西省作家协会、湖南卫视、辽宁卫视、曲江影视集团、安徽五星东方影视公司、北京圣田嘉禾公司等全国数十家电视台和百余家影视制作机构建立了紧密的合作关系。"2011欧亚经济论坛"作为西部大开发重要平台,论坛主办单位增至13家,文化部、国家能源局、国家文物局等部委还被确定作为论坛固定主办方;西安市会展业服务中心成立,逐步开展会展企业资质认证、展会等级分类认证和会展业从业人员资质认证等协调服务工作,形成四位一体的协调服务体系;高新区先后投资建设了西安高新区创意产业综合服务平台、西安动漫游戏研发公共技术支撑服务平台、网络游戏测试与认证平台、创意人才服务平台服务企业。2011年,西安国家级数字出版基地在高新区成立,将充分利用陕西省的文化资源和技术基础优势,建成集孵化培育、人才培训、平台运营、投融资服务健全的服务体系,打造"西部领衔、国内一流、国际知名"的数字出版产业基地。曲江文化产业聚集区,采用"文化基金+贷款担保+风险投资+财政补贴+房租减免+专项奖励+小额贷款"七位一体的文化产业扶持政策,为小企业的发展提供支撑。

4.通过行业精品的塑造,稳步兑现人才资源优势

2011年,《西安日报》、《西安晚报》再次获得"中国报业创新奖",进入"中国媒体品牌全国城市党报和晚报十强",并双双获得2011年中国媒体华表奖。西安市电台入围"2011全国广播业评选"城市台前八强,新闻广播、音乐广播入围全国同类媒体第一阵营,品牌效应持续显现。西安电视台在第四届中国网络影响力评比中荣膺"全国最具竞争力城市电视台"。西安电视台制作的专题片《我想对你说》荣获中国残疾人事业新闻奖一等奖,纪录片《过河》连获第七届中国纪录片国际选片会十大纪录片、第二届中国澳门国际数字电影节中国最佳纪录片等多项大奖,填补了西安市广电节目获国际大奖的空白。2011年8月,在第二十八届中国电视剧飞天奖颁奖盛典上,《大秦帝国之裂变》、《永不消逝的电波》获优秀长篇电视剧二等奖,《天地民心》、《家常菜》、《保卫延安》、《新安家族》获优秀长篇电视剧三等奖,《胡杨女人》、《张小五的春天》获提名荣誉奖。同年8月,第十四届电影华表奖颁奖典礼上,曲江文化产业集团投资拍摄的《孩子那些事儿》荣获"优秀少儿影片"奖,参与拍摄的《建党伟业》荣获"优秀故事片"奖。

(三) 西安市文化产业发展启示

近年来，西安市文化产业发展取得了长足的进步，业已形成大企业带动大板块开发的发展思路，并创造了城市开发建设与文化创意产业相结合的典范——曲江模式。通过经验总结，西安市文化产业发展的历程能够提供给国内其他城市，特别是西部城市以下诸多有益的启示：

1. 城市文化产业的发展必须依托本地特色文化资源，但不能形成路径依赖

每个城市文化产业发展的重点是不同的，基本上只要看自身的资源优势，像西安市目前着力打造的文化产业八大板块最突出的除了文化创意、动漫外，主要还是文化旅游，可以看到八大板块中曲江、城墙、临潼、秦岭北麓四大板块做的都是文化旅游项目，主要还是文化旅游"走"在前面。西安市现在还是处在这样的一种状态下，那就是大文化小产业、大文化非强文化。西安市的文化大，但是文化产业建设与西安市的资源优势并不匹配，实际上西安市文化产业的发展完全可以做得更好一些。也就是说，在做传统文化产业的同时应该大力发展新兴文化产业，这样才可以两条腿走路，只有西安市的新兴文化产业超过了传统文化产业，才可以说西安市的文化产业真正做大做强了，可以进入全国领先的水平了，而现在只能算是中上游水平。西安市现在所走的大企业带动大板块开发的文化产业发展路子，虽然取得了显著的成效，但也存在潜在的风险，那就是发展方式单一，发展方式略显粗放。目前，西安市文化产业发展的最大局限就是，不管什么对象都是按相同的套路进行项目开发，这将造成文化产业项目趋同，重复建设和资源浪费的局面。所以，西安市今后还需调整发展思路，在多元化、差异化、国际化方面多下功夫。

2. 市场与政府力量的合理搭配，是城市文化产业顺利发展的重要保证

市场力量不足，政府力量过强，是西部各省区面临的共同处境。或者说，在西部各省区当前市场力量相对较弱的情况下，解决经济社会发展当中的很多问题还必须更多地依靠政府的力量。西安市在文化产业发展的过程中，也面临着在市场与政府力量如何进行选择和平衡的问题。事实证明，当地政府在这一问题上始终保持着清醒的头脑，即政府在积极发挥自身作用的同时，也应该注意尊重市场和培

育市场。这在很多方面都有所体现,如曲江新区文化产业高速发展,虽然政府在政策、土地、资金方面给予了较大的扶持,但主要还是依靠企业自身和市场的力量。再如西安市"八大板块、六大基地、六大街区"的规划布局,并非政府领导"拍脑袋决策"的结果,而是在企业投资有"苗头"时政府主动引导,在引导的过程中逐渐形成的。其中七大板块是在其原有特点的基础上概括出来,再增砖添瓦继续发展的结果,发展的推动力是来自企业与政府双方的合力。但市场力量不足,政府力量过强,是西部省区城市面临的共同处境,有时就只能从这个事实出发去做事。大型遗址公园的开发建设,如大明宫遗址、汉长安城遗址、秦陵兵马俑遗址,包括现在曲江内部的南湖,这么大的遗址板块,仅靠企业或者市场的力量很难推动起来,政府必须发挥更大的作用。但正因为如此,也产生了一些亟待解决的问题,在政府主导下西安市依托历史文化遗址的大型文化产业项目扩张过快,这些项目普遍缺乏内容发展,因此,西安市内部也在不断地探讨项目要不要向内容方向转型的问题。但转型存在一定的难度,一方面是和政策有关,另一方面是形成了一种路径依赖。还有一点就是西安市的市场力量相对来说弱了一些,就是政府推动的扩张很快,但是民间的力量相对于南方的城市来说是很薄弱的,南方70%的文化产业项目投资来自民间,但在西安市上规模的项目都是政府推动的。

3."曲江模式"的示范意义与推广价值

曲江新区是陕西省、西安市确立的以文化产业和旅游业为主导的城市发展新区,核心区规划面积40.97平方公里,是西安市"五区一港两基地"的重要组成部分,是陕西省实施"文化强省"战略和西安市建设国际化大都市的重要载体,是国家文化部首批命名的两个国家级文化产业示范区之一。2012年5月,曲江新区被科技部、中宣部、文化部、广电总局、新闻出版总署联合授予"国家级文化和科技融合示范基地"。曲江在20世纪90年代末就在起步做,开始叫曲江旅游度假区,属于省级开发区,政府不仅当旅游在做,也把城市建设、城市形象带动起来综合考虑。通过不断的经验摸索,逐渐形成了具有广泛影响力的"曲江模式":文化+地产+旅游+开发+文化产业综合发展。虽然"曲江模式"取得了极大的成功,且对于其他城市的规划发展具有相当的示范意义,但"曲江模式"的成功是许多复杂因素共同作用的结果,这种模式能否繁衍推广,是值得认真思考的问题。首先,曲江模式的成功是有时代背景的,2000年前后国家经济开始高速发展,地产、城市建设、城市扩张,地方政府惯常采用经营城市的手法来推动文化产业的建设,曲江模式也是在这一特定背景下产生的。在今后大城市扩张和地产投资逐渐降温的趋势下,曲江模式的复制是存在较大难度的。其次,西安市拥有周、秦、汉、唐丰富的历史文化资源,具有世界性和唯一性的特点,"曲江模式"的成功也与这一优势的发挥密不可分。另外,还因为曲江新区处于主城区,有旅游文化资源,有人气,从而保证在进行旅游项目和地产开发后有人来,房子也能卖出去,这一点已经在法门寺的开发项目中得以验证。法门寺项目是西安市政府利用曲江平台的一个旅游项目,这个项目由国家开发银行提供50亿元规模的信贷。但50亿元投入后,后续的问题却出现了,投入的资金要有回报,结果是招商引资失败,或者引进来的项目收益很低。法门寺项目目前亏损的资金很大,收入还利息都不够,更不用说偿还前期的投资了,这已经成为曲江集团的一个包袱。

二、成都市文化产业发展经验借鉴

成都市也属于我国西部省份的历史文化名城之一,拥有丰富的历史文化资源,近年来的文化产业发展势头良好,形成了独具特色的地方文化,在国内外形成了广泛影响,其发展方式与经验可为其他城市提供有益借鉴。

(一)成都市文化产业发展现状

成都,别称蓉城,副省级城市,中国国家区域中心城市,是西南地区的经济、金融、交通、商业、贸易、文化、科教、物流中心,亚洲首个国际"美食之都",中国最佳旅游城市,中国最幸福感城市,国家综合交通枢纽。成都市是"最中国文化名城"和"中国最佳旅游城市",承载着几千年的历史。联合国教科文组织创意城市网络授予它"美食之都"称号。成都拥有2项世界遗产,2项世界预备遗产,是我国中、西部拥有世界遗产项目数最多的城市,是一座有三千年左右建城史、近一百五十年建都史的历史文化名城。成都市是古蜀国文化的重要发源地。现今出土的大量古蜀国文物说明,早在商周时期,古蜀国人民就创造了高度发达的青铜文化,成为华夏文化的重要组成部分。成都市是我国的著名文化之都,其文化影响着全世界的中国人,甚至在韩国、日本很多人也热衷于三国文化。成都市的文化博大精深,饮食文化、休闲文化、茶文化、道教文化和三国文化等在中国人中影响深刻。

在充分发挥成都市文化资源和人才资源优势的基础上,成都市文化产业稳步发展。2005~2010年,成都市文化产业业务收入由270.7亿元提高到1240.03亿元,增加值由77.74亿元提高到257.39亿元,占全市地区生产总值比重由3.27%提高到4.64%。成都市已初步形成以传媒、文博旅游、创意设计、演艺娱乐、文学与艺术品原创、动漫游戏和出版发行为重点的文化产业发展格局。其中,以文化和旅游相结合为导向,打造的宽窄巷子、锦里二期、金沙遗址博物馆等一批城市文化产业品牌项目已在国际国内享有较高知名度。此外,成都市还在西部地区率先建立了文化产权交易平台,实现文化产业与资本市场的常态对接。

1. 培养了市场主体骨干,完善了发展格局

在政府相关部门的努力引导下,培育引进了一批具有较强竞争力的市场主体,先后组建了成都传媒集团、成都文化旅游集团大型国有文化骨干企业,引进了一批有竞争力的文化企业。初步形成了文化产业集聚发展格局,规划形成了一批以创意设计、文博旅游、数字音乐、艺术品原创等为特色的文化产业园区、文化产业示范基地和文化产业功能区。立足成都优势领域,重点发展传媒、文博旅游、创意设计、演艺娱乐、文学与艺术品原创、动漫游戏、出版发行七大行业,构建成都市文化产业体系。可以说,成都市已初步形成以园区化、楼宇化为载体模式,以重大产业项目为带动,以骨干企业为支撑,传媒、文博旅游、创意设计、演艺娱乐、文学与艺术品原创、动漫游戏和出版发行等行业快速发展的文化创意产业发展格局。

2. 实施了重点项目建设,搭建了产业发展平台

实施了一批具有带动作用的重点项目,利用旧城改造机遇,以文化和旅游相结合为导向,打造了锦里二期、宽窄巷子、金沙遗址博物馆等一批城市文化产业品牌项目。以政府为主导,搭建了文化产业发展平台,在西部地区率先建立了文化产权交易平台——成都文化产权交易所,建立健全了与金融机构合作的投融资平台、公共技术服务平台以及促进国内外文化产业交流的平台,为成都市文化产业发展奠定了良好的基础。

3. 积极开展对外交流,成效显著

"十一五"期间,成都市文化局实施对外文化交流项目近300项,办理出国(境)组团100余次,赴40多个国家和地区开展文化交流,人员共达5000余人。平均每年有20多个文化项目、400多名对外文化交流使者走向世界各大洲及港澳台地区。近年来,在成都市先后举办的"法国焰火节"、"法国电影展映"、"国际木偶

节"等大型国际文化交流活动,在国际上受到了广泛关注,尤其是争取到"中国成都国际非遗节"永久落户四川,定点成都市举办,成为成都市最具国际影响力的文化品牌活动。在多个国家和地区举办的"成都美食文化节"、"欢乐春节"、"成都大庙会"等项目以及大量的文艺演出,则把成都市的优秀文化传播到了异国他乡。

4. 文化体制改革取得初步成效

为了从根本上为文化产业发展解除不合理的束缚,成都市根据国家文化产业发展的总体规划及政府职能转变要求,全面推进城市文化体制改革试点工作,以政府文化行政主管部门的职能转变为突破口,理顺政府与文化事业和文化产业关系,以公益性、公共性文化事业和文化项目由政府主办为基本导向,重新调整和转换文化事业的功能范围,逐步摆脱政府直接办文化的传统模式,加强文化事业、文化企业单位内部人事制度和分配制度的改革,文艺院团改革、经营性文化单位转企改制、文化市场综合执法改革等全面完成。

(二) 成都市文化产业发展主要措施

成都市在文化产业发展过程中所采取的措施主要表现在如下方面:

1. 领导部门高度重视,明确发展规划

成都市委、市政府领导对文化创意产业给予了高度重视,并从调整经济结构、转变经济增长方式、实现城市可持续发展的战略高度来认识发展文化创意产业的重要性,从政府层面规划文化创意产业的发展计划,制定产业发展专项规划,拨付专项基金予以支持。成都市在《文化创意产业十二五规划》中明确提出:在成都市发展传媒、文博旅游、创意设计、演艺娱乐、文学与艺术作品原创、动漫游戏、出版发行等七大支柱产业,并从项目用地、产业孵化、人才支持等方面予以实质性的扶持。在专项基金的使用上,成都市文化产业办公室具有主导权。

2. 加大财政资金投入,加强文化基础设施建设

针对公共文化基础设施,加大投入和建设力度,保证市、县、乡(镇)图书馆、博物馆、文化馆、影剧院等公共文化设施选址符合要求,方便群众参加活动,保证市、县两级公共文化服务设施设置率。成都市自2012年起,市财政新设立了每年1亿元的公共文化服务专项资金,用于支持全市公共文化建设与发展;同时,市、县两级

还分别设立了政府采购公共文化服务的专项经费,市本级每年1000万元,各区(市)县每年不少于200万元,全市每年5000万元。全面完成金沙博物馆建设、积极筹划船棺遗址博物馆、巴金文化博物馆、中国皮影博物馆建设项目启动工作。

3. 明确任务目标,设立清晰的评估指标

主要围绕创建国家公共文化服务体系示范区工作,从公共文化设施网络建设、公共文化服务供给、公共文化组织支撑、资金人才和技术保障措施、公共文化评估等方面详细分解任务,并设立了较为清晰的评估指标,采取前后对比法找出差距,明确努力方向,极大增强了公益性文化事业发展过程中的可操作性,从而也为经营性文化产业的发展奠定坚实的基础。

4. 努力创新,强化宣传工作

为更准确、及时地了解和掌握媒体报道情况,有效实施对舆情的监控和引导,成都市文化局每天都对媒体报道进行动态监控,特别是对省、市主要平面媒体,全部下载相关报道的电子版进行保存。以此为基础,与国家图书馆合作,定期推出"成都市文化媒体报道汇编",全年共四期。与此同时,还加强与成都市网络管理办公室合作,对网上出现的负面报道进行了及时处理和有效引导。创新与央级媒体合作方式,加强与中央级媒体的联系与合作,尤其是通过与其地方记者的直接合作,取得了提高效率、降低成本的效果。此外,随着移动互联网日益深入广泛的应用,为适应微博等新媒体影响逐渐扩大的新情况,主动促使众多文化单位开通了官方微博,利用新媒体、新平台扩大自身影响,在一些重大文化活动的宣传中也借助微博等进行宣传,如第21届国际木偶节的官方微博,"粉丝"达到数千人,成都市博物馆突破100家的系列宣传,借助粉丝数百万的"成都发布"微博,推出了20条系列报道,取得了良好的宣传效果。

5. 实施重点项目建设,带动文化产业的整体发展

主要体现为以重点项目、组建大型国有文化企业集团的形式带动文化创意产业的发展。成都市近年来培育起了一大批文化产业典型项目,其中以天府软件园、红星路35号创意产业园、东郊记忆等项目为代表的文化创意产业项目已经形成了一定的集聚效应。文化园区采用北京798、上海田子坊等项目形式,充分利用旧厂房空间,经过二次改造,形成了文化创意项目的集聚区,并通过引进大型文化项目来支持园区的发展。东郊记忆项目引进了中国移动数字音乐基地项目,为园区的

发展起到了基础性支撑作用。

(三)成都市文化产业发展启示

成都市文化产业发展取得的成绩是较为显著的,从其发展过程来看,可以概括为以下几方面:

1. 重点项目带动,集中利用有限资源

文化产业的发展是一项长期性的工作,因为是建立在对已有文化资源的有效开发和利用基础上,需要的资金投入相当可观,各个地方政府的发展资金都相对有限,在促进文化产业发展过程中只能根据一定的标准或原则有选择地进行投入,形成的发展方式经常体现为重点项目带动的形式。各地文化产业发展实践证明,这样的方式也是行之有效的。那么,对于各地政府而言,重要的就是如何根据本地文化资源的实际拥有状况进行合理而准确的选择。

2. 借助地方特色,加强品牌建设

凡是文化产业发展较好的地方或领域,都离不开鲜明的特色资源。特色资源的有效开发利用则必然会形成品牌效应。不论是吸引本地群众,还是吸引外来游客,都要依赖于品牌的知名度与认可度。重点项目带动,也常常需要与品牌效应相结合。因此,不论是政府主导,还是企业自主,都要注意品牌建设,要把品牌建设成为地方或企业的名片,具备典型的识别功能。待品牌建设有了显著成效之后,再逐步扩展到其他方面,这也是避免资源浪费的重要手段。

3. 以特色资源为基础,注重创新

特色资源可以形成品牌,也可以成为重点项目的核心竞争力。但是,需要注意的是,特色资源只能保证较低的可替代性,并不代表必然成功。特色资源要转化成为现实的经济效益和社会效益,并一直保持下去,还需要有操作性强、有效性高的营销与维护手段。知名度再高的品牌也需要维持下去才有生命力,随着时代的发展,以及各方面环境的变化,只有不断创新才能达到这样的效果。同样是具有特色资源和品牌,但不同地区文化产业发展水平的高低差异就充分地证明了这一点。

4. 有效利用现代科技手段，转化资源为效益

文化产业的形成与发展本身就是与现代社会的发展紧密相关的。传统的发展手段虽然也可以为文化产业提供一定的技术支持，但与现代高科技手段相比，这种支持效应远远满足不了新的时代背景下文化产业展所需。例如，成都市早年兴建的主题公园——世界乐园的失败与深圳主题公园——世界之窗的成功就是一个鲜明的对比，造成这种结果的一个重要原因就是"世界之窗"不断采取高科技手段开发新项目，丰富主题公园内涵以维持其后续吸引力，而"世界乐园"却裹足不前，在经历了短暂的辉煌后即陷入困境，最终不得不黯然收场。

5. 产学研紧密结合，重视人才资源

成都市创意产业的发展得益于其优越的教育资源。其中包括四川大学、电子科技大学等高校人才培养基地为创意产业发展输送了稳定的、源源不断的人力资源。近年来，毕业生留蓉比例逐年提高，产业基地的发育吸引了大批自由软件设计人员前往成都，其典型的产业包括安卓平台和苹果APP的开发销售。在文化创意产业发展过程中，成都市一些高校为产业发展提供了持续性的研究咨询建议，为产业发展提供了长期的智力支持。

三、昆明市文化产业发展经验借鉴

昆明市地处西南少数民族相对集中的地区，其文化特色体现出浓郁的民族风情，文化产业发展的经验必然有许多可以借鉴之处。

(一) 昆明市文化产业发展现状

昆明，又名"春城"，是首批24个中国历史文化名城、全国十大旅游热点城市之一，首批进入中国优秀旅游城市行列，拥有1200多年的建城史，是西部地区重要的中心城市和旅游、商贸城市。昆明市是国家一级物流园区布局城市之一，滇中城市群的核心圈、亚洲5小时航空圈的中心，也是中国面向东南亚、南亚乃至中东、南欧、非洲的前沿和门户。昆明市面积2.1万平方公里，人口726.3万。依托其古滇

文化资源、高原风光资源、边境资源、都市时尚资源和悠久的文化传统资源,其文化产业发展势头迅猛。

1. 产业发展已具规模,支柱地位初步确立

"十一五"期间,昆明市文化产业取得了较快发展,初步建立了门类相对齐全的文化产业群体,文化产业发展的软、硬环境逐步改善,涌现出一批优秀的文化产业人才和重点企业,呈现出以重点产业为主导、相关产业联动发展的良好格局。2010年,昆明市文化及相关产业增加值达到180.44亿元,占GDP比重达8.53%,文化产业已成为昆明市的新支柱产业。2012年,昆明市文化产业增加值达到259.57亿元,占GDP比重达8.62%,在西部城市中处于领先水平。

2. 重点文化产业发展领域逐步明晰

依托云南省昆明市文化产业发展资源和发展优势,昆明市逐步确立了文化产业发展的五大重点领域,分别是:创意设计、新闻出版、文化旅游、节庆会展、动漫。2012年,五大重点领域的文化产业增加值占全市文化产业比重达71.05%,重点文化产业在昆明市文化产业中地位突出,对昆明市整体经济发展的推动作用也较为明显。

3. 龙头企业带动作用加大

近年来,昆明市涌现出一批文化龙头企业,如昆明报业传媒集团、昆明广电集团、风驰传媒、新知图书城、雄达茶城、云南中天文化产业发展股份有限公司等,文化企业销售收入均超过亿元,取得了不俗的发展业绩:2009年,昆明报业传媒集团中,昆明日报荣获"中国地市报经营管理十强"称号,被赞誉为"西部奇迹",旗下的《都市时报》跻身"全国都市报30强";风驰传媒成长为西部最大的广告公司和"中国民营企业五百强";昆明新华书店连锁有限公司国有资产增值率年均达94.79%;云南吉鑫集团2004年被评为"中国文化产业十佳成长型企业";新知图书城成为西南第一、全国第五大民营图书公司。大型文化企业成为辐射带动昆明市文化产业发展的重要力量。

4. 重大项目推动产业发展作用显著

大型项目成为加快推进昆明市文化产业发展的重要载体。"十一五"期间,昆明市实施了一批重大文化产业项目。截至2010年,昆明市拥有文化产业项目420

个,涉及金额948.88亿元,实际到位资金170.94亿元。昆明老街、昆明国际包装印刷基地、云南图书批发市场、金鼎文化创意产业孵化基地、金鼎1919文化艺术高地、创库等一批文化产业基地,成为集聚文化企业发展的平台。

5. 呈现一批国内外知名文化品牌

"十一五"期间,昆明市精心打造一批在省内乃至国内具有一定知名度的民族文化品牌。重点文化品牌有:以璀璨夺目的青铜文化为特色的古滇文化;以护国首义、红军长征和滇西抗战为代表的革命历史文化;以25个少数民族风情风物为代表的民族民间文化;以滇池、石林、安宁温泉等国家级风景区为亮点的山水文化;以郑和、聂耳、讲武堂和西南联大著名人物为代表的名人文化;以现代传媒、文化娱乐、艺术演出、都市商业文化为代表的都市文化。品牌打造取得一定成效,如林县阿着底村生产的刺绣产品遍布全国各大省市,远销韩国、日本、哈萨克斯坦、俄罗斯等国,刺绣"撒尼挑花"已被列入第二批国家级非物质文化遗产保护名录。

(二)昆明市文化产业发展措施

昆明市发展文化产业的主要措施有以下几方面:

1. 政府领导层高度重视

昆明市委市政府对本市发展文化产业具有长远的规划和认识,相继编制了《昆明市文化事业和文化产业发展规划(2006~2010年)》、《昆明市"十二五"文化产业规划》,出台了《关于深化文化体制改革,加快文化产业发展的意见》、《昆明市鼓励和扶持动漫产业发展的办法》等五个文件,制定了《中共昆明市委昆明市人民政府关于深化文化体制改革加快文化产业发展的意见(试行)》等六个推动文化事业和文化产业发展的系列办法。并且,昆明市政府每年拨付3000万元用于文化产业项目扶持和产业培育。此外,还把每月10日设为文广体局局长接待日。力争通过多种方式,努力打造中国西部最具竞争力的历史文化名城、民族文化宝库、国际文化枢纽、文化产业基地、文化共享家园,加快把昆明市建设成为泛亚文化名城。

2. 项目推进与项目建设

昆明市狠抓重大文化产业项目的推进与建设。在政策、资金流向上向重大项目倾斜。"十二五"期间,云南省文化产业办公室根据"十大产业规划"的产业特点以及项目前期进展情况,遴选出30个重大文化产业项目拟重点推进,其中,14个文产重点项目分布在省会城市昆明。昆明市文化产业办公室(以下称市文产办)在项目推进与建设上下足工夫,对重点文化产业项目实行"一对一"指导,从规划、用地、税收等方面进行指导;每两年举办"双十"文化企业评比;对当地文化名人和重点文化项目进行资金支持,例如对杨丽萍印象云南舞蹈项目的专项资金扶持;同时也在着手实行对大型文化项目的买断式支持,例如对重点剧集、电影版权的支持,通过政府购买版权和发行权等形式来支持重点艺术项目;进行项目对外宣传与招商,建立文化产业项目数据库,编制文化产业重点项目招商手册。市文产办多年来形成了整理和修订本市文化产业项目库的惯例,通过市文产办各区县相应工作机构收集和汇总各区县文化产业项目,由市文产办进行整理分类。市文产办通过招商引资、提供项目基础设施和产业基金扶持等形式孵化和培育文化产业项目,为昆明市文化产业发展起到了引领性作用。利用项目库,昆明市委市政府领导也对重大文化产业项目进行对外宣传,利用博览会、论坛等机会加强对外宣传。

3. 培育骨干文化企业

以重大产业项目为带动,以骨干企业为支撑,昆明市做大做强国有文化企业。2家大型国有文化企业分别是电视台和报业集团。国有文化企业能够作为龙头企业带动产业的发展,在投资和推动大项目建设方面发挥独特的强大作用。对于大量的社会资本、民营企业也根据企业发展水平及影响力给予不同方式的支持。昆明市积极鼓励中小文化企业发展,支持壮大各类文化市场主体,达到活跃文化市场的良好效果。昆明市民营文化企业发展势头强劲,占全市文化企业总数的80%以上。在122家昆明市重点文化企业中,有80余家民营文化企业,这些都是推动地区文化产业发展不容忽视的力量。

4. 大力发展文化产业积聚区

推动文化产业载体建设,发展文化产业积聚区。积极建设文化产业示范基地、文化产业园区。《昆明市关于加快文化产业发展的意见(2010)》提出:昆明市五年内建一批文化集聚区,建设昆明文化传媒中心,发展金鼎1919文化艺术高地等一批文化创意产业集聚区,昆明老街等一批特色文化集聚区、昆明印刷包装地等专业化生产基地。

5. 加大政策扶持力度

为更好地利用丰富的文化资源,调动社会各方参与文化产业发展的积极性与主动性,进一步发挥昆明的历史文化和地理位置优势,昆明市政府出台了一系列优惠和扶持政策,内容涵盖金融、财政、土地、税收、人才等方面,努力为文化产业发展创造良好的政策环境。此外,政府相关部门主动采取措施,搭建发展与交流平台,进行政府平台推介,开展文博会、泛亚文化博览会、民族民间交易会,鼓励支持各类文化企业广泛参与,为文化企业牵线搭桥。对于小微文化企业也给予充分重视,为其搭建交流平台,并出资购买优秀影视作品等;广泛征集创意,开展创意大赛等。

(三)昆明市文化产业发展启示

昆明市文化产业的发展也有着很多可以借鉴的地方,可以概括为以下几点:

1.政府发挥主导作用,为文化产业发展创造优良环境

昆明市作为重要的历史文化名城,有着丰富的文化资源,这是本地发展文化产业的最大优势。从已取得的成绩来看,即使是在文化资源较为丰富的情况下,文化产业发展过程中政府的主导作用还是比较突出的。政府部门的主导作用主要是通过两种方式得以体现:一是制定和完善相关法律法规和政策规定,为文化产业的发展提供良好的制度环境,使其能够规范有序地发展;二是直接通过政府的实际措施推动文化产业的发展,如提供资源建设重大项目、抉择一些骨干企业、培育地方特色品牌、为文化企业发展提供各类平台等。通过发挥政府主导作用,可以起到很好的宣传效果,让各方主体重视文化产业的发展,并尽可能地将社会资源有效地吸引到文化产业的发展上来。

2.充分发挥省会城市优势和地理位置优势,体现地方特色

昆明市地处西南少数民族较为集中的地区,又是省会城市,属于地方性、区域性的政治、经济、文化中心,具备明显的资源优势;同时又是我国和东南亚、南亚等国家对外联系的重要枢纽,具备了较好的地缘优势。作为省会城市,可以发挥其特有的资源集聚优势,如对于广播影视业和新闻出版业的素材来源、发行渠道、人才、设备、技术等方面而言,省会城市就具备一定优势;省会城市展会资源丰富;省会城市具有人才、创意优势,可以发展创意设计、动漫等产业;省会城市是旅游集散地,

具有发展旅游的天然优势,发展旅游业,又会带动文化旅游和休闲产业、民族民间工艺产业、演出演艺产业等多个门类的发展。就地缘优势而言,可以方便本地区积极开展对外交流,促进文化繁荣,为文化产业的发展提供一个开放灵活的环境。

3. 积极开展对外交流,大力拓展文化贸易

文化产业的发展,对内要积极挖掘内需,满足本地群众的精神文化需求,对外要主动进行文化交流,取长补短,实现文化创新。昆明市是少数民族边疆城市,民族文化资源丰富,而且一些少数民族与周边国家也有着千丝万缕的联系。利用这一优势,在积极宣传和大力发扬少数民族文化的同时,更要注意实行"走出去"战略,加强与周边国家开展文化交流,大力拓展文化贸易,为本地区文化产业的发展提供更为丰富的养料,从而促进文化产业健康、快速发展。

4. 建立覆盖面广泛的文化产业信息联络机制

文化产业的核心资源——文化是一种极具开放性、透明性的信息资源,在文化产业的发展过程中必须要保证文化的这种开放性、透明性,因此,文化产业发展过程的相关信息应该尽可能地公开、透明、联络畅通。市文化产业办对于全市文化产业项目、文化资源和艺术人才等具有详细的信息,并且定期汇总和发布文化产业发展信息,不同层级的管理和服务部门如文广体局还建立了文化产业与文化事业活动信息定期汇报制度。可以说,有了及时畅通的信息传递机制,文化产业的发展才更容易把握机遇。

5. 产学研紧密配合,合理利用本地人才资源

文化产业是一个知识密集、智力集中、创新度高的行业,这就必然要求有充足的人才资源支撑。在昆明市文化产业发展过程中,不少文化产业主体与当地高校及相关文化研究机构在产业研究、人才培养等方面建立了广泛联系,积极开展人才培养与培训合作,尽量地实现对本地人才资源的有效利用。与此同时,也积极利用其他省份甚至国外相关机构的优秀人才资源,为本地文化产业发展提供智力支持。

第四章 中国西部城市文化产业发展经验

四、银川市文化产业发展经验借鉴

银川市属于北方少数民族活动的重要区域,同时也属于发展相对滞后的西部省份,在国家大力推动文化产业发展的宏观背景下,其在加强文化产业发展的模式与方法方面值得借鉴的地方较多。

(一)银川市文化产业发展现状

银川市是我国101座历史文化名城之一,别名凤凰城、湖城,在漫长的历史发展过程中,形成了多元文化的积淀与交融,主要包含了中原文化、边塞文化、河套文化、丝路文化、西夏文化、伊斯兰文化、党项文化等。浓郁的回乡风情,雄浑的大漠风光,秀丽的塞上水色,古老的黄河文明,神秘的西夏文化,构成了"雄浑贺兰、多彩银川"的城市形象,形成了"塞上湖城、西夏古都、回族之乡"的鲜明特色,锤炼成"包容、诚信、自强、创新"的城市品格。

21世纪以来,随着经济社会的快速发展和文化发展环境的改善,银川市文化产业的发展逐渐成为新的投资热点和增长点。据统计,2010年,银川市实现文化产业增加值21.63亿元,占全区文化产业的67.2%,总量居全区第一位。很明显,在未来的经济发展过程中,文化产业将成为新的增长点。银川市文化产业发展现状可概括为以下几方面:

1. 建立了文化产业发展政策支持体系,确立了发展目标与思路

早在2005年,银川市委就制定了《中共银川市委银川市人民政府关于繁荣文化事业发展文化产业的若干意见》,初步确立了银川市文化产业发展的基本目标与思路,即"2010年前建成一批功能齐全、设备先进、代表银川首府形象的标志性文化设施,改变全市文化基础设施落后的现状;改革文化管理体制,创新运行机制,加快培养专业艺术人才和管理人才,推出一批艺术精品,努力提高全市文化艺术生产的规模、水平和档次;加强和完善市、县(区、市)、乡(镇)、村四级文化网络建设,2010年前建成一批具有示范、带动作用的乡(镇)文化中心(站)和城市社区文化场所(室、中心、文化广场等);大力推进文化产业的发展,按照创新体制、转换机制、面向市场、增强活力的要求,培育一批有竞争力的市场主体,形成政府主导、社会参与、市场运作、行业管理的文化产业发展新格局。经过五年的努力,使全市文化事业的整体实力大大增强,文化产业的规模、水平明显提高,现代化区域中心城市的文化辐射带动功能进一步提升,'塞上湖城、回族之乡、西夏古都'的地方特色更加鲜明"。根据国家"十二五"规划、《国家"十二五"时期文化改革发展规划纲要》、《文化部"十二五"时期文化产业倍增计划》,结合《宁夏回族自治区党委人民政府关于推动文化大发展大繁荣的意见》、《宁夏回族自治区人民政府印发〈关于加快文化产业发展若干政策意见〉的通知》,银川市委、市政府进一步制定了发展文化产业的相关政策规定,特别是分行业、分领域的制度完善,如《银川市人民政府关于推进文化旅游发展的若干意见》(2011年12月19日)、《银川市关于加强互联网(微博客)建设和管理的意见》等。

2. 培育了文化产业发展市场体系,营造了发展环境与氛围

文化体制改革是文化产业发展的动力,也是文化产业发展市场体系建立的基本要求。银川市按照增加投入、转换机制、增强活力、改善服务的要求,创新社会公共文化服务体系,通过改革激发活力,迸发创造力,提高文化产业的整体实力和竞争力,推动社会主义文化大发展大繁荣。首先是推进经营性文化单位转企改制,组建了新的市场竞争主体。其次是改革了演艺团体内部管理机制,通过内部人事、保障、分配制度改革,努力形成了有利于调动职工积极性和创造性的竞争激励机制和约束机制;同时选择了一个演艺团体开展改制试点工作。最后是创新了公共文化服务运行机制,大力推进文化事业单位机制改革,到2010年,核减了14个文化事业机构、485个文化事业编制。

为了激发演艺院团的活力和创造力,银川市改变了对转制院团的财政投入方式,由"养人"为主向"养事业"为主转变,财政投入主要用于"出精品、出人才、出成果",设立人才培养专项资金,实行公益性演出补贴制和新剧目创作经费补助等,并拨付专项经费用于为转制院团购置演出大型设备。除了积极推进演艺院团转企改制,银川市还将深化公益性文化事业单位改革,提高公共文化产品服务供给能力。按照"按劳分配、绩效优先、兼顾公平"的分配原则,改革公益性文化事业单位内部分配制度,进一步扩大内部分配自主权,逐步建立重实绩、重贡献、向优秀人才和关键岗位倾斜、自主灵活的分配激励机制。

3. 培养了文化产业发展市场主体，取得了初步发展成效

经过推进文化体制改革、不断建立和完善文化产业市场体系，并通过政府大力扶持等方式，银川市涌现出了一大批优秀的骨干文化企业，如华夏西部影视城、中华回乡文化园、西夏王陵、贺兰山岩画、银川文化城、宁夏软件园动漫基地、801创意产业园、银川万达国际电影城、银川艺术剧院、银川童话娱乐公司等。目前，银川市已有国家级文化产业示范基地2个、自治区级文化产业示范基地6个；专业市场3个，经营性演出场所12家，经营性演出团体6家，城市电影放映院线9家，各类文化经营单位1707家，约占全区总量60%以上。其中，歌舞娱乐经营场所192家，图书报刊零售385家、音像制品零售（出租）113家，互联网上网服务场所262家，印刷包装企业267家，其他文化经营单位488家。全市文化产业从业人员达10万余人，经营总资产达千亿元以上。

4. 涌现了一批精品文化项目，扩大了国内外影响

以银川艺术剧院有限公司出品的中国首部大型原创回族舞剧《月上贺兰》为代表，除了在自治区内多次上演以外，还在国内外公开巡演，共计演出400多场，极大地提高了银川市的知名度。此外，"中阿文化产业发展合作论坛"于2012年9月12日在银川成功举办，而且银川市将作为中阿经贸论坛的永久举办地，这将进一步促进银川市乃至宁夏文化产业的发展。

（二）银川市文化产业发展措施

与其他城市相比，银川市在发展文化产业过程中所采取的措施既有同其他城市相似的一面，也有体现自己特色的一面，具体内容如下：

1. 强化政策保障和组织领导

创新政府文化管理体制，推进政企分开、政事分开、政资分开、事企分开，逐步实现政府由办文化向管理文化转变。发展公益性文化事业，要以政府为主导，鼓励社会参与，明确公益性文化单位服务规范，加强绩效考核评估。发展经营性文化产业，要以市场为导向，面向社会、壮大实力。健全和完善对重点精神文化产品创作、生产、传播扶持的办法，形成有利于推进优秀文化精品的创作生产、宣传评价、展演播映和对外交流的工作体制和激励保障机制。建立文化建设激励机制，整合、归并

市级文化类奖项,不断激发文化工作者的创新、创造活力。深化旅游体制改革,探索建立旅游试验区;放活景区景点经营权,允许景区景点在统一规划和严格保护的基础上,采取招标投标形式,以转让经营、租赁经营、委托经营等方式转让其经营权;加大景区招商引资力度,强化基础设施建设,提高景区的美誉度和知名度。

加大对文化建设的财政投入,把公共文化产品和服务项目、公共性文化活动纳入公共财政经常性支出预算。确保财政对文化、体育与传媒支出不低于财政经常性收入的增长幅度。建立文化旅游产业发展专项资金,从2012年起,市财政每年投入5000万元,主要用于旅游营销、规划编制、人才队伍建设、文化精品奖励、文化旅游创建活动以奖代补、文化旅游公共服务设施以及设立文化旅游产业发展基金等。发挥财政资金的导向作用,引导社会资金投入。县(市)区要设立专项资金,加大对文化旅游产业的投入。

加强组织领导,建立全市文化建设统筹协调机制,形成齐抓共管格局。成立银川市文化旅游产业发展工作领导小组,实行由主要领导挂帅、部门联动、各方参与的组织领导格局,强力推进文化旅游产业融合发展。县(市)区也要建立相应的产业发展体制和独立的政府管理体制,切实履行职责。建立《银川市文化、旅游产业项目投资指南》和项目数据库,建设一批重大文化旅游产业项目,形成发展优势,带动文化旅游产业发展。完善市、县两级文化、旅游产业统计体系,加快形成科学、统一、全面、准确的文化旅游产业统计调查制度和信息管理制度。组织开展国家公共文化服务体系示范区创建活动,把文化旅游产业发展纳入全市目标考核范围,强化考评和督察,推动文化旅游发展工作不断深入。

2.优化业态布局,合理配置与利用现有文化资源

在空间布局上,围绕贺兰山、黄河、湖泊湿地等自然地理要素,高标准规划"一核、两带、三区"(银川都市旅游核心体、贺兰山东麓旅游发展带、黄河金岸旅游发展带、贺兰生态历史旅游发展区、永宁回乡风情旅游发展区、灵武远古文化旅游发展区)布局,强力推进"六大"基地(文化旅游创意示范基地、黄河风情旅游休闲基地、塞上江南度假基地、回族文化体验基地、西夏文化旅游基地、商务会议度假基地)建设。在业态布局上,全力做好旺季旅游,积极引导冬季旅游、度假旅游和主题休闲旅游,加快开发文化演艺、乡村旅游、商务会展、运动休闲等新型旅游业态,促进旅游与工业、农业、医疗、教育、科技、环保等产业和行业的融合,推进文化旅游产业转型升级和业态多元化,形成具有较强竞争力的旅游精品。依据文化旅游产业空间和业态发展布局,研究制定《银川市文化旅游产业发展总体规划》,编制旅游

基础服务设施发展规划、重大旅游项目建设规划、城市旅游服务体系建设和各类旅游专项规划。各县(市)区编制专项规划要充分体现区域特色和功能特征。在编制土地利用规划、村镇规划等全市性规划时,要充分考虑文化旅游产业发展的需要,留足发展空间。

3. 加强公共文化服务体系,改善公共文化服务质量

加强文化基础设施建设。以创建国家公共文化服务体系示范区为契机,按照国家分类建设标准,加快市、县(区、市)、乡镇(街道)、村(社区)四级文化基础设施建设。新建银川市文化艺术馆、数字图书馆、青少年文化活动中心、非物质文化遗产展示中心等标志性公共文化设施。新建改建三区文化馆、图书馆,加强乡镇(街道)综合文化站、村(社区)文化活动室(中心)、农家书屋、公共电子阅览室等公共文化服务设施达标建设,把社区文化中心建设纳入城乡规划和设计,加强小区配套文化设施建设,打造城市"十五分钟文化圈"、农村"十里文化圈",加快完善覆盖城乡、结构合理、功能健全、实用高效的公共文化服务设施网络。巩固提升广播电视"村村通"、"户户通"工程建设成果,实施国家直播卫星广播电视公共服务工程,推进县、乡数字电影放映场所建设,把生态移民村公共文化设施建设纳入村庄建设规划并同步实施。积极开展争创全国文化先进县和旅游强县活动。

增加公共文化产品供给。切实推进文化馆(站)、图书馆、美术馆、博物馆、科技馆、体育馆等公共文化设施向社会免费开放服务,完善面向农民工、妇女、未成年人、老年人、残疾人的公共文化服务设施和服务项目。广泛开展公益文化服务和文化志愿者服务活动,建立健全文化单位面向基层和农村提供流动服务、网点服务机制与网络,推动送节目、送图书、送电影进社区、进乡村、进军营、进校园、进建筑工地、进特殊教育场所"六进"活动经常化、制度化,鼓励高校、企事业单位文化资源向社会开放。支持各类经营性文艺院团、文娱场所、文化企业、教育机构等参与公共文化服务,引导社会力量通过兴办实体、资助项目、赞助活动、提供设施等形式支持和参与公共文化服务。挖掘银川市历史文化资源,加强文物和非物质文化遗产保护,健全国家、自治区非遗名录及传承人申报和资助制度,积极推进非物质文化遗产进校园、进社区活动,不断发掘汤瓶八诊、回医正骨、贺兰砚雕刻、宁夏坐唱、回族音乐舞蹈、民间刺绣等富有银川地方特色的民间艺术和绝技,规划建设非物质文化遗产生产性保护传承示范基地,支持和引导非国有博物馆建设,提高馆藏文物保护和展示水平,做好西夏王陵申报世界文化遗产暨国家考古遗址公园等工作。

推进公共文化服务。继续办好"湖城之夏·广场文化季"、"踏歌起舞"、"送戏

下乡"等系列群众文化活动,提升品牌影响力。广泛开展群众性文化体育活动,提高广场文化、社区文化、企业文化、村镇文化、校园文化、军营文化建设水平,培育基层特色文化品牌。加大对城乡基层特别是农村文化建设的扶持力度。开展民间文化艺术之乡和群众文化活动品牌评选活动,注重培育地域民族文化品牌,扶持具有民族特色、地域特点的优秀艺术品种,挖掘民族音乐、舞蹈、戏曲等资源,定期举办全市民族民间文艺展演,精心办好银川国际民间文化艺术节和具有鲜明民族文化特色的节庆活动,支持各类具有民族特色的优秀剧目进入旅游市场,积极举办毗邻地区优秀文化展演、展映、展览等活动,推动银川市与区内外文化人才、产品、信息、技术的交流。组织开展全市各类专业艺术及群众文化赛事,充分调动广大群众进行文化创造、参与文化活动的积极性、主动性。

4. 打造文化旅游核心品牌,以项目发展带动产业发展

打造"塞上湖城"品牌。挖掘黄河文化丰富内涵,以运动休闲度假为主体,依托黄河、湖泊、湿地、沙漠等自然资源,推进黄河国家公园、黄河金岸国家旅游度假区、阅海"心动水城"主题游乐城、鸣翠湖湿地公园提升、横城国际旅游度假区、贺兰山东麓葡萄旅游产业带等重大项目建设,规划建设实景演出剧场,精心创作主题实景剧目。办好银川国际汽车摩托车旅游节、第 22 届全国图书博览会,力争举办 2015 年第十届中国(国际)园林花卉博览会,探索举办商业性竞技赛事,把银川市建成宁夏旅游集散地和旅游中心城市;打造"西夏古都"品牌,充分利用西夏文化独特的资源优势,以名胜古迹为代表,依托西夏王陵、贺兰山岩画、水洞沟、灵武恐龙遗址等历史文化资源,加快西夏遗址公园旅游区、水洞沟景区、贺兰山岩画景区、镇北堡影城旅游区及镇北堡旅游集镇、贺兰山国际自驾车旅游基地等重大项目建设,把银川市建成中国西北风情生态、文化型休闲度假之都;打造"回乡风情"品牌,以回族文化为特征,挖掘中华回乡文化园、纳家户回族聚集区等资源,推进中阿经贸论坛永久性会址、永宁穆斯林文化综合旅游体等重大项目建设,办好中国(银川)国际穆斯林企业家峰会、中国银川国际民间文化艺术节、回族传统节庆等活动,实施"民风民俗民艺"展示工程,扶持具有回族特色的艺术作品的创作生产,把银川市建成国际知名的回族风情旅游目的地。

与此同时,银川市文化产业乘势发展,积极申报了 24 个文化强区建设重点项目。为了更好地完成项目建设,银川市文广局成立了项目建设工作领导小组,并且制定了项目建设工作领导小组会议制度。项目建设工作小组开展项目督察工作,力求加快推进项目建设进程,确保完成重点建设项目年度目标任务。

5. 发挥政府主导作用，促进民间文化产业发展

近年来，银川市加强对社会民间文艺团队的科学有效管理，充分发挥社会民间文艺团队在公共服务体系建设中的重要作用，逐渐形成长效机制，使全市社会民间文艺团队呈现出良好的发展态势。为充分发挥社会民间文艺团队在公共文化服务体系建设中的重要作用，银川市文广局开展了争创星级社会民间文艺团队工作。通过星级评定的社会民间文艺团队已由2011年的18个增长到2012年的37个，并且团队的星级水平均有所提升。银川市社会民间文艺团队已经发展到近200个，社团整体规模逐渐从数量少、人数少、种类少向大团队、多人数、多形式发展。其中，有规模、上档次的社会民间文艺团队有近80个，通过星级评定的有37个，这些社团队伍规模大、人员素质高、服务能力强、节目质量优，能够独立承担整台文艺演出的任务，并以丰富多彩的节目受到群众广泛的认可和欢迎。

此外，银川市政府把对民间文化艺术团队及个人的激励措施落到实处，并积极兑现。如2013年，银川市举行2012年度星级社会民间文艺团队命名表彰活动，通过以奖代补、配置设备的形式，对37个获得不同星级的团队分别给予7000元、6000元、5000元、4000元奖励，奖金总额为20万元。各县（市）区也相应出台了对本县（市）区社会民间文艺团队的扶持政策，促进了社团的蓬勃发展。针对个体文化艺术工作者，特设"银川市群众文艺耕耘奖"进行奖励，奖励对象充分体现了群众性、基层性，其中有报刊亭个体经营者、外来务工人员、出租车司机，这些人常年活跃在社区，为普通百姓提供形式多样的文艺服务。

（三）银川市文化产业发展启示

作为一个西部民族自治地区的省会城市，银川市借助其独有的历史文化资源与特殊的地理环境优势，努力创新、积极探索，取得了文化产业发展的良好成效，充分体现了"政府主导、企业主体、市场运作、社会参与"的原则，它带给人们的启示主要为以下几点：

1. 加强组织领导，推进政策创新

就目前我国文化产业发展的宏观背景及地方实际情况来看，由于经济发展水平、市场完善程度、地方资源禀赋及财政实力等因素，多数地方文化产业的发展在较长一段时间内还离不开政府的大力扶持，特别是西部欠发达地区更是如此。因

此，要想在经济不是充分发展的条件下推动文化产业的发展，需要以政府部门为主导的相关主体提供良好的组织领导基础，包括制度创新、政策创新、领导体制创新、组织机构创新等多个方面。从组织领导的角度看，首先要解决文化产业发展目标定位及发展思路等问题，因为思路目标不对会导致有限资源的严重浪费，然后才是推动文化产业发展的具体措施或途径的问题；从政策支持的角度看，需要从财政政策、税收政策、土地政策、投融资政策、人才政策等方面对文化产业的发展给予大力扶持，为文化产业的发展扩展空间。

2. 立足公共文化服务，完善公益文化事业

文化产业的发展带有明显的市场导向，但文化事业则体现出明显的公益性。可以说，文化产业发展的最终落脚点应该在于推动文化事业的发展。在欠发达地区文化产业发展的基础条件相对不足，文化事业发展也较为落后，但文化产业与文化事业的发展并不是有着固定的先后次序。不论选择什么样的目标定位与发展战略，公共文化服务都是必不可少的组成部分，它既可为文化产业的发展提供市场需求，又可满足群众精神文化需要，在文化产业发展的同时，也能保证公益文化事业的发展。这一点从银川市的公益文化事业发展实践中可以得到较好证明：在政府的积极引导下，银川市群众文化艺术活动开展得热烈有序，极大地丰富了人民群众的精神文化生活，得到了广泛的好评，同时创造了银川市文化产业发展的市场需求，更能提高政府服务水平、增强政府的公共权威。

3. 坚持政府主导，健全市场体系，鼓励社会参与

我国的文化产业发展还离不开政府的主导作用，特别是在中、西部欠发达地区更是如此。但是，政府主导，只是为了在特定的时期内更好地调动现有社会资源，促进市场体系的尽快建立与完善，政府能力强，应该更多地体现为对文化产业发展的引导与推动，而不是代替文化产业发展过程中的市场主体。要通过政府的政策扶持与资源支持，加快文体产业市场主体的成长，并最终能够独立地参与市场竞争，在保证自身生存的前提下，繁荣社会主义文化市场，提供群众需要的文化产品。与此相伴随的是，政府将逐步退出市场，定位于监督者的角色。此外，政府还应该采取政策措施鼓励其他社会主体（公益性社会组织或个人）积极参与文化产业发展与文化市场竞争，积极引导各个渠道的社会资源加入到文化产业发展当中来，弥补政府能力与资源的不足，如银川市通过对民间文化团体与个人的奖励进一步丰富群众精神文化生活，而且可以作为政府和营利性文化团体的有益补充。

4. 培育特色文化品牌,加强对外开放与交流

各个地区不论经济发达程度如何,从历史文化的角度来看,都有其与众不同之处,文化产业的健康发展正是建立在这样的基础之上。因此,发展文化产业,首要因素是找准本地文化产业发展的特殊之处,然后把这种特殊之处转化为不可替代的竞争优势,并尽可能地培育出当地特色文化品牌,唯有如此,才可能实现文化产业的可持续发展,避免文化产业发展过程的资源浪费。从各地区发展实践来看,这样的问题并不少见。同时,文化的生命力在于开放与交流,只有在交流过程中文化才能保存并发展下去。文化产业是以文化为内核的经济形态,当然也就不能脱离文化的这种开放性。以银川市为例,正是有了诸如镇北堡影视城、西夏王陵、贺兰岩画等这样极具地方特色的历史文化旅游景点,才对外地游客有了充足的吸引力;正是通过《月上贺兰》的国内外巡演、中阿文化产业发展论坛、中阿经贸论坛等文化经济交流活动的举办,才让银川市的知名度更为扩大。而这些,都为吸引国内外资源、培育本地文化市场奠定了良好的基础。

第五章
中国文化产业发展政策研究

政策和体制推动是我国文化产业发展的重要动力源,中央的方针政策从根本上影响着各地文化产业发展的思路及措施。文化产业改革与发展的政策环境,是指执政党、政府、主管部门、立法机关和相关政策研究人员,根据文化产业发展规律及社会各方要求,运用各种管理手段、发展文化产业的制度性规定、规范、规划、计划、原则、意见、要求、措施的总称。其内容主要包括两个层面:文化产业政策和行业政策。前者具有综合性、宏观性、一般性和概括性;后者具有专业性、针对性、特殊性和具体性。

一、中国文化产业发展政策沿革

我国文化产业政策的制定与该产业的发展历程密切相关,20世纪80年代初,在改革开放和文化消费的推动下,文化领域开始有经营性活动,但作为一个完整的产业形态出现在经济领域还是在20世纪90年代中期以后,相关政策的基调也逐渐由严格管制向放宽与规范相结合转变。

20世纪90年代,我国文化领域越来越多的行业、环节和单位逐渐驶入产业化轨道,文化产业研究也迅速升温。但因为缺乏国家层面上的界定和认同,所以当时的文化产业政策仍然是以文化事业政策的名义出现的。1998年,文化部设立文化产业司,标志中国文化产业由民间自发发展阶段进入政府推动的新时期。

2000年10月,在中国共产党第十五届五中全会通过的《中共中央关于制定国民经济和社会发展第十个五年计划的建议》中,提出了"要完善文化产业政策,加强文化市场建设和管理,推动有关文化产业的发展"。这是"文化产业"一词在中央正式文件中的首次出现,也是中央首次将文化产业问题列入国民经济和社会发展规划中,标志着文化产业成为当代中国文化建设的重要部分并获得了正式身份。

2001年,在总结我国文化产业发展现状的基础上,文化部制定了《文化事业发展第十个五年计划纲要》和《文化产业发展第十个五年计划纲要》。

2002年11月,党的十六大报告明确提出了"文化事业"与"文化产业"两分法的指导思想和发展文化产业的战略构想,廓清了我国发展文化产业的一些重大问题,消除了文化产业政策产生过程中的一些理论障碍,提升了发展文化产业的战略地位。

2003年初,我国文化体制改革在试点地区先行实施。中宣部会同有关部门下发了《文化体制改革试点中支持文化产业发展的规定(试行)》和《文化体制改革试点中经营性文化事业单位转制为企业的规定(试行)》,涉及国有资产授权经营、资产处置、收入分配、社会保障、人员分流安置、财政税收、投资融资、工商管理、价格等方面。此后不久,文化部下发了《关于支持和促进文化产业发展的若干意见》。

2004年3月,国家统计局印发了《文化及相关产业分类》,从统计学意义上对文化产业的概念进行了权威界定:文化产业是为社会公众提供文化、娱乐产品和服务的活动,以及与这些活动有关联的活动的集合。在这一文件中,文化产业被分为9大类、24中类、80小类。同年10月和12月,文化部又分别下发了《关于鼓励、支持和引导非公有制经济发展文化产业的意见》和《关于命名文化产业示范基地的决定》。

2005年1月,国家统计局印发了《文化及相关产业统计指标体系框架》,将文化产业分为"核心层"、"外围层"和"相关层"(电影产业位于文化产业的"核心层"),从财务状况指标、业务活动指标、就业人员指标和补充指标四个方面对文化产业进行描述。这一政策的实施,结束了过去文化产业发展无据可依、模糊表述的历史,为全国各省市及自治区把文化产业统计从其他统计中独立出来并规范统计标准,为了解、分析、监测、规划、管理文化产业提供了依据和指南。3月,财政部、海关总署、国家税务总局下发了《关于文化体制改革中经营性文化事业单位转制为企业的若干税收政策问题的通知》和《关于文化体制改革试点中支持文化产业发展若干税收政策问题的通知》。4月,国务院下发了《关于非公有资本进入文化产业的若干决定》,从政策层面上详细说明了国家"鼓励"、"允许"和"禁止"非公有资本进入文化产业的三种具体情况,首次明确了文化领域非公有制经济的市场主体地位和相关待遇。7月,国家五部委制定了《关于文化领域引进外资的若干意见》,对引进外资提出了明确的"允许"和"禁止"事项,力图在文化对外开放的领域、阶段、方式和监管上实现制度化与规范化,这也意味着我国的文化产业政策在逐步兑现加入 WTO 以后的承诺。8月,中宣部、文化部、国家广电总局、新闻出版总署、商务部、海关总署六部门联合下发了《关于加强文化产品进口管理的办法》,表明国家不仅重视对外开放的程度和速度,更重视对外开放的水平和国家文化安全的维护。12月,中共中央办公厅、国务院办公厅印发了《关于进一步加强和改进文化产品和服务出口工作的意见》。

2006年1月,中共中央、国务院出台了《关于深化文化体制改革的若干意见》,明确提出了按照现代企业制度的要求,加快推进国有文化企业的公司制改造,完善法人治理结构;加快产权制度改革,推动股份制改造,实行投资主体多元化;符合上市条件的,经批准可申请上市。6月,国务院办公厅转发了财政部、中宣部《关于进一步支持文化事业发展的若干经济政策》。7月,文化部提出了《关于进一步做好文化系统体制改革工作的意见》。9月,《国家"十一五"时期文化发展规划纲要》颁布,确定了未来五年文化发展的指导思想、方针原则、目标任务等。11月,国务院办公厅转发财政部等部门《关于鼓励和支持文化产品和服务出口的若干政策》。12月,财政部、国家税务总局颁布了《关于宣传文化增值税和营业税优惠政策的通知》。

2007年,党和国家对文化建设予以了空前的关注和强调。在党的十七大报告中,关于文化产业的阐述和论断是在历届党代会报告中最多也最为深刻,在新形势下具有重大的理论、战略、规划和指导意义。

2008年10月,国务院办公厅下发了《关于印发文化体制改革中经营性文化事业单位转制为企业和支持文化企业发展两个规定的通知》(国办发〔2008〕114号,以下称114号文件)。这个文件是在科学总结党的十六大以来文化体制改革取得成功经验的基础上,对国务院办公厅2003年下发的《关于文化体制改革试点中支持文化产业发展和经营性文化事业单位转制为企业的两个规定的通知》进行修订而成的。114号文件的下发,标志着文化体制改革的配套政策日益完善,对于推动文化体制改革工作向面上推开、向纵深发展,具有十分重大的意义。114号文件包括两个规定,一是《文化体制改革中经营性文化事业单位转制为企业的规定》;二是《文化体制改革中支持文化企业发展的规定》。第一个《规定》共计30条,内容涉及国有文化资产管理、资产和土地处置、收入分配、社会保障、人员分流安置、财政税收、法人登记和党的建设8个方面;第二个《规定》共计15条,内容涉及财政税收、投资和融资、资产和土地处置、工商管理4个方面。作为改革配套政策的全新版本,114号文件对改革中遇到的若干难点问题均做出了明确的政策规定;对于那些尚不具备条件在国家政策层面予以解决的,也都明确了原则和方向,为地方结合

本地实际出台相应政策留足空间。114号文件的发布,将有助于重点解决以下难题:

第一,国有文化资产管理。2007年9月,财政部、中宣部、文化部、广电总局和新闻出版总署五部委联合发出了《关于在文化体制改革中加强国有文化资产管理的通知》,明确提出财政部门履行国有文化资产的监管职责,党委宣传部门负责重大国有文化资产变动的审查把关。114号文件在充分吸收这一文件核心内容的基础上,采纳吸收了国务院法制办和国务院国资委的修改意见,充实了相应内容:一方面明确了经营性文化事业单位转制为企业后要同原主管主办单位脱钩,其资产财务关系在财政部门单列,由财政部门履行文化企业的国有资产与财务管理职责。另一方面是在经营性文化事业单位转制为企业的同时,尽快实现政企分开,建立现代企业制度,完善公司法人治理结构。

第二,原划拨土地的处置。由于经营性文化单位使用的土地多数属于划拨性质,转制和改制须办理土地有偿使用手续,为此,这些单位要支付很大数额的土地出让金。为最大限度地降低改革成本,114号文件明确:经营性文化事业单位转制为企业,其使用的原划拨土地,土地用途符合《划拨用地目录》的,经所在地县级以上人民政府批准,可仍以划拨方式使用;不符合《划拨用地目录》的,应依法办理土地有偿使用手续,经评估确定后,以作价出资(入股)等方式处理,转为国家资本。

第三,企业与事业单位退休待遇差。114号文件提出:各地在做好社会保障政策衔接的同时,应结合当地实际,采取切实可行的措施,解决好企业与事业单位退休待遇差问题。鼓励地方出台更加优惠的政策,妥善解决这一问题,为深化改革创造良好的政策环境。

第四,切实保障职工的合法权益。114号文件特别强调,转制企业应当切实保障职工的合法权益,同时明确了职工权益保障资金的来源,可以从评估后的净资产中预留,或从国有产权转让收入中优先支付;净资产不足的,财政部门也可给予一次性补助。该项资金的用途十分明确:①用于支付提前离岗人员的基本待遇及各项社会保险费用;②支付分流人员的经济补偿金。

第五,减轻转制企业的税收负担。114号文件针对转制企业提供了4项税收优惠政策:①经营性文化事业单位转制为企业后,免征企业所得税(这项政策是转制后才给予的,也就是说早改早受益);②由财政部门拨付事业经费的经营性文化事业单位转制为企业,对其自用房产免征房产税;③对经营性文化事业单位转制中资产评估增值涉及的企业所得税,以及资产划转或转让涉及的增值税、营业税、城建税等给予适当的优惠政策,具体优惠政策由财政部、税务总局根据其转制方案确定;④党报、党刊将其发行、印刷业务及相应的经营性资产剥离组建的文化企业,所取得的党报、党刊发行收入和印刷收入免征增值税。

第六,文化企业融资。具体政策措施包括:①设立文化产业投资基金,对重点领域的文化企业进行股权投资,推动文化企业跨地区、跨行业改制重组和并购,切实维护国家文化安全。②鼓励文化企业通过利用银行贷款、发行企业债券等方式,投资开发战略性、先导性文化项目,进行文化资源整合,推动大宗文化产品出口,中央财政和地方财政可给予一定的贴息。③针对文化企业的特点,研究制定著作权、文化品牌等无形资产的评估和质押办法,引导商业银行对文化企业给予贷款支持,鼓励商业银行创新信贷产品,加大信贷支持。鼓励担保和再担保机构开发适应文化产业的贷款担保服务。④通过公司制改建实现投资主体多元化的文化企业,符合条件的可申请上市。鼓励已上市文化企业通过公开增发、定向增发等再融资方式进行并购和重组。鼓励文化企业进入创业板融资。

第七,鼓励文化企业开发高新技术。文化产业是技术含量较高的行业之一。过去,由于国家重点扶持的高新技术企业中,并没有单独的文化产业这一类别目录,使得开发高新技术的文化企业不能享受到相应的优惠政策。114号文件明确规定:文化企业一旦被认定为高新技术企业,就能按15%而不是25%的税率缴纳企业所得税。此外,文化企业开发新技术、新产品、新工艺发生的研究开发费用,允许按国家税法规定,在计算应纳税所得额时按150%加计扣除。

第八,关于设立文化产业专项资金。114号文件进一步明确:中央财政和有条件的地方财政应安排文化产业发展专项资金,并制定相应的使用和管理办法,采取贴息、补助、奖励等方式,支持文化企业发展。总之,114号文件适应当前我国的新形势,充分吸收各地的成功经验和做法,借鉴和采纳其他领域的改革政策,对如何破解文化体制改革和文化产业发展中的若干重点和难点问题,分别提出了具有针对性的政策措施,对文化体制改革的顺利推进和文化的大发展大繁荣必将产生深远而重要的影响。

2009年3月,财政部、国家税务总局发布了《关于文化体制改革中经营性文化事业单位转制为企业的若干税收优惠政策的通知》和《关于支持文化企业发展若干税收政策问题的通知》,为进一步推动文化体制改革,促进文化企业发展创造了优惠条件。其中与电影业直接相关的内容有:至2013年12月31日,我国电影事业单位转制为企业,自转制注册之日起免征企业所得税;由财政部门拨付事业经费的电影单位转制为企业,自转制注册之日起对其自用房产免征房产税;对电影事业单位转制中资产评估增值涉及的企业所得税,以及资产划转或转让涉及的增值税、营业税、城建税等给予适当的优惠政策；对从事电影制片、发行、放映的电影集团公司(含成员企业)、电影制片厂及其他电影企业取得的销售电影拷贝收入、转让电影版权收入、电影发行收入以及在农村取得的电影放映收入,免征增值税和营业税；出口电影和电视完成片、音像制品等按规定享受增值税出口退税政策。

2009年7月22日,国务院常务会议讨论并通过《文化产业振兴规划》(以下简称《规划》)。会议强调,振兴文化产业,必须坚持把社会效益放在首位,努力实现社会效益与经济效益的统一；坚持以体制改革和科技进步为动力,增强文化产业发展活力,提升文化创新能力；坚持推动中华民族文化发展与吸收世界优秀文化相结合,走中国特色文化产业发展道路；坚持以结构调整为主线,加快推进重大工程项目,扩大产业规模,增强文化产业整体实力和竞争力。为此,要做好八项重点工作：①加快发展文化创意、影视制作、出版发行、印刷复制、广告、演艺娱乐、文化会展、数字内容、动漫等重点文化产业。②充分调动社会各方面力量,加快推进具有重大示范效应和产业拉动作用的重大项目。③推动跨地区、跨行业联合或重组,培育骨干文化企业。④统筹规划,加快建设一批产业示范基地,发展具有地域和民族特色的文化产业群。⑤不断适应城乡居民消费结构新变化和审美新需求,创新文化产品和服务,扩大文化消费。⑥推进文艺演出、有线电视网络、电影院线、数字电影院线和出版物发行的跨地区整合,繁荣城乡文化市场。⑦积极发展移动多媒体广播电视、网络广播影视、手机广播电视等新兴文化业态,推动文化产业升级。⑧落实鼓励和支持文化产品与服务出口的政策,扩大对外文化贸易。

目前来看,《规划》是我国文化产业政策中力度最大的一项。相信随着相关部委(中宣部、文化部、广电总局、新闻出版总署)和地方党委政府对《规划》的进一步细化、落实,文化体制改革和跨区域、跨行业、跨媒体并购重组将加快进度甚至掀起高潮,区域、行业、部门分割以及由此带来的资源浪费和资源配置失效将得以改善,文化企业的上市高峰也将随之而来。

《规划》表明,文化产业发展的关键在于深化文化体制改革。目前,我国大部分传媒机构还属于"事业单位",再加上计划经济体制的惯性和地方保护主义等因素,使我国传媒业在吸纳社会资本和外资、上市融资、跨地区和跨行业运作方面困难重重。此次《规划》提出：必须以深化文化体制改革激发全社会的文化创造活力,必须降低准入门槛,积极吸收社会资本和外资进入政策允许的文化产业领域。此项政策落实到电影产业,最重要的任务之一就是转企改制。援引国家广电总局发展研究中心政策研究所的消息：2009年所有电影单位的改制是一个重点,全国38家国有电影制片厂都必须转成企业。除3家国有电影制片单位(中国农业影视中心、八一电影制片厂、天山电影制片厂)因特殊情况经中央特批保留事业体制外,不能完成改制的制片单位2010年将被吊销摄制电影许可证。

在目前我国的数字电视领域,面对全国200多个城市的1亿多有线电视用户,最大运营商的市场份额也就3%,行业集中度非常低。随着《规划》的推进,预计2009～2011年将是有线电视行业收购兼并和区域整合的高峰年,行业内的地区龙头、行业外的投资企业,都将加大对有线电视企业的收购整合。目前,歌华有线、东方有线、陕西广电网络、江苏广电网络等已经完成了区域内的整合,湖南电广传媒也将于2009年底完成省内网络整合(除中信国安网络外)。在完成第一步后,有线网络公司已经或者正在启动第二步的整合,如歌华有线已经收购了涿州有线网络;东方明珠收购了太原有线50%的股权;江苏广电与昆明有线达成了合作协议;电广传媒成立华丰达网络投资公司,其定位非常明确,就是成为跨区域网络整合的平台。可以说,有线电视行业的跨地区重组已经拉开帷幕。

与有线电视网络的重组相比,图书出版行业的"动作"更大。实际上,在《规划》出台前,新闻出版署就比其他部委先行一步,在出版行业进行了大规模改革,明确要求2009年底必须完成所有省级及高校出版社的改制,中央部委出版社到2010年底也要全部改制完毕。这为出版行业的重组和跨区域整合奠定了坚实的基础。中宣部文化体制改革办公室有关负责人曾透露,未来通过上市造出的市值过千亿元的文化产业航母,很有可能就在出版传媒企业中诞生。预计2010～2020年,一般图书销售的复合增长率将达到12%～14%。在出版行业的重组过程中,由于编、印、发是图书出版价值链上不可分割的环节,同时出版与发行的割裂不符合"打造国内一流、国际知名的大型出版传媒企业"的改革思路,所以出版与发行集团的融合将是大势所趋。目前包括世纪出版、凤凰出版、湖南出版等在内的国内几大出版集团均已明确提出了上市愿望,相关准备工作正在进行之中。一旦这些规模出版集团有了资本的支持,发动跨区域、跨行业的整合势在必行,由此将带动我国出版行业的整体升级。

对数字内容、动漫、移动多媒体电视、手机电视等新媒体的重视也是《规划》中的一大亮点。有关统计显示,进入2009年以来,电影、电视、新闻出版、动漫游戏等产业呈现"逆势上扬"的强劲态势,尤其是在湖南省、广东省、北京市、上海市发展迅速,年增加值已达到10%～30%,显示出巨大的市场潜力和广阔的发展前景。随着3G、CMMB等核心技术的推广,传统文化产业的业态将发生根本性转变,现有的新闻出版发行业、广播电影电视业、网络文化服务业、娱乐业、广告业等产业类型可能整合为一种新型的文化产业。传统媒体也将突破单一形态,朝着跨媒体方向发展,实现报纸、广播、电视、杂志、音像、电影、出版、网络、电信、卫星通信等媒介形式的深度融合,实现信息跨媒体共享、资源跨行业配置、文化跨领域交流。在新媒体渐渐成为传媒产业核心的情况下,传统媒体只有顺势而为,才能在未来的媒体制高点竞争中立于不败之地。

但由于国际金融危机严重波及我国经济,更主要是国内文化产业的基础相对薄弱,所以我们也不能盲目乐观,坐等产业发展高峰的到来。《规划》的出台,恰好能引导我们更加有的放矢地思考如何面对挑战、把握机遇。具体而言,进一步研究文化产业在体制机制、市场培育、产业环境等诸多方面存在的问题,并加以有效解决,才是今后一段时期内文化产业实现跨越式发展的切入点和着力点。

2012年2月,中共中央办公厅、国务院办公厅印发《国家"十二五"时期文化改革发展规划纲要》(以下简称《纲要》)。《纲要》包括指导思想、重要方针和主要目标,加强社会主义核心价值体系建设,加快构建公共文化服务体系,加快发展文化产业,加快文化体制机制改革创新,加强文化产品创作生产的引导,加强传播体系建设,加强文化遗产保护传承与利用,加强对外文化交流与合作,共12部分。2012年2月,文化部推出《"十二五"时期文化产业倍增计划》,提出五年内文化部门管理的文化产业增加值比2010年翻一番的发展目标。

与之相适应,有关部门出台一系列相关政策和措施,为我国文化产业快速发展提供了有力的政策支撑。2003年,中宣部会同有关部门下发《文化体制改革试点中支持文化产业发展的规定(试行)》和《文化体制改革试点中经营性文化事业单位转制为企业的规定(试行)》,涉及国有资产授权经营、资产处置、收入分配、社会保障、人员分流安置、财政税收、投资融资、工商管理、价格等方面。2003年,文化部出台《关于支持和促进文化产业发展的若干意见》(文产发[2003]38号),提出发展文化产业的战略意义、思路、目标、措施。2004年10月,文化部出台《关于鼓励、支持和引导非公有制经济发展文化产业的意见》(文广发[2004]35号)。2005年4月,国务院下发《关于非公有资本进入文化产业的若干决定》(国发[2005]10号),首次明确文化领域非公有制经济的市场主体地位和相关待遇。2005年8月,国家五部委制定《关于文化领域引进外资的若干意见》(文办发[2005]19号),意味着我国的文化产业政策在逐步兑现加入WTO以后的承诺。2005年12月,中共中央、国务院出台《关于深化文化体制改革的若干意见》(中发[2005]14号),成为深化中国文化体制改革的纲领性文件。2007年12月,中宣部会同有关部门下发《关于进一步加大对少数民族文字出版事业扶持力度的通知》(中宣发[2007]14号),提出支持少数民族文字出版的政策措施。2008年10月,国务院办公厅下发

《关于印发文化体制改革中经营性文化事业单位转制为企业和支持文化企业发展两个规定的通知》(国办发[2008]114号)。2009年9月,文化部出台《关于加快文化产业发展的指导意见》(文产发[2009]36号),确定演艺业、动漫业、文化娱乐业、游戏业、文化会展业、文化旅游业、艺术品与工艺美术、艺术创意与设计、网络文化、文化产品数字制作与相关服务10个重点领域,并明确各个领域的发展方向。

在财税支持方面,中央财政设立"扶持文化产业发展专项资金"。财政部、国家税务总局制定支持文化体制改革、文化企业和动漫产业发展的税收优惠政策。支持文化体制改革的主要税收政策包括:2005年3月,财政部、海关总署、国家税务总局下发《关于文化体制改革中经营性文化事业单位转制后企业的若干税收政策问题的通知》(财税[2005]1号)和《关于文化体制改革试点中支持文化产业发展若干税收政策问题的通知》(财税[2005]2号)。2009年3月,财政部、国家税务总局下发《关于文化体制改革中经营性文化事业单位转制为企业的若干税收优惠政策的通知》(财税[2009]34号),对相关税收优惠内容进行明确。支持文化企业发展的税收政策包括:财政部、海关总署、国家税务总局《关于支持文化企业发展若干税收政策问题的通知》(财税[2009]31号)和财政部、国家税务总局《关于继续执行宣传文化增值税和营业税优惠政策的通知》(财税[2011]92号),主要规定文化企业享受税收优惠的主要税种有增值税、营业税、企业所得税、关税等,以及文化企业的范围和政策的执行期限,后一文件将税收优惠的时间进行推移。支持动漫产业发展的税收政策包括:2006年4月,国务院办公厅下发《关于推动我国动漫产业发展若干意见的通知》(国办发[2006]32号),规定经国务院有关部门认定的动漫企业可享受的增值税、营业税、所得税等方面的优惠。2009年,财政部、国家税务总局出台《关于扶持动漫产业发展有关税收政策问题的通知》(财税[2009]65号),2011年,财政部、国家税务总局出台《关于扶持动漫产业发展增值税营业税政策的通知》(财税[2011]119号)。支持有线数字电视发展的税收政策包括:2010年,财政部、国家税务总局出台《关于部分省市有线数字电视基本收视维护费免征营业税的通知》(财税[2010]122号)。

在金融支持方面,2010年4月,中宣部、财政部、中国人民银行、文化部等9部委联合下发《关于金融支持文化产业振兴和发展繁荣的指导意见》,从信贷、证券、保险等多方面支持文化产业发展。文化部与中国银行、中国工商银行、中国进出口银行等金融机构签订合作协议,为文化企业向银行贷款创造便利条件。推动文化产业与金融业的全面对接,为文化产业发展提供良好的政策环境,有效推动多元化、多层次、多渠道文化产业投融资体系的建立。

二、中国文化产业发展政策走向

十八届三中全会提出,建设社会主义文化强国,增强国家文化软实力,必须坚持社会主义先进文化前进方向,坚持中国特色社会主义文化发展道路,坚持以人民为中心的工作导向,进一步深化文化体制改革。要完善文化管理体制,建立健全现代文化市场体系,构建现代公共文化服务体系,提高文化开放水平。

结合当前我国文化产业发展现状,伴随我国文化产业结构调整需求,政府将重点支持文化科技、原创、品牌、出口等领域[①]。今后几年,国家还将出台更多产业政策和扶持政策。

(一)扶持内容产业应是产业政策的重心

我国目前文化产业政策存在着以平台建设为中心的趋势,未来政策应将重心从平台建设转向内容建设,扶持内容产业应是产业政策的重心。无论是从国内需求还是从国际竞争角度来看,解决高水平的文化内容的生产机制问题,尤其是解决市场化的内容精品制作的动力机制问题,是推动文化产业发展、繁荣文化内容的重要事项。

(二)加大对数字文化产业政策扶持力度

随着数字文化产业发展,电子书、在线视频等数字文化产业消费支出逐渐上升。我国文化消费主体对数字文化消费热情高涨。未来国家有望加大对数字文化产业政策扶持力度。

(三)鼓励推进文化科技创新政策

从文化产业转型升级角度看,政府可能进一步出台政策鼓励推进文化科技创新,改造升级传统产业,培育发展新兴文化产业,加大对网络基础建设、移动多媒体、数字出版、文化创意等产业的扶持力度。

---

① 陈少峰:《文化产业将迎黄金十年三万亿缺口待开发》,宝珍堂,2013年12月22日。

(四) 推进文化创意与相关产业融合发展政策

2014年3月14日,国务院发布《推进文化创意和设计服务与相关产业融合发展的若干意见》。文化创意与设计服务将深度融合到装备制造业、消费品工业、建筑业、信息业、旅游业、农业和体育七大产业。促进文化创意与设计服务与相关产业深度融合,有利于改善产品和服务品质、满足群众多样化需求,也可以催生新业态、带动就业、推动产业升级转型。

(五) 刺激文化消费政策

随着居民收入水平的提高,人们的精神需求也在不断提高,加之国家重视文化内容建设,为文化消费创造了巨大空间。按照世界各国经验,当人均GDP超过3000美元时,文化消费会快速增长;当人均GDP接近或超过5000美元时,文化消费会出现"井喷"。2013年,中国人均GDP达5400美元。2013年,中国内地文化消费潜在规模为47026亿元人民币,占居民消费总支出30%。而实际文化消费规模为10338亿元,仅占居民消费总支出的6.6%。存在超过3.6万亿元的文化消费缺口。中国将步入文化消费"井喷"时代。

(六) 促进对外文化贸易政策

我国对外文化贸易规模不断扩大,但核心文化产品和服务贸易逆差仍然存在。2014年3月17日,国务院发布《关于加快发展对外文化贸易的意见》(以下简称《意见》)。《意见》提出到2020年中国对外文化贸易的发展目标,要求扩大文化产品和服务出口,加大文化领域对外投资。明确支持重点、加大财税支持、强化金融服务等政策措施。

(七) 推动文化产业园区发展政策

政府将加强与企业的对接,实现可持续发展。作为推动文化产业发展的重要抓手,文化产业园是各级地方政府招商引资和民间资本投资的亮点。政府将采取措施推动文化产业园区的集约化经营,打造文化产业集聚园。

第六章
呼和浩特市文化产业资源及其开发利用

内蒙古自治区地处我国北部边疆,在历史上属于少数民族活动的主要地区之一,在漫长的历史发展过程中,形成了悠久而丰富的历史文化资源;其首府呼和浩特市作为政治、经济、文化中心,被誉为"草原明珠",是北方草原文化与汉族文化交流的重要地区,也形成了深厚的文化积淀,为本地发展文化产业奠定了坚实的基础。

一、呼和浩特市文化资源及其产业化价值分析

作为草原文化的区域性组成部分,内蒙古草原文化是呼和浩特市特色文化产业的源头。草原文化形成于草原地域漫长的前游牧文化时期。在这一时期的草原文化中,采集、狩猎、农耕文化一直处于主导地位。到了游牧文化主导时期,草原文化主要就是游牧文化,具体表现为这一时期不同阶段的不同游牧民族和群落的文化,其中蒙古族文化的影响最为深远。到了后游牧文化时期,随着工业文明主导地位的逐渐确立,作为生活方式和生产方式的游牧文化日渐式微,但草原文化在浩浩荡荡的全球化浪潮中却依然倔强峥嵘。其主要原因在于:在现代工业社会,政府、学术界、传承人(群体)、文化事业、文化产业等力量一方面合力实施"草原文化保护工程",另一方面从内外因推动草原文化的非物质文化发生良性变异,使其在保持基因谱系的连续性和根脉的原真性的前提下,与工业文明相互对接、兼容、嫁接、吸收与熔铸,进而形成新的和谐与统一。草原文化是物质文化与非物质文化的统一体,前者是后者的物质表现形式或物质载体,后者是一种由相应的文化生态环境滋养的类生命体或"活态"存在,有着自己的基因、精神内核、结构、能量、生命链和

新陈代谢,是草原文化的核心与灵魂。所以,草原文化是地域文化与民族文化、游牧文化与多种文化、传统文化与现代文化的统一。①

(一)呼和浩特市文化资源调查

根据内蒙古文化资源普查领导小组办公室 2012 年 5 月 24 日发布的《内蒙古文化资源普查总报告》,呼和浩特市文化资源包括以下六大类:

1. 物质文化遗产资源

(1)遗址遗存(不可移动文物)。内蒙古自治区地上地下文物古迹众多,内涵丰富,种类齐全,已探明并登记的不可移动文物共有 21000 余处(见表 6-1 和表 6-2)。其中国家级重点文物保护单位 84 处,自治区级重点文物保护单位 310 处,县市级重点文物保护单位 861 处,共 1255 处。主要类型有洞穴遗址、聚落遗址、城市遗址、手工业遗址等。全区还拥有 3 万余幅古代岩画和 1.2 万公里的历代长城。

表 6-1 内蒙古自治区及呼和浩特市遗址遗存统计表

文物级别 \ 文物所在地区	内蒙古自治区	呼和浩特市
国家级重点保护单位	84	15
自治区级重点文物保护单位	310	37
县市级重点文物保护单位	861	25
总数	21000	304

资料来源:根据《内蒙古文化资源调查报告》整理。

表 6-2 呼和浩特市遗址遗存主要类型及数量统计表

文物级别 \ 类别	总计	国家级重点保护单位	自治区级重点保护单位	县市级重点保护单位
	324	15	37	25
古建筑	45	7	21	

---

① 王光文:《依托草原文化资源,发展特色文化产业》,浙江在线新闻网站,2006 年 11 月 3 日。

续表

文物级别 类别	总计	国家级重点保护单位	自治区级重点保护单位	县市级重点保护单位
古城址	11			
古遗址	219	7	9	18
古墓葬	18	1	5	3
石碑、石刻	11		2	4

资料来源:根据《内蒙古文化资源调查报告》整理。

呼和浩特市已探明并登记的历史遗迹共有324处。其中国家级重点文物保护单位15处,自治区级重点文物保护单位37处,县市级重点文物保护单位25处,共77处。主要类型有古建筑、古城址、古遗址、古墓葬、石碑及石刻等。

(2)馆藏文物(可移动文物)。内蒙古自治区现有各级各类博物馆100余座,馆藏文物共340200余件(套),其中国家一级文物1790件(套),国家二级文物3018件(套),国家三级文物4688件(套)。

呼和浩特市现有各级各类博物馆11余座,馆藏文物共226余件(套),其中国家一级文物34件(套),国家二级文物69件(套),国家三级文物123件(套)。

表6-3　内蒙古自治区及呼和浩特市馆藏文物数量统计表

单位:件、座

项目	内蒙古自治区	呼和浩特市
一、文物	340200	226
一级文物	1790	34
二级文物	3018	69
三级文物	4688	123
二、博物馆	100	11

资料来源:根据《内蒙古文化资源调查报告》整理。

2.非物质文化遗产资源

内蒙古自治区有非物质文化遗产重点作品或项目共12404个,其中民间文学重点作品3159篇/部(有英雄史诗798篇/部),民间音乐1241首,民间舞蹈51种,民间戏曲1112个,民间曲艺490个,民间杂技16项,民间手工技艺52种,生产商贸习俗1182项,消费习俗1225项,人生礼仪237项,岁时节令177项,民间信仰736项,民间知识778项,游艺、传统体育与竞技484项,传统医药1511项。列入各级项目名录的共有1412个,项目保护单位共有1853家。其中世界非物质文化遗产项目2个,项目保护单位2个;第一批、第二批、第三批国家级非物质文化遗产项目37个,国家级项目保护单位51个;自治区级项目278个,保护单位301个;盟市级项目396个,盟市级名录项目保护单位492家;其他级别名录项目698个,其他级别项目保护单位1014家。国家级非物质文化遗产项目代表性传承人26名(其中一人已去世),涉及保护单位14家;自治区级非物质文化遗产项目代表性传承人280人,涉及保护单位172家;盟市级非物质文化遗产项目代表性传承人821人,涉及保护单位615家;旗县级非物质文化遗产项目代表性传承人415人,涉及保护单位354家;乡镇级非物质文化遗产项目代表性传承人108人。

呼和浩特市非物质文化遗产项目立项160多项,其中已列入国家级非物质文化遗产名录5项,列入自治区级非物质文化遗产名录28项,列入呼和浩特市级非物质文化遗产名录38项。呼和浩特市共拥有各级非物质文化遗产资源传承人58人,其中省(自治区)级传承人8人,盟市级传承人27人,旗县级传承人23人,具有代表性的如何小菊的草原晋剧(中路梆子);于慎孝的民族舞蹈太平鼓;温玉槐的民间舞蹈脑阁;岳培富的传统舞蹈双墙秧歌;李英的传统舞蹈对墙秧歌;秦吉元的传统舞蹈双墙秧歌;吴润达的香牛皮蒙古靴制作技艺;王学良的传统医药王一贴等。这些非物质文化遗产是内蒙古自治区的瑰宝,它们的传承者更是内蒙古自治区文化繁荣的根本。

3. 自然景观文化遗产资源

内蒙古自治区拥有自然景观文化资源共有11大类,507个,其中森林景观区点94个,森林总面积约14万平方公里,占全国森林总面积的11%,居全国第二位,是国家重要的森林基地之一,3A级以上景区3个;内蒙古自治区天然草场辽阔而宽广,总面积位居全国五大草原之首,是我国重要的畜牧业生产基地。草原总面积达8666.7万公顷,占全国草场总面积的1/4。草原景观区点47个,分布在6大区域,且草场类型多样,物种丰富;内蒙古自治区沙漠景观资源是与草原、森林景观资源并列的最具特色优势的三大景观资源之一,有沙漠景观区31个,主要分布在西部地区;此外,还有湖泊景观区77个,河流景观区63个,泉水景观区29个,地质景观区48个,冰雪景观区11个,山地景观区47个,湿地景观区27个,其他景区33个。其中具有较高开发价值的有152个,其中已全面开发的31个,部分开发的47个,简单开发的22个,初步开发的20个,正在开发的3个,尚未开发的26个。

呼和浩特市自然景观文化遗产单体数量较少,地文景观主要包括大青山山前冲击扇区域(如圣水梁山岳景观)、大青山沟谷(如小井沟沟谷)、黄河湿地、黄河峡谷(如老牛湾黄河峡谷)等综合自然景观区;水域景观主要指黄河呼和浩特流经段和土默特左旗的哈素海湖泊湿地具有较高的资源品位,已经开发形成的旅游景区具有较高的旅游价值,如南湖湿地公园、石人湾湿地景观等,景观的可观赏性强,市场认知度高和影响力巨大;呼和浩特市生物景观类资源具有代表性的是哈达门国家森林公园、乌素图国家森林公园、南天门森林公园内的植物和动物景观。森林公园内群山连绵、沟壑纵横,原始白桦林、白桦次生林、华北落叶松和灌木,以及大面积的人工油松林郁郁葱葱,生长茂盛,并配以牧草丛生和鲜花盛开,形成了蔚为壮观的高原山地景观;呼和浩特市的天象与气候资源的特色主要体现为大青山山地及草原环境下的日出、日落、星空等天象景观。每年一届的"草原星空大会"更是彰显了呼和浩特市"清凉草原、观星天堂、共享星空"的天文景观资源价值。

4. 历史文化资源

(1)重要历史事件、人物。内蒙古自治区拥有重要历史事件103件,重要历史人物136名;近现代革命历史文化遗址123处,事件102件。呼和浩特市有重要历史事件3件,近现代革命历史文化遗址39处。

(2)历史文献。全区登记入馆的馆藏蒙古文古籍约有9018种、志书201种、档案有20000多种、碑刻9种、其他55种;满文档案约有13000种,书籍约有500种,铭刻约有20种;汉文线装古籍50万册,27000多个版(种),志书1245种,5000余部。呼和浩特市登记入馆的馆藏古籍约有20部、志书4部,上述古籍都是具有重要学术价值、版本价值、艺术价值的珍品。

(3)纪念馆等。内蒙古自治区现有纪念馆16个、纪念碑75座、烈士陵园48个。呼和浩特现有纪念馆7个、纪念碑7座、烈士陵园2个。

(4)地名文化。内蒙古自治区乡镇苏木行政区域建制以上的地名和特色自然地名共有1073个,其中各级行政区域建制名称966个(盟市级的12个,旗县市区级的101个,苏木乡镇级的637个,街道办事处级的216个),著名特色自然地名107个。1981年2月至1982年5月,呼和浩特市开展地名普查显示,呼和浩特市当时共有自然村落1138个,其中汉语村名735个,少数民族语音村名403个,在少数民族语音名称的自然村落中,除以蒙古族语音命名村名的外,还有一些村名以藏族、满族等语音命名。这些依据不同方式命名的地名成为了呼和浩特市一道亮丽的文化风景。

5. 特色文化资源

(1)宗教文化。内蒙古自治区现有各种宗教教职人员5822名,活动场所1052个,宗教经卷362卷,信教群众101.3万名。呼和浩特市多种宗教、多个民族和谐共处,是在中国城市中难得一见的风情,藏传佛教、汉传佛教、伊斯兰教、天主教、基督教、道教等多种宗教在有限的范围内保持自己的相对独立性,互有联系,相互扶持,共生共存。

(2)现当代文学艺术。内蒙古自治区现有现当代文学艺术重点作品共8019篇(部),其中文学作品有4671篇(部),诗歌1169首,散文1400篇,小说1501篇/部(长篇小说647部),纪实文学(报告文学)344篇,儿童文学192首(部、篇),网络文学45首(部、篇),电影文学20部。艺术作品有2819部,其中音乐1252首,舞蹈98种,美术86幅,戏剧(广播剧)63(46)部,书法272幅,篆刻120枚,雕塑5座,摄影346幅,电影57部,电视剧137部。

根据本次普查,呼和浩特市有民间文学重点作品12篇(部),其中诗歌3首,小说1部(篇),散文3篇,电视文学1部(篇),纪实文学(报告文学)4篇。艺术作品共235项,其中民间音乐34首(部),民间舞蹈54种,民间美术作品44幅,民间戏剧68部,民间书法作品15幅,民间篆刻作品3枚,民间摄影作品4幅,民间曲艺节目9部,电影作品3部,电视剧1部。

表6-4 呼和浩特市文学艺术普查汇总表

项目	计量单位	总数	项目	计量单位	总数
一、文学		12			
诗歌	首	3	美术	幅	44
小说	篇、部	1	戏剧	部	68
散文	篇	3	书法	幅	15
电视文学	篇、部	1	篆刻	枚	3
纪实文学(报告文学)	篇	4	摄影	幅	4
二、艺术		235	曲艺	部	9
音乐	部、首	34	电影	部	3
舞蹈	种	54	电视剧	部	1

(3)当代饮食文化。内蒙古自治区饮食文化资源重要的有1166种,其中当代特色饮食808种,当代知名饮食358种。当代特色饮食中有酒119种,饮料30种,乳制品69种,肉制品106种,面粉制品36种,特色菜肴306种,特色面点130种,其他12种。当代知名饮食中有酒105种,饮料46种,乳制品41种,肉制品43种,面粉制品24种,知名菜肴52种,知名面点36种,其他11种。

呼和浩特市饮食传统源远流长,博大精深,汇聚蒙、汉、回饮食精髓,融合南北各大菜系,形成了独特的富于地域特色的饮食文化。代表性的饮食文化菜品:稍美、莜面、荞面、白扒猴头蘑、凤尾扒发菜、枸杞菊花牛鞭、滑炒飞龙丝、滑炒驼峰丝、扒鸡茸发菜、金钱驴冲、羊背子、银针里脊、面条、拉面、揪面片、炒面片、臊子面、花卷、馓子等。

(4)当代节庆文化。内蒙古自治区现有当代节庆文化共549个,可以分为文化建设类、招商引资类、娱乐休闲类、商业促销类、民族节庆类、体育类和自然赏光类等。呼和浩特市当代节庆是适应各地经济文化社会的发展而形成、发展起来的,具有呼和浩特市明显的地域特色、民族特色和时代特色,在当地一定范围内形成了规模和影响。呼和浩特地区现有当代节庆文化共27个,其中呼和浩特市区12个,新城区4个,回民区3个,玉泉区1个,托克托县3个,清水河县1个,武川县3个。可以分为以下几类:文化建设类,如"昭君文化节";宗教节日类,如"开斋节";传统节日类,如"二月二龙灯节";商贸交易类,如武川县的"物质文化交流会"等。呼和浩特市当代节庆内容丰富多彩,数量正在由少到多,涵盖领域多样化,有的节庆活动已形成相当规模。还有的节日已成为具有国际性的节日,有许多国家的团体和艺术家前来参加。当代节庆活动是呼和浩特市各族人民在改革开放新的历史时期的文化创造,对于弘扬民族优秀传统文化,提升地区形象,活跃群众文化生活,拉动经济文化发展都起到很好的作用。有些当代节庆已经形成地区的文化品牌。

6. 草原文化资源

2004年,由来自全国各大院校的近百名专家学者组成的"草原文化研究工程"课题组,宣布了新的史学观:草原文化与黄河文化、长江文化一样,是中华文化的重要组成部分,是中华文化的三大主源之一。这一突破性的理论创新成果使草原文化上升到了中华文化主源的层面,其"崇尚自然、践行开放、恪守信义"的核心理念,产生出无法估量的时代活力。

呼和浩特市位于蒙古高原阴山山脉南麓。自从有人类文明出现伊始,呼和浩特市便深深地印刻着草原文化的痕迹。早在旧石器时代早期,这里就有原始人类活动。现今已考古发掘出近百处史前人类文化遗迹,其中最著名、最具代表性的是大窑文化遗址(位于保合少乡大窑村),它的面积之大、出土文物之多、场面之宏观是世界罕见的。呼和浩特地区有文字可考的历史是从战国时期开始。战国晚期,匈奴日渐强盛。赵武灵王以"胡服骑射"开疆拓土,沿大青山南麓筑长城,在黄河北岸屯兵垦殖,并在这一时期兴建了云中郡的郡治——云中城(故址位于托克托县的古城公社),呼和浩特市也因此以"云中"之称始见于史册。云中城是中国古代北方草原上的第一个城市。从云中城开始,呼和浩特市便成为了北方草原上众多游牧民族创造灿烂文化的见证者与传承地。公元二三世纪,原居住于黑龙江、嫩江流域大兴安岭附近的鲜卑族拓跋部西迁到该地区游牧,并建立鲜卑人的第一个都城——盛乐城(位于和林格尔县土城子乡)。魏晋南北朝时期,由于依附北魏政权的敕勒族在此地长期游牧,呼和浩特地区便有了"敕勒川"之称。隋唐时期,突厥族逐渐强大。公元6世纪中叶,以沙钵略可汗为首的东突厥归顺唐朝,经白道川,驻牧于本地区。五代十国时期,呼和浩特地区被称为"哈罗川",为契丹族所占据。公元10世纪初,契丹人建立辽国,在此设丰州(故址在今呼和浩特市东南郊太平庄乡白塔村附近)、东胜州和云内州。公元12世纪初,女真灭辽建金,丰州成为当时的军事重镇。元朝建立后,丰州的经济文化发展迅速,再加上"草原丝绸之路"带来的人口流动和贸易通商,丰州封闭的街坊逐渐被开放的街巷取代。元人刘秉忠诗曰:"晴空高显寺中塔,晓日平明城上楼。车马喧阗尘不到,吟鞭斜袅过丰州。"写的就是当时的热闹景象。明朝嘉靖年间,成吉思汗的直系后裔、蒙古右翼土默特部万户首领阿拉坦汗(又称"俺答汗")率部驻牧于阴山南麓丰洲滩(今呼和浩特地区),于是这里也叫"土默川"。从公元1572年(明隆庆六年)开始,阿拉坦汗手下的工匠历时四年,在今呼和浩特旧城建起了一座"游牧都市",蒙古语称之为"库库和屯"(后译作"呼和浩特"),明朝廷赐其名为"归化城"。1735年(雍正十三年)到1739年(乾隆四年),清王朝为镇守边疆,进一步巩固对西北地区的统治,在归化城东北五里处修建了一座供八旗军驻扎的城池,命名为"绥远城"。纵观历史,匈奴、鲜卑、突厥、契丹、女真、蒙古等北方游牧民族先后在此繁衍生息,创造并形成了呼和浩特地区绚丽多彩的草原文化,例如著名的昭君文化、敕勒川文化、土默特文化等。而一些历史遗迹也成为了呼和浩特草原文化的见证者与传承者,如现今赛罕区的万部华严经塔(俗称"白塔"),是我国现存最精美的辽塔之一;著名的弘慈寺(大昭)是呼和浩特市历史上的第一座藏传佛教寺院。

呼和浩特市的草原文化源远流长,丰富多彩,而今最具代表性的则数草原民族——蒙古族文化。蒙古族是呼和浩特市人口最多的少数民族。在漫长的社会实践过程中,蒙古族在日常生活、生产活动所涉及的器物层面、制度层面、行为层面与心态层面都创造了独具特色的民族文化。例如,草原文化中的非物质文化资源便是最具魅力、最富于感染力的;传统表演艺术有蒙古族长调、呼麦、马头琴、四胡等;社会风俗、礼仪、节庆有蒙古族祭敖包、那达慕等;传统的手工艺技能有民族服装、饰品、刀具、皮画、马具、酒具、乐器、毛绒制品、金银器、牛角制品、琴棋用品、宗教用品、石雕、木雕、骨雕、剪纸等。在历史进程中,蒙古族文化以其较强的吸纳性和开放性,大量吸收汉、突厥、畏兀儿、藏、女真等民族的文化以及波斯、阿拉伯等种族的文化。也正因为如此,蒙古族文化是草原文化中创新最多、影响最大、谱系最完整、文化基因保留最全的民族文化。在现代社会,虽然游牧生产方式早已终结,但蒙古族文化却正在以呼和浩特市主要文化特色的"身份"弘扬光大、再续传奇。

(二)呼和浩特市文化资源价值分析

文化资源是文化产业发展的基础,但并不是所有的文化资源都可以进行产业化经营,因此对文化资源的产业化价值分析显得尤为重要。不同文化的资源具有不同价值,有的文化资源只具有单一的产业价值,而有的文化资源则可能具有多重文化价值,只有科学地界定文化资源的产业价值,才能在进行产业化开发时,统筹规划,联动开发,不至于造成对文化资源的乱砍滥伐。发展文化产业要从资源禀赋和市场潜力两个方面对文化资源进行评价,厘清哪些是可开发的,哪些是现时不能开发的,为文化资源保护和开发的科学、合理规划提供重要参考。

1. 文化资源价值评价的依据

由于文化资源本身具有不确定性和复杂性,文化资源形成过程巨大差异性,给文化资源价值评价带来了一定的难度。目前,尽管在业界与学术界尚未形成完全统一、普遍认可的评价指标与方法,但在评价的关键指标层面基本取得一致,见表6-5。

表6-5 文化资源评价关键指标体

一级指标	二级指标
资源品相	文化特色、保存状态、知名度、独特性、稀缺性、分布范围
资源价值	文化价值、时间价值、消费价值、遗产保护等级、资源关联价值
资源效用	社会效用、经济效用、公共道德、民间风俗礼仪、资源消费人群、资源市场规模

续表

一级指标	二级指标
发展价值	资源属地的经济发展水平、交通运输便利度、生活服务能力、商务服务能力
传承能力	资源规模、资源综合竞争力、资源成熟度、资源环境

资料来源：根据相关文化产业调研资料整理所得。

(1) 资源品相。文化资源的品相要素集中浓缩资源的特征和基本属性，包括文化特色、保存状态、知名度、独特性、稀缺性及分布范围。

(2) 资源价值。包括文化资源的文化价值、时间价值、消费价值、遗产保护等级、资源关联价值。①文化资源的文化价值。文化价值是文化资源最为显著的价值本体，是文化资源区别于其他资源的根本所在。②文化资源的时间价值。第一是文化资源形成的历史久远性，一般地，形成历史年代久远的文化资源，其时间价值要高于年代较短的资源；第二是文化资源的稀缺性，稀缺的文化资源具有较高的可度量价值；第三是文化资源生成年代的社会经济发展水平，发达的文化和社会经济状态，形成的文化资源比较丰富，但在稀缺性方面差一些；第四是文化资源的比较优势，文化资源的衍生和发展具有很强的地域性特征，资源的比较优势主要体现在文化的独特性和差异性方面；第五是文化资源的可替代性，可替代性较强的文化资源，其价值一般也会低于不可替代的资源品种；第六是文化资源的复制和传承能力，流传至今的文化资源的一个共性就是其衍生和再生能力，包括良好、健康、低成本及具有自我复制能力的载体，以及文化资源的地域特征和人文优势。③文化资源的消费价值。文化消费已成为国民消费增长最快的一个领域，文化消费不同于一般消费，具有物质消费不可替代功能取向。

(3) 资源效用。文化资源的效用是文化资源得以流传和发展的重要因素，包括社会效用、经济效用、民间风俗礼仪、公众道德、资源消费人群以及资源市场规模等方面。

(4) 发展价值。文化资源作为文化产业发展的核心要素，产业化开发是其重中之重，这种发展关系到资源属地的经济发展水平、交通运输便利度、生活服务能力、商务服务能力，构成了资源整体发展环境。

(5) 传承能力。主要是指资源规模、资源综合竞争力、资源成熟度、资源环境。一般地，发展规模大、传播范围广的文化资源具有较强的传承能力。资源的综合竞争力是指在产品、地貌、人群、发展、竞争对手等方面集中表现出来的强于同类资源的竞争优势。

2. 呼和浩特市文化资源价值评价

我们将从六个方面对呼和浩特市的文化资源进行简要分析与评价，具体表现如下：

(1) 物质文化遗产资源。

1) 从资源品相看。呼和浩特市物质文化遗产资源历史悠远，地域特色显著，不论是遗址、遗存，还是馆藏文物，都具有独特性与稀缺性的双重特点，且保存状况良好，在保存数量与质量方面都令人满意。然而，相对于资源本身的优越特质，其对外知名度与影响力有待进一步提高。大窑文化遗址对研究呼和浩特地区及祖国北疆古老经济、文化的发展以及研究民族起源都提供了新的史料和充分的证据。大窑文化遗址证明了北方阴山之南也已有原始人活动，他们与北京周口店人共存。然而，相较于北京周口店人的知名度与影响力，大窑文化遗址有待进一步进行营销宣传与保护利用。

2) 从资源的价值层面看。呼和浩特市物质文化资源尽管富于内涵，但其所具有的历史、教育、科研与审美价值远未得到应有的开发与展现。许多资源为国家级重点文物，等级不可谓不高，但其价值开发利用程度与其实质地位不符，是今后需努力发展的方向。例如，呼和浩特市五塔寺的"金刚座舍利宝塔"，建筑形制奇特，其后照壁上的蒙古文石刻天文图，是现存的世界上最完好的用蒙古文标注的天象资料，已将外国天文知识融于中国传统的天文学体系中，具有很高的科研价值。然而，五塔寺每年接待的游客数量却并不理想，其在区内外的知名度也有待提升。

3) 从资源效用看。显而易见，物质文化遗产资源有利于呼和浩特市历史文化名城形象的塑造，其本身也是重要构成部分。与此同时，随着呼和浩特市社会经济发展水平的不断提升，广大市民对本地物质文化遗产资源的认同感也日益增强，广泛开展的观赏、游览、品鉴等文化消费活动日渐兴盛起来，未来市场空间巨大。例如，呼和浩特市大昭寺，数百年来一直是内蒙古地区藏传佛教的活动中心和中国北方最有名气的佛刹之一，现为内蒙古自治区的重点文物保护单位。大昭寺已然成为呼和浩特市的文化名片，是区内外游客进入呼和浩特市的必游之地。近年来，伴随大昭寺广场的维修扩建，其所产生的经济、社会效益日益显著。

4) 从发展价值看。近年来，呼和浩特市的社会经济发展实现了重大跨越。"十一五"期间，呼和浩特市经济发展速度始终保持在全国省会城市的领先水平，地区生产总值年均增长15.8%，即将突破2000亿元大关，固定资产投资累计超过4000亿元，人均地区生产总值突破10000美元，城镇居民人均可支配收入年均增长

15.7%,在全国省会城市中位居第五。良好的经济发展态势,日益完善、便利的公共服务设施与服务能力,为物质文化遗产资源的消费、繁荣提供了坚实的经济基础保障。

5)从传承能力看。呼和浩特市的物质文化遗产资源在资源成熟度、资源环境以及资源综合竞争力方面都与区外同类资源存在一定差距,有较大亟待完善与提升空间。市直属文物单位昭君博物院是较为成熟的物质文化遗产资源,但其在知名度、美誉度、游客接待量、经济效益等指标上仍需提高,综合竞争力较弱,影响长期健康发展。

(2)非物质文化遗产资源。

1)从资源品相看。呼和浩特市非物质文化遗产资源不但数量丰富,而且不乏国家级、自治区级的优质遗产资源,如二人台剧种(2006年被列为国家级非物质文化遗产名录)、清水河瓷艺、清水河踢鼓子秧歌、土默特慢板高跷、青城面塑技艺、青城德兴源烧卖等(均为自治区级非物质文化遗产资源)。众多资源具有鲜明的地域特色,深刻反映了呼和浩特市的民间生活与文化,具有浓郁的民族风情。

2)从资源的价值层面看。呼和浩特市的非物质文化遗产资源在文化价值、时间价值与消费价值上都富于开发潜质。每项资源都承载着厚重的文化积淀,展现着漫长蒙、汉文化交融过程中的点点滴滴。大部分非物质文化遗产资源都来自于民间,蕴含着深刻的生活智慧与幽默,有着无以比拟的魅力与吸引力,具备强大的消费市场开发潜力。例如,青城德兴源烧卖作为呼和浩特市的特色饮食产品,是当地饮食文化的重要载体,更是广大市民与外来游客所青睐已久的独特美食,其作为非物质文化资源的开发前景必定广阔。

3)从资源的效用看。非物质文化遗产资源对于维系民族情感,传承民间风俗礼仪,标志区域民风民俗,体现地方百姓性格,折射地方历史演化等方面具有深远意义。呼和浩特市非物质文化遗产资源除具有以上功能外,其潜在的经济效用更为明显,由于多数非物质文化遗产资源来自于民间游乐项目,这些资源未来可开发利用成为大众娱乐休闲的重要产品,是未来文化产业发展的重要支撑力量。如清水河瓷艺、青城面塑技艺等非物质文化遗产资源即可在未来发展过程中,与时俱进,不断开发新产品,朝着规模化、品牌化方向迈进。

4)从发展价值看。地区经济的快速发展为非物质文化遗产资源的传承与再度繁荣提供了物质保障,利用现代技术手段与服务重新审视非物质文化遗产已经成为现实,如内蒙古电视台的"西口风"栏目即是借助电视传媒制作传承"二人台"文化的积极尝试。未来,伴随经济持续快速发展,人们文化消费需求日益增强,贴近百姓生活的非物质文化遗产资源消费必然将如火如荼。

5）从资源的传承力看。呼和浩特市非物质文化遗产资源的传承同样面临传承保护乏力，资源存在濒临绝迹的危险。传承人数量趋减、现有传承人年岁普遍较高、后继传承人数量不足等问题严重影响非物质文化遗产资源的保存与发展问题。此外，由于长期的忽视与保护不力，呼和浩特市现存的非物质文化遗产资源在规模、成熟度、所赖环境等诸多方面存在问题，亟待改进。

（3）自然景观文化遗产资源。

1）从资源品相看。呼和浩特市自然景观文化遗产资源门类齐全、类型多样，具有较强的地域特色，大青山山地景观、高山草原景观、黄河峡谷景观较为典型。然而，与邻近地区比较，则资源的独特性与稀缺性并不显著，资源的知名度与影响力也要逊色不少。如草原景观就要逊于邻近的乌兰察布市，黄河峡谷景观也比不过壶口瀑布。此外，呼和浩特市的自然景观文化遗产资源禀赋状况一般，主要资源的空间分布较为分散，优秀资源数量较少，且高品质单体资源匮乏。

2）从资源的价值层面看。呼和浩特市自然景观文化遗产资源开发潜力大，具有重要的旅游、教育、科研与审美价值。而资源所承载的文化内涵更使其富于深厚的文化探索价值。曾经有着"塞外西湖"之称的哈素海，正在变身成为以民族文化为灵魂，旅游产业为支柱，以休闲农业、牧业、渔业为依托，集民族文化体验、休闲度假、商务会议、观光娱乐、康体养生为一体的敕勒川文化旅游区。随着现代旅游消费、文化消费市场的兴盛，自然景观文化遗产资源的多重价值必然得以充分发挥。

3）从资源的效用角度分析。呼和浩特市自然景观文化遗产资源具有三大效用：①积极的社会效用。通过开发利用自然景观文化资源，将为广大群众创造提供优越的旅游环境与生活空间，从而提升居民生活水平与质量，推进社会的和谐与进步。②积极的经济效用。近年来，依托自然景观文化遗产资源的呼和浩特市旅游业方兴未艾，2011年，呼和浩特市实现旅游业总收入226.61亿元，同比增长24%。旅游人数、旅游收入、招商引资等多项指标连续六年位居全自治区第一，旅游业成为呼和浩特市国民经济中发展速度最快的产业之一。③积极的环境效应。保存完好、自然风貌淳朴真实的自然景观资源对于提升呼和浩特市整体环境竞争力，塑造城市良好对外形象具有积极影响。从自然景观文化遗产资源的消费人群与市场规模看，2011年，呼和浩特市共接待国内外旅游者1605.44万人次，同比增长22%，其中国内过夜旅游者931.9万人次，一日游游客663.31万人次，入境旅游者10.23万人次。2011年统计数据显示，呼和浩特市旅游接待人数占全自治区旅游接待总量的比重高达 30%。①

4)从发展价值看。呼和浩特市已基本形成以旅游、金融、物流为主的现代服务业体系,并在全区率先形成服务业占主导地位的产业结构。随着呼和浩特市区域航空枢纽机场、京呼铁路客运专线、呼包鄂地区城际铁路建设步伐的加快,以及京藏、京新等国家及省级高速公路网络运输效能的进一步释放,呼和浩特市已经与自治区内各城市、国内经济发达区域中心城市、国内各省会城市间实现了便捷的交通联系,成为衔接我国西北内陆与东部沿海地区客货运输的重要交通节点城市,也是连接中国与蒙古国、俄罗斯及东欧各国的重要口岸城市。完善的现代服务体系,便捷的交通条件必然为自然景观文化遗产资源的进一步开发利用提供重要保障与驱动力。

5)从传承能力看。呼和浩特市自然景观文化遗产资源的综合竞争力有待提升,主要表现在资源规模较小,资源成熟度不高,资源依托的周边环境有待完善等诸多方面。大青山旅游带的开发目前就存在小、散、差的问题,圣水梁、小井沟、白石头沟等景区资源相似度高,重复建设情况严重,未能形成优势互补,发展前景不明朗。

(4)历史文化资源。

1)从资源品相看。呼和浩特市的历史文化资源数量多、质量佳、保存较完好。呼和浩特地区历史文化底蕴深厚,早在 70 万年前就有人类在此活动,留下了大窑文化遗址。西汉元帝时期,"昭君出塞"的史实成为历史上民族融合、文化交流的重要代表。明隆庆六年(1572 年),蒙古土默特部领主阿拉坦汗与明廷建立"同贡互市"的友好关系,并修建了"归化城",即现在的呼和浩特市旧城,蒙古语称"库库和屯",意即"青色的城",被沿用至今。呼和浩特市历史文化资源地域性特点突出,历史感厚重,富于独特性与稀缺性,具有广泛的知名度与影响力。

2)从资源的价值层面看。呼和浩特市历史文化资源文化内涵深,传承范围广。历史文化资源中的重要历史事件、人物、地名、纪念馆、历史文献都具有广泛而深刻的教育、科研、审美、考古与旅游价值,是呼和浩特市对外宣传的名片。呼和浩特市托克托县古城村的云内州故城为秦汉时期遗迹,历史久远,具有积极的科考价值;周、隋、唐三朝开国,其先人先祖历史上皆籍隶武川,使武川县名声大振,慕名者纷至沓来。

3)从资源的效用看。呼和浩特市的历史文化资源一方面表征、记录了呼和浩特市走过的风雨历程;另一方面昭示着呼和浩特市的未来,告知后人城市的灵魂当

---

① 资料来源:呼和浩特市旅游局。

是怎样。历史文化资源塑造着呼和浩特市的形象,传承着呼和浩特市的过去,构筑着呼和浩特市的内涵与深度,其所具有的社会效用即在于此。任何地方的历史文化资源都是历史的见证,呼和浩特市历史文化资源也不例外。尽管其经济效用偏弱,但其所发挥的社会效用弥足珍贵。两千年前的汉代美女王昭君,响应国家号召,自愿出塞,平等和亲,带来历史上半个多世纪的和平,代表了民心的向背、世代的走向、历史的取舍,"昭君出塞"因此成为千古佳话。今天,昭君文化已然成为呼和浩特对外宣传的骄人名片,成为呼和浩特颂扬和平、追求和合的最佳象征。

4)从发展价值看。文化产业的振兴与发展必然会带动历史文化资源的保护与利用。呼和浩特市近年来在经济领域取得的巨大成就必然为历史文化资源的振兴提供物质保障,各种历史博物馆的建设、历史文化资源专项保护资金的拨付等都是其具体表现。经济的发展必然带来社会的进步,带来传统文化的回归与振兴,呼和浩特市历史文化资源必将得到更好的利用与传承。盛乐古城,作为呼和浩特历史上唯一的由北方少数民族所创建的王朝都城,是呼和浩特市历史文化遗产中最有纪念意义的一座古城。伴随"盛乐经济园区"的建设,盛乐古城文化正在复活并走向繁荣。

5)从传承能力看。目前,呼和浩特市的历史文化资源需要系统的规划、保护与传承。历史文化资源普遍存在规模不大、挖掘不深的情况,加之分布散乱,保护配套不足,其综合竞争力偏弱是不争的事实。

(5)特色文化资源。

1)从资源品相看。呼和浩特市特色文化资源类型丰富、形式多样;具有鲜明的地域特色、风格。宗教文化历史久远,影响广泛,特别是藏传佛教的传入,深刻地影响了呼和浩特市的天文历数、医学、药物、建筑、艺术及哲学思想;饮食文化异彩纷呈,以巴音浩日娲、格日勒阿妈为代表的蒙餐方兴未艾,西贝西北菜享誉全国;节庆文化波澜壮阔,春节、元宵节、中秋节等传统节日热闹而浓重,劳动节、国庆节等法定节日喜庆而庄重,昭君文化节等现代文化节事活动则盛大而隆重。特色文化资源保存完整,独特而神奇,具有强大的吸引力。

2)从资源价值层面分析。呼和浩特市特色文化资源富于文化内涵,传承历史久远,流传范围广泛,部分特色文化资源为呼和浩特市所独有,如"稍美"。从消费价值看,特色文化资源是呼和浩特文化市场繁荣的重要支撑力量,宗教文化、饮食文化、节庆文化已经成为社会大众日常消费的重要组成部分,这些资源在提供审美、教育、科研、娱乐等诸多方面具有多重功能。2011年,昭君文化节被评为"2011优秀民族节庆"和"全国十大品牌节庆"。昭君文化节已成为呼和浩特市的城市文化名片、地方经济快速发展的平台、对外经济文化交流的载体、加强民族团结及社会全面发展的推动力。

3)从资源效用角度看。呼和浩特市特色文化资源是彰显呼和浩特地方特色的重要名片,是塑造呼和浩特市良好文化品牌形象的重要组成部分。特色文化资源同样具有积极的经济效应,特别是当代特色饮食文化产品,是区内外游客追逐的对象。著名的本土餐饮品牌"麦香村"历经百年而门庭若市,不但经济效应显著,而且是呼和浩特市饮食文化源远流长的真实见证。民以食为天,传统饮食文化消费必然伴随经济发展与社会进步长盛不衰。呼和浩特市特色文化资源有天然的"亲民"特质,其对于社会、经济、文化等方面的效用将随时代进步大放异彩。

4)从发展价值看。伴随着呼和浩特市经济社会的快速发展与进步,城市交通、生活服务、商务服务能力也在不断地提升与完善,群众物质文化与精神文化需求不断提高,未来社会对特色文化资源产品的需求将持续增强,依托特色文化资源开发的宗教文化产品、饮食文化产品,以及特色节庆文化活动与产品广受欢迎。

5)从传承能力看。呼和浩特市特色文化资源初具规模,相应的资源与产品日趋成熟,以特色饮食文化与节庆文化最为突出。目前,特色文化资源所依托的环境日臻完善,特色文化资源已形成初步竞争力。

(6)草原文化资源。

1)从资源品相看。呼和浩特地区草原文化资源众多,内涵丰富。昭君文化、敕勒川文化、蒙古族宗教文化、民俗文化等均是其具体表现。如呼和浩特市在阿拉坦汗时期就已成为蒙古族地区佛教弘法中心,现保留有丰富的宗教遗迹。作为少数民族聚居地区的首府城市,呼和浩特市的草原文化资源对其他文化资源的形成发展具有极其重要的意义和作用,在一定程度上,可以说是其他文化资源的核心和灵魂。同时,呼和浩特草原文化历史悠久,传承完整,且体现出一定的开放性和融合性。从北朝到隋唐时期,鲜卑、柔然、敕勒、突厥、回纥等草原民族逐渐兴起,先后来到这一地区,以积极活跃的姿态参与到游牧文明与农耕文明碰撞、交流、融合的历史潮流中,使得呼和浩特市的草原文化明显体现着特有的开放特色。随着政权更迭、城市发展、科技进步,呼和浩特市的城市文化不断融合演变,但其内在草原文化根脉始终没有中断。

2)从资源价值层面分析。呼和浩特草原文化资源在内蒙古草原文化发展中具有一定的典型性和代表性。呼和浩特市是内蒙古地区时间最长、名人辈出、文化灿烂的历史文化名城,多种文化交融,对草原文化也传承容纳的最多。作为昭君胡汉和亲的圣地、历史文化名城的呼和浩特市,积淀了深厚的草原文化优势,具有教育、科学研究、旅游开发等重要价值。草原文化这一文脉,在新时代的呼和浩特市城市建设、旅游发展、特色文化产业建设、城市形象打造、城市知名度提升等方面也起着越来越重要的作用。

3)从资源效用角度看。草原文化是呼和浩特市文化品牌形象的重要组成部分,且呼和浩特市草原文化资源优势也正逐渐转化为经济优势。草原文化作为呼和浩特市的内在城市文脉,对于中国乳都的城市品牌效应的扩散,形成伊利、蒙牛等草原文化品牌企业,推动呼和浩特市旅游业的蓬勃发展,带动相关草原文化产业建设,都具有突出作用。

4)从发展价值看。草原文化是呼和浩特市重要的城市文脉,草原文化资源的深入研究,有利于挖掘呼和浩特市的城市文化内涵、提升城市文化品位,对呼和浩特市的城市文化氛围的形成、特色鲜明城市形象的建立、城市核心竞争力及软实力的提升作用明显。

5)从传承能力看。呼和浩特市作为内蒙古自治区首府,在政治、经济、文化、历史、地理生态、城市建设、社会人文等方面都有适合草原文化事业发展的良好基础,在内蒙古草原文化保护、传承、创新、开发等方面起着不可替代的作用。呼和浩特市具有草原文化传承、发展、创新的资金、人才、设施的综合优势。呼和浩特市作为全区文化中心,草原文化底蕴积累较为深厚,也是草原文化创意、传承方面建设潜力最大的城市。这里具有人才济济、研究超前的高等院校,草原文化研究中心,相关科研机构;有条件良好、资料丰富的会展中心、宣传中心、资料中心,信息相对集中、丰富,具有一定的研究基础,发展草原文化起点较高。此外,连续多届昭君文化节、草原文化节打造了呼和浩特市在国内外较为知名的草原文化品牌,大大提高了其在国内外的知名度和美誉度。这些条件均为呼和浩特市草原文化传承发展奠定了坚实的基础。

二、呼和浩特市文化产业生产力资源现状及特点

呼和浩特市文化产业生产力资源经过多年的积累与发展,从整体上看已经具备了一定的基础及规模,也带来了较为明显的经济与社会效益,但仍然存在诸多不足之处,有待于进一步完善。

(一)呼和浩特市文化生产力资源现状

呼和浩特市文化产业生产力资源由资本资源、人力资源和市场资源三类资源构成,它们在文化产业的"生产经营"过程中缺一不可,要使呼和浩特市文化产业资源得到充分利用,文化产业得以持续、健康的发展,需要优化配置这三类生产力资源。

1.呼和浩特市文化产业资本资源

呼和浩特市文化产业资本资源,是指文化产业赖以生存和发展的经济基础,不仅仅只是文化经济单位数量,还包括呼和浩特市文化产业软硬件基础;不仅仅是政府对呼和浩特市文化生产经营活动进行投资,还包括民间投资(企业投资、外资、个人投资)。因此,呼和浩特市文化产业生产力的资本资源包括呼和浩特市各类文化基础设施、生产经营单位、文化产业的投资状况及呼和浩特市文化产业各资本资产。

(1)文化基础设施。文化基础设施是文化生产、传承、展示、积累、服务、交流、创新的硬件基础,加快文化基础设施建设是呼和浩特市打造民族文化强市的当务之急。经过几年的规划和建设,呼和浩特市大批文化基础设施已经建成或已投入使用。例如,内蒙古乌兰恰特大剧院、内蒙古文化大厦、内蒙古体育馆、内蒙古国际会展中心、呼和浩特市体育场、呼和浩特市文化艺术演出中心、成吉思汗大街特色景观区、内蒙古博物馆、昭君文化博物馆、中国旅蒙商博物馆、公主府博物馆、和林格尔盛乐博物馆、万部华严经塔及丰州古城博物园、惠丰轩饮食文化博物馆、明代东胜卫古城城防博物馆、走西口民俗博物馆、五塔寺博物馆、马文化博物馆等。呼和浩特市文化基础设施水平、人均文化基础设施拥有量均大幅度提高,文化服务网络逐渐健全。但是,现有设施布局仍不够合理,设施配套不够完善,还缺乏一批独具特色、规模较大、设施先进、品位高雅、功能完善、能够体现城市文明程度和现代化水平的多媒体信息、广播电视电影、群众文化等方面的文化基础设施。

(2)呼和浩特市各类文化单位数量及规模。呼和浩特市现有文学艺术机构团体466个(见表6-6),其中艺术表演团体11个,文化艺术研究机构1个,艺术教育机构2个,文化场馆448个。这些文化设施和机构的主要功能在于繁荣呼和浩特市群众文化活动,具有明显的公益性特征。

表 6-6 呼和浩特市文学艺术机构和团体汇总表

项目	计量单位	总数
一、艺术表演团体	个	11
公办	个	7
民营	个	4
二、文化艺术研究机构	个	1
三、艺术教育机构	个	2
国办艺术教育机构	个	1
民办艺术教育机构	个	1
四、文化场馆	个	448
艺术表演场馆	个	5
公共图书馆	个	10
草原书屋	个	272
群艺馆(盟市级)	个	1
文化馆(旗县级)	个	9
文化站(乡镇级)	个	40
文化室(村级)	个	111

呼和浩特市拥有新闻出版及相关单位602个(见表6-7),其中新闻出版发行机构400个,印刷单位202个。

表 6-7 呼和浩特市新闻出版汇总表

项目	计量单位	总数
一、出版物发行(批发、零售)单位	个	400
图书零售单位	个	276
新城区	个	100
回民区	个	27
玉泉区	个	16
赛罕区	个	85
土左旗	个	13
托克托县	个	9
和林格尔县	个	11

续表

项 目	计量单位	总数
清水河县	个	9
武川县	个	6
音像零售单位	个	124
新城区	个	27
回民区	个	30
玉泉区	个	18
赛罕区	个	24
土左旗	个	1
托克托县	个	7
和林格尔县	个	7
清水河县	个	8
武川县	个	2
印刷、复制生产单位和人员	个	14
二、出版		
三、印刷生产情况	个	
企业单位数	个	202
资产总额	万元	18544
工业总产值	万元	14257.6
印刷产品用纸量	万吨	2.22435

呼和浩特市拥有互联网上网服务营业场所387个,经营场所总面积105335平方米,终端总量42071台,网吧从业人员1728人,固定资产21427万元,如表6-8所示。网上资源绝大多数分布在主城区,且新城区、赛罕区几乎占据资源的一半以上,旗县当中和林格尔县网络资源相对丰富。

表6-8 呼和浩特市互联网上网服务营业场所(网吧)资源普查汇总表

	网吧总数(个)	经营场所总面积(平方米)	终端总量(台)	从业人员总量(人)	固定资产总额(千元)
新城区	71	22323	8811	339	41925
回民区	72	27495	10328	453	41190
玉泉区	32	7971	3211	140	20150

续表

	网吧总数（个）	经营场所总面积(平方米)	终端总量(台)	从业人员总量(人)	固定资产总额（千元）
赛罕区	99	26373	11624	560	32157
土左旗	31	7345	2527	69	999
托克托县	24	2549	1640	24	2600
和林格尔县	29	8115	2668	86	69100
清水河县	11	1066	465	19	2770
武川县	18	2098	797	38	3379
合计	387	105335	42071	1728	214270

（3）呼和浩特市文化产业投资概况。呼和浩特市文化产业投资额包括政府性投资和民间资本投资。据统计，呼和浩特市2011年政府与民间用于文化产业建设的投资总计约43486万元，其中包括文化体育业、广播电视电影和音像业、文化艺术业、娱乐业四方面，如表6-9所示。

表6-9　2011年呼和浩特市政府性文化产业投资类别额度表

类别	金额（万元）
文化、体育	5500
广播电视电影和音像业	16246
文化艺术业	5770
娱乐业	15970
合计	43486

资料来源：2012年《呼和浩特市统计年鉴》。

2011年呼和浩特市文化产业法人单位增加值突破8.7亿元，民间资本方面主要包括企业投资、个人投资、外资三类,2012年呼和浩特市文化产业民间投资共计2.42亿元,其中企业投资约1.2亿元、个人投资约0.82亿元、外资投资约0.4亿元(见表6-10)。

表6-10 2012年民间资本文化产业投资类别额度表

类别	金额(亿元)
企业投资	1.2
个人投资	0.82
外资投资	0.4

资料来源:2012年《呼和浩特市统计年鉴》。

(4)呼和浩特市文化产业各行业资产。随着呼和浩特市经济的快速发展,呼和浩特市文化产业资产迅速增长,截至2012年,文化产业总资产920043万元。根据国家统计局2012年对文化产业的分类,其资产分布情况如表6-11所示。

表6-11 呼和浩特市各类文化产业资产分布统计表

类别	资产额(万元)
一、新闻出版发行服务	182072
(一)出版服务	123167
图书出版	105799
报纸出版	12640
期刊出版	3946
音像制品出版	452
电子出版物出版	330
(二)发行服务	58905
图书批发	50600
报刊批发	85
音像制品及电子出版物批发	696
图书、报刊零售	6460
音像制品及电子出版物零售	1064
二、广播、电视、电影服务	147518
(一)广播、电视服务	87022
广播	9577
电视	77445

续表

类别	资产额(万元)
(二)电影和影视录音服务	60496
电影和影视节目制作	3465
电影和影视节目发行	46284
电影放映	10747
三、文化艺术服务	48322
(一)文艺创作与表演服务	5415
文艺创作与表演	4691
艺术表演场馆	724
(二)图书馆与档案馆服务	27445
图书馆	20205
档案馆	7240
(三)文化遗产保护服务	8703
(四)群众文化服务	6745
(五)文化艺术培训服务	14
四、文化信息传输服务	241992
(一)互联网信息服务	12201
(二)广播电视传输服务	229791
五、文化创意和设计服务	77774
(一)广告服务	53490
(二)文化软件服务、	19952
软件开发	19543
数字动漫、游戏设计制作	409
(三)建筑设计服务	4332
六、文化休闲娱乐服务	31084
(一)景区游览服务	26634
公园管理	18743
游览景区管理	7891

续表

类别	资产额(万元)
(二)娱乐休闲服务	4445
歌舞厅娱乐活动	2142
电子游艺厅娱乐活动	350
网吧活动	1154
其他室内娱乐活动	804
七、工艺美术品的生产	62490
(一)工艺美术品的制造	301
雕塑工艺品	90
金属工艺品	161
珠宝首饰及有关物品制造	50
(二)工艺美术品的销售	62189
首饰、工艺品及收藏品批发	49813
珠宝首饰零售	1596
其他	10780
八、文化产品生产的辅助生产	46088
(一)版权服务(知识产权服务)	1412
(二)印刷复制服务	36658
书、报刊印刷	32189
本、册印制	4469
(三)文化经纪代理服务	1237
文化娱乐经纪人	301
其他文化艺术经纪代理	936
(四)文化贸易代理与拍卖服务	1394
贸易代理*	1228
拍卖	166
(五)文化出租服务(图书出租)	20
(六)会展服务	5367

续表

类别	资产额(万元)
九、文化用品的生产	18497
（一）焰火、鞭炮产品的制造	1756
（二）文具、乐器、照相器材的销售	5102
（三）文具用品批发零售	11639
十、广播电视电影及专用设备批发	12538

资料来源：根据呼和浩特市有关统计资料整理。

2. 呼和浩特市文化产业人力资源

文化即人化，文化产业人力资源素质的高低、知识结构的合理性、接受信息能力的大小等，对文化产业的发展起着决定性作用。呼和浩特市文化产业从业人员25215人，按照文化产业十大类别的分布见表6-12。其中各类文化人才935人，包括管理人才202人、专业技术人才589人、工勤技能人才86人、非遗传承人才58人；专业技术人才包括图书情报人才、文博人才、文艺人才、群众文化人才、网络文化人才、动漫人才、其他专业技术人才，见表6-13。

表6-12　呼和浩特市文化产业从业人员统计表

类别	人数
一、新闻出版发行服务	
（一）出版服务	567
图书出版	1012
报纸出版	534
期刊出版	91
音像制品出版	19
（二）发行服务	1235
图书批发	612
报刊批发	3
音像制品及电子出版物批发	38

续表

类别	人数
图书、报刊零售	504
音像制品及电子出版物零售	78
二、广播电视电影服务	
（一）广播电视服务	
广播	736
电视	1844
（二）电影和影视录音服务	233
电影和影视节目制作	351
电影和影视节目发行	411
三、文化艺术服务	
（一）文艺创作与表演服务	
文艺创作与表演	1325
艺术表演场馆	133
（二）图书馆与档案馆服务	
图书馆	573
档案馆	182
（三）文化遗产保护服务	
博物馆	698
（四）群众文化服务	347
四、文化信息传输服务	
（一）互联网信息服务	736
（二）广播电视传输服务	955
五、文化创意和设计服务	
（一）广告服务	4402
（二）文化软件服务	
软件开发	1154
数字动漫、游戏设计制作	75

续表

类别	人数
六、文化休闲娱乐服务	
（一）景区游览服务	
公园管理	468
游览景区管理	331
（二）娱乐休闲服务	
歌舞厅娱乐活动	811
电子游艺厅娱乐活动	21
网吧活动	120
七、工艺美术品的生产	
（一）工艺美术品的制造	
雕塑工艺品	90
金属工艺品	161
珠宝首饰及有关物品制造	4
（二）工艺美术品的销售	
首饰、工艺品及收藏品批发	354
珠宝首饰零售	511
工艺美术品及收藏品零售	124
八、文化产品生产的辅助生产	
（一）版权服务	92
（二）印刷复制服务	
书、报刊印刷	1722
本、册印制	445
（三）文化经纪代理服务	
文化娱乐经纪人	33
其他文化艺术经纪代理	95
（四）文化贸易代理与拍卖服务	
贸易代理*	61

续表

类别	人数
(五)文化出租服务	
图书出租	3
(六)会展服务	502
九、文化用品的生产	
(一)焰火、鞭炮产品的制造	132
(二)文具、乐器、照相器材的销售	235
(三)文具用品批发零售	364
十、广播电视电影及专用设备批发	
通信及广播电视设备批发	331

表6-13 呼和浩特市文化生产力人才资源统计表

单位:人

管理人才	专业技术人才							工勤技能人才	非遗传承人才
	图书情报	文博	文艺	群众文化	网络文化	动漫	其他		
202	61	79	307	45			97	86	58

3.呼和浩特市文化产业市场资源

根据呼和浩特市现有情况来看,文化产业发展的市场资源基础正变得越来越好,具体表现在以下方面:

(1)呼和浩特市人口迅速增长,为文化产业发展奠定了市场基础。呼和浩特市人口数量逐年增长,2012年5月23日,呼和浩特市常住人口为294.88万人,同第五次全国人口普查的243.79万人相比,增加超过51万人,增长近21%。年平均增长率为1.63%,而且随着我国城镇化建设步伐的加快,其增长势头依然强劲,见图6-1。其中2010年市区人口就达到200万人,占全市人口总数的70%,是文化产业市场的消费主体。

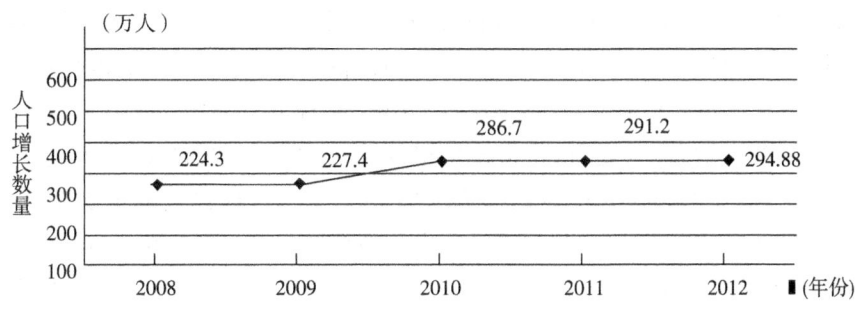

图6-1　呼和浩特市人口增长示意图

资料来源:根据呼和浩特市统计局历年统计公报整理。

此外,随着交通基础设施的改善和市区及周边旅游景点建设步伐的加快,呼和浩特市接待游客的数量逐年攀升,见图6-2。2012年接待国内外旅游者达1845万人次,比上年增长15%,其中接待过夜旅游者1040万人次;实现旅游业总收入达267亿元,比上年增长18%。而且,随着呼和浩特市旅游环境的进一步改善,知名度的进一步提升,境外游客的增长速度会进一步加快。这部分群体也是呼和浩特市文化产品市场不可忽视的重要组成部分。

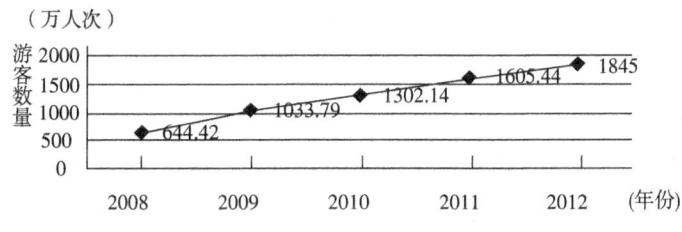

图6-2　呼和浩特市接待游客数量示意图

资料来源:根据呼和浩特旅游局历年统计资料整理。

(2)居民收入迅速增长,为文化产业发展奠定了基础,地方文化产业的发展不仅受地方文化的影响,还要受地方经济发展水平的影响。根据消费需求层次理论,文化消费在地方生活水平达到一定阶段以后才会出现。在我国经济高速发展的今天,温饱问题已经解决,提高生活质量,满足精神文化需求正在逐步成为人们的主要追求。另外,经济发展也为文化产业发展提供更多的资金支持,可以提高文化产业发展速度,提升文化产业发展水平。

近年来,面对复杂多变的国内外经济形势,呼和浩特市委、市政府全面落实稳增长、调结构、促和谐的各项措施,以投资拉动、项目拉动为总抓手,突出推进项目建设、社会管理创新和民生改善,经济社会总体保持了平稳较快发展的良好态势,城镇居民可支配收入与消费支出保持快速增长,见图6-3。2012年,呼和浩特市实现地区生产总值2475.57亿元,按可比价格计算,比上年增长11.0%,人均生产总值达75266万元(约为12000美元)。2012年,全年城镇居民人均可支配收入达32648元,比上年增长13.4%。城镇居民人均消费性支出达21095元,比上年增长10.4%。全年农民人均纯收入达11361元,比上年增长13.2%。农民人均生活消费性支出达8175元,比上年增长15.3%。

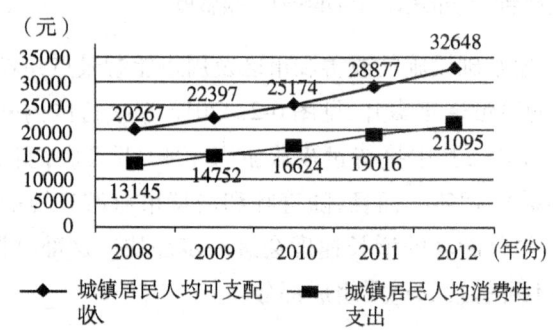

图6-3 呼和浩特市城镇居民人均可支配收入与人均消费性支出示意图

资料来源:根据呼和浩特市统计局历年统计公报整理。

按照发达国家经验,人均GDP达到4000美元,居民消费结构将发生重大变化,精神文化需求将成为城镇居民生活的基本内容和刚性需求,大众化文化消费的时代迅速到来,人们进入了追求生活质量的新阶段。呼和浩特市人均生产总值远超4000美元,正处在一个消费结构升级的关键阶段,文化产业正逐步成为经济社会发展新的增长点。

(3)文化市场需求增长势头强劲。近年来,由于呼和浩特市经济社会快速发展,居民可支配收入显著增加,城镇居民消费性支出迅速增长,对文化产品的市场需求量逐年上升,见图6-4。2012年,城镇居民消费性支出达到21095元,其中文化娱乐用品与服务支出突破2701元,比2008年增长了2.2倍多。

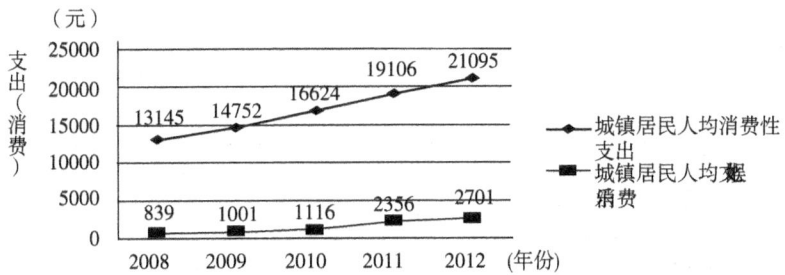

图 6-4 呼和浩特市城镇居民人均消费性支出与文化娱乐消费支出增长情况对比示意图

2012年,文化产业市场交易额达到798790万元,其中包括文化产品业交易额623153万元(见表6-14)与文化衍生产业产值175637万元(见表6-15)。

表 6-14　2012 年文化产品交易额

类别	产值(万元)
一、新闻出版发行服务	96784
（一）出版服务	50461
图书出版	34629
报纸出版	11628
期刊出版	3404
音像制品出版	586
电子出版物出版	214
（二）发行服务	46323
图书批发	34465
报刊批发	51
音像制品及电子出版物批发	339
图书、报刊零售	9445
音像制品及电子出版物零售	2023
二、广播电视电影服务	78627
（一）广播电视服务	54208
广播	4332
电视	49876

续表

类别	产值(万元)
(二)电影和影视录音服务	24419
电影和影视节目制作	1809
电影和影视节目发行	2706
电影放映	19904
三、文化艺术服务	18393
(一)文艺创作与表演服务	9167
文艺创作与表演	8673
艺术表演场馆	494
(二)图书馆与档案馆服务	4990
图书馆	2436
档案馆	2554
(三)文化遗产保护服务(博物馆)	2494
(四)群众文化服务	1677
(五)文化艺术培训	65
四、文化信息传输服务	158605
(一)互联网信息服务	10088
(二)广播电视传输服务	148517
五、文化创意和设计服务	140579
(一)广告服务	95145
(二)文化软件服务	39696
软件开发	38144
数字动漫、游戏设计制作	1552
(三)建筑设计服务	5738
六、文化休闲娱乐服务	15232
(一)景区游览服务	5690
公园管理	3045
游览景区管理	2645

续表

类别	产值(万元)
(二)娱乐休闲服务	9542
歌舞厅娱乐活动	7496
电子游艺厅娱乐活动	200
网吧活动	1140
其他室内娱乐活动	706
七、工艺美术品的生产	114933
(一)工艺美术品的制造	1433
雕塑工艺品	672
金属工艺品	760
珠宝首饰及有关物品制造	1
(二)工艺美术品的销售	113500
首饰、工艺品及收藏品批发	87640
珠宝首饰零售	22202
工艺美术品及收藏品零售	3658

表6-15 2012年文化产业相关产品交易额

类别	产值(万元)
一、文化产品生产的辅助生产	54794
(一)版权服务	2411
(二)印刷复制服务	34354
书、报刊印刷	26535
本、册印制	7819
(三)文化经纪代理服务	2988
文化娱乐经纪人	658
其他文化艺术经纪代理	2330
(四)文化贸易代理与拍卖服务	7040
贸易代理	5052
艺术拍卖	1988

续表

类别	产值(万元)
（五）文化出租服务（图书出租）	106
（六）会展服务	7895
二、文化用品的生产	98442
（一）焰火、鞭炮产品的制造	1219
（二）文具、乐器、照相器材的销售	40845
（三）文具用品批发零售	56378
三、广播电视电影及专用设备批发	22171

（二）呼和浩特市文化产业生产力资源的特点分析

呼和浩特市文化产业生产力资源的特点及存在的问题主要体现为以下三个方面：

1. 资本资源方面

（1）呼和浩特市现有文化产业总资产数量较少，且行业分布不均。全市文化产业资产总计920043万元，主要分布在新闻出版业、电视电影广播业和文化信息传输业，这些行业都为传统的文化产业。新兴文化产业资产较少，例如文化创意设计、文化休闲娱乐业、工艺美术品业、文化艺术等，见图6-5。

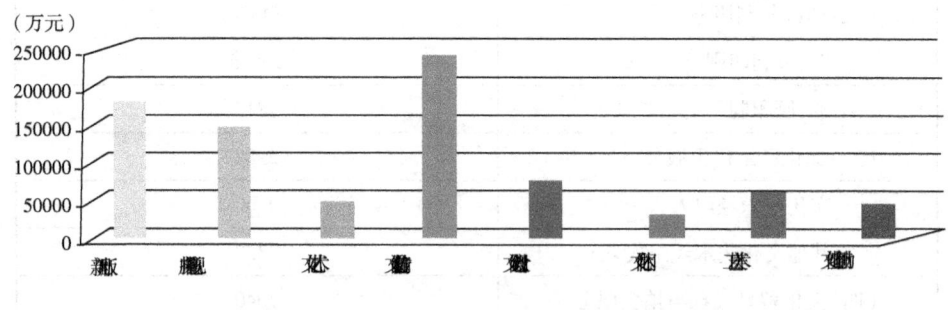

图6-5 呼和浩特市文化产业资产行业分布示意图

（2）文化产业资源地区分布不均衡。市区内是文化资源的富集区，绝大部分的文化科技、人才资源和文化设施集中于此,各旗县的文化资源主要以人文、历史景观为主,文化基础设施相对落后。例如,新闻出版业中图书零售单位在呼和浩特市的分布状况是在市区集中分布,各区县旗明显分布不平衡,见图6-6。

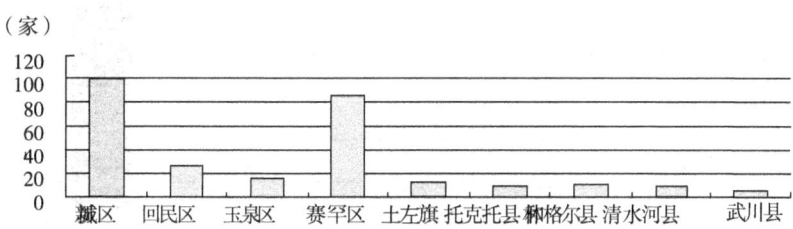

图6-6　呼和浩特市图书零售单位分布

(3)文化产业融资渠道单一。目前,我国文化产业的投融资体系正在不断完善,从单纯依靠国家财政支持,开始转向政府投资、民间资本(包括企业投资和私人投资)、外资介入三者并举的投资模式,使文化产业的资金来源日益多元化。为呼和浩特市文化产业的发展注入了"新鲜的血液"。但由于文化产业领域的开放程度还比较低,同时,文化产业是一个高投入、高产出的行业,文化产业的投入仍然以政府投入为主,民间资本投入严重不足(见图6-7),从而影响了文化产业发展的后劲。

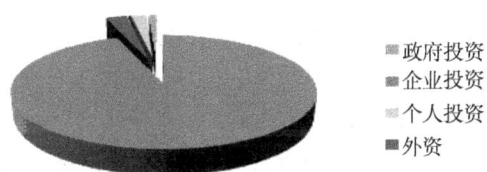

图6-7　呼和浩特市文化产业投资构成示意图

2.人力资源方面

文化产业人才的匮乏已经影响到我国文化产业的发展,因为无论从区域来看,还是从文化产业各门类看,或是从人才结构来看,人才问题都已经成为亟待解决的问题。近年来,我国文化产业的发展取得了一定的成绩,但文化产业人才的匮乏依然是我国文化产业发展的消极因素。

从全国范围来看呼和浩特市文化产业人才匮乏的现象更加严重。截至2012年,呼和浩特市文化产业从业人员25215人,文化人才935个,只占从业人员的

3.7%。据此可以看出呼和浩特市从事文化产业人数,特别是文化产业人才总量严重不足,且结构不合理。

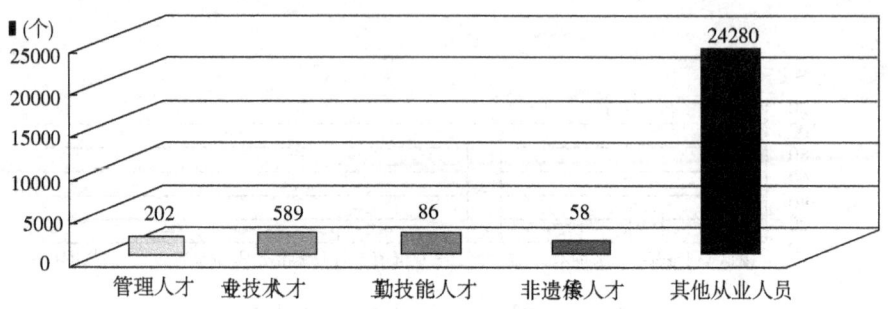

图 6-8 呼和浩特市文化产业从业人员结构示意图

(1)缺乏复合型管理人员。文化产业是以文化为生产和创作内容的产业,文化生产的巨额投资以及文化产品销售的不确定性,使一般经营者很难把握。它既要求从业人员具有文化和艺术素质,同时还要求从业人员具有敏锐的市场意识和经营管理能力。在原来的传统文化体制下,很多文化从业人员没有经受过市场竞争的磨炼,由于缺乏市场意识,营销能力非常弱;缺乏经济和管理常识;文化从业人员缺乏文化艺术的鉴赏修养和娱乐趋势的判断力,更是缺乏擅长将文化进行产业化和市场化的人才。呼和浩特市文化产业管理人员 202 名,仅占文化产业从业人员的 0.8%。且文化市场经营管理从业人员主要来自于计划经济体制下的文化企事业单位的管理人员和个体经营人员,缺乏专业化人才,从业人员仅凭经验、靠感觉进行经营管理的现象比较普遍,严重削弱了文化生产单位的市场竞争力,难以适应文化产业快速发展的需要。

(2)缺乏新兴行业的专业人员。文化产业领域有许多新兴行业,如会展业、网络游戏业、动画制作业、版权业等。这些新兴行业专业人才十分缺乏。如目前呼和浩特市数字动漫、游戏设计制作只有 75 人,只占文化产业从业人员的 0.2%;又如呼和浩特市会展专业机构,从业人员 502 人,不到文化产业从业人员的 2%,且高级策划人才寥寥无几。

(3)内容创意人才奇缺。文化产业的核心是内容创意,它是创意人利用自己的智慧、技能和才华,通过灵感和想象力的发挥,并在借助高科技的情况下对文化资源进行创造与提升,从而生产出符合市场需要的文化产品。如沃特·迪士尼用他的天才创造了神奇的"迪士尼王国",米老鼠和唐老鸭成为全世界所宠爱的动画形象,具有经久不衰的震撼力。内容创意人可以是原创策划人、漫画家、高级动画制作员、游戏研发员、文艺作品创作者、设计人才,等等。就呼和浩特市目前的创意人才状况来看,网络出版、编创、动漫创意和动漫制作等人才尤为紧缺,随着游戏、动漫、影视等文化产业和文化市场的不断拓展,整个文化产业内创意人才的需求缺口将会急速扩大。

3. 市场资源方面

(1)文化需求类型多样化趋势越来越明显。不同年龄结构、不同学历结构,文化消费的重点不同。呼和浩特市全市常住人口为2866615人,其年龄、学历结构如表6-16所示。

表6-16 呼和浩特市人口年龄、学历分布表

项目	年龄分布			受教育程度		
	0~14岁	15~64岁	65岁以上	大学以上	高中	初中以下
人口数量(人)	398716	2248977	218922	597945	467631	1511431

资料来源:《呼和浩特市2010年第六次全国人口普查主要数据公报》。

作为呼和浩特市文化消费主体,0~14岁人群主要以图书、学习用品、文化艺术培训为主;49岁以上的中老年人群文化消费意愿明显下降,以电视、广播、报纸杂志和群众性文化活动为主;虽然50岁以上的老年人群在艺术表演、艺术培训和艺术品收藏方面还保留了一定的支出,但是数量相对较少。因此,以上两个群体文化消费以传统消费为主,近年来,消费支出稳中略增,其原因是物价上涨,以及老年人口和外地来此就学人口逐年增加。据调查显示,18~48岁年龄段的居民是文化消费的"主力军",特别是18~36岁的年轻人更是最为活跃的文化消费人群,他们既有消费能力,又有文化消费需求,文化需求呈现多样化趋势。

普遍来说,学历越高,收入越高,文化消费支出也越多,文化消费类型越来越多样,消费层次越来越高,对新兴的文化活动接受快,也愿意消费。

(2)传统文化产业市场依然强劲,内容产业产品供应少、层次低。经过近几年的发展,呼和浩特市的文化市场得到了一定完善,文化产业市场类型已经趋于发达地区文化产业市场的产业类型,但从产业交易额来看远远不及我国发达地区的产值,且大多集中在传统的、刚性需求的行业,如文化产品生产及其辅助生产、文化信息传输服务,而新兴的文化产品行业交易额相对较少,如文化艺术服务业、文化休

闲业等。

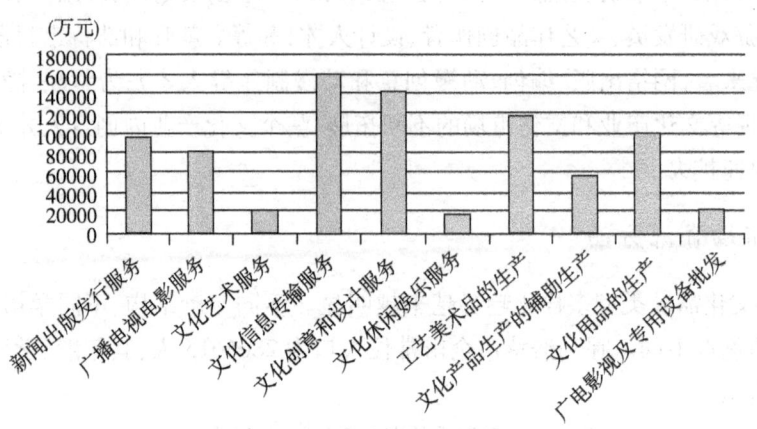

图6-9 呼和浩特市文化产品交易情况示意

(3) 文化产品市场供给层次较低。但从结构上来看,产品供应层次较低。如文化创意与设计服务的交易额主要来源于广告服务,而要求创意水平较高的行业如动漫设计,市场交易额很低;又如广播电影电视服务的市场交易额主要依靠影院收入、影视信息传输等服务性收入,而内容产业如影视制作的市场交易额几乎可以忽略不计。

三、呼和浩特市文化资源产业化开发的评价

呼和浩特市的文化资源虽然相对丰富,但在开发利用方面还存在着一些问题,影响了文化资源效益的充分发挥。针对这些问题,我们应该在科学合理的原则指导下,充分挖掘现有资源的发展潜力,丰富本地群众的文化生活。

(一) 呼和浩特市文化资源产业化开发中存在的问题

呼和浩特市文化产业资源的开发与利用是伴随着内蒙古经济社会的全面发展而逐步形成和发展起来的。因此,呼和浩特市文化产业资源的开发与利用起步晚,但也取得了一定成果,特别是一些经济相对落后的地区,如清水河县黄河大峡谷旅

游区和玉泉区大召文化节都利用自身的资源优势,优化组合资源,带动了当地经济的发展,形成了各具特色的文化产业资源开发与利用模式。但与文化产业强劲发展的要求相比,仍存在许多问题。

1. 观念障碍导致文化资源产业化开发意识落后

重文化的事业性质,忽视文化的产业性质;重文化的意识形态属性和宣传功能,忽视文化的产业属性和消费娱乐功能;文化产业未被列入地方经济社会发展规划。对呼和浩特市历史文化资源和民族文化资源的研究多集中于理论讨论,应用研究较少,大多停留在"以文补文、多业助文"阶段。许多文化资源开发利用很不充分,表现在:极有市场潜力的诸如民间文化等资源尚未得到重视,经营性文化资源未得到充分的产业化开发。由于文化资源具有非独占性特点,如果不增强开发本地文化资源的意识,不采取有效方式整合开发,当地富有特色的文化资源将被他人所用。虽然文化资源具有可多次开发、持续开发等不同于自然资源的特点,但每次开发的深度和层次必须提高,特别是一旦进行了高层次开发,就会使低层次开发的市场价值大大贬值,从而限制后起者的发展空间。

2. 文化产业要素资源缺乏

人才资源是文化资源开发的决定性因素,是决定资源转化、产业开发和产品创意的关键性资源和最终基础。呼和浩特市文化领域的专业技术人员仅为935人,大多都是某一领域的单一性人才,而既懂专业又熟悉经营管理的复合型人才严重缺乏。

在技术方面,文化资源开发利用涉及的技术主要有文化创意技术、文化展示技术、文化产品制造技术和文化传播技术;目前呼和浩特文化产品生产总体上以传统工艺技术和直接展示为主,博物馆、纪念馆文物陈列展示手段比较陈旧,缺乏声、光、电等先进科技手段,创新能力和技术水平低。高新技术和先进装备引入文化资源开发有限,导致文化产品开发深度不足,缺乏市场竞争力。

在资本方面,文化资源开发以政府投资为主,投资主体单一。一方面,民营资本很少涉足;另一方面,政府财力有限,财政投入总量偏小,落后于经济增长,文化产业资源开发存在资本瓶颈。

3. 文化产业资源的开发处于粗放阶段

由于缺乏现代化生产技术和手段,文化创意开发能力不足,呼和浩特市具有多重文化价值的文化产业资源未能从多个层面和角度去进行系统开发,形不成规模价值效应;忽视品牌建设,未能围绕草原文化对文化产业资源多方面价值的深度挖掘,草原文化品牌价值体现不充分。如对文化旅游业资源的开发,主要是对寺庙等古建筑、草原自然景观等这些有形文化产业资源的旅游开发,而对蒙元文化、民间传统文化等无形文化产业资源市场化开发不足,文化内涵挖掘不充分,缺少参与性文化产品、概念性衍生产品。

4. 文化产业资源分散分割,缺乏科学整合

(1) 文化产业资源点多分散、规模小,缺乏规模效应和集聚效应,如文化旅游业人文景点不少,但文化管理部门、旅游部门各单位多各自为政,造成经营分散,形不成体系和规模,降低了市场竞争能力;重视文化资源单体开发,忽视文化资源的群体整合重组和立体开发,导致资源利用率不高,综合效益较低。

(2) 部门归属、行业壁垒、体制分割导致文化产业资源低效率利用。部分文化产业资源主要隶属文化管理部门和宣传部门管理,前者包括演艺、文博和群众文化等资源;后者包括社会科学研究、广播电视和新闻出版社等资源。聚集在这些部门的文化产业资源,不仅在部门间呈分割利用状态,而且在部门内部的各单位间也是大体如此,其结果造成资源的低效率利用状态。例如,呼和浩特市地方广播、电视、报刊的文化艺术栏目、版面等宝贵的传媒资源,需要当地文化艺术单位和人才的参与支持才能激活,但由于资源各自分属于不同行政部门,不利于文化资源的优化配置。

(3) 文化体制改革滞后,国有文化产业资源效益低下。文化单位是文化资源开发、文化产品和服务的生产机构,是发展文化产业的微观主体。呼和浩特市国有文化事业单位的体制改革滞后,经营性文化事业单位未彻底实现企业转制,大多数文化艺术团体都是属于国家供养的事业单位,形成一种重宣传教化、轻经济利益的管理体制,文化生产经营活动缺乏效益机制,发展动力不足。博物馆、图书馆、文化馆等纯文化事业单位缺乏竞争机制,国有存量文化资源未得到有效配置。

(4) 文化产业资源开发和保护的不协调。主要表现为重开发轻保护,地方和部门的文化利益保护主义,导致对文化资源的争夺,一哄而起、盲目开发,追求文化开发的短期经济效益,对文化产业资源和文化生态环境造成破坏。忽略文物资源、历史古迹等文化产业资源的稀缺性和不可再生性,在旅游开发中存在破坏原状、过度开发、过分商业化、维修保护不力等倾向。大昭寺本是寺庙,自古以来内部不具备开设商店功能,但大昭寺内商业化气息过浓,不仅造成了景观污染,对寺庙的安全也造成了一定的威胁;违章建筑得不到有效及时制止,很多重点建筑由于资金、责任不明确,得不到及时维修,历史文化名城、古城风貌受到较大破坏,一些古迹旧址也被高楼所围,环境风貌受到严重破坏。此外,由于对民间文化产业资源保护不足,致使民间文化产业资源散失,有些依靠口头和行为传承的传统技艺和独门绝活因后继乏人而濒临灭绝,如烫画、捏面人等技艺。对民俗等文化产业资源存在改装简易化、庸俗曲解等,影响民俗资源的真实性;由于缺乏文化产业资源共同开发和利益分享的机制,社区民众参与文化产业资源保护的积极性不高。

(二)呼和浩特市文化资源开发利用的原则

呼和浩特市文化资源的开发与利用应遵循以下原则:

1. 特色化原则

在百年的历史发展沿革中,呼和浩特市孕育出了自身独特的文化气质,表现在文化资源上,不管是有形的还是无形的,都烙下了独一无二的历史印记,例如草原文化、藏传佛教文化、蒙古族少数民俗文化,有的资源在全世界都是绝无仅有的;对于当地文化消费者来说,消费呼和浩特市文化产品主要是为了追求一种熟悉的归属感,满足一种淳朴的家乡情结;对于外来消费者来说,消费呼和浩特市文化产品主要是为了观新赏异,享受一种新鲜、新奇的草原风情。特色是呼和浩特市文化产业资源的生命力所在,也是其拥有强大吸引力和开发潜力的基础。因此文化资源的产业化开发应充分发展最富有特色和魅力的草原景观、原汁原味的蒙古族生产生活方式和民族文化习俗,形成鲜明主题,保持其"人无我有,人有我特"的垄断性地位。

2. 体验化开发原则

所谓体验化,就是企业围绕文化消费者,创造出美好情绪和回忆的活动,从而使消费者流连忘返。体验通常被看成只是服务的一部分,但实际上,体验是一种经济物品,与货物和服务一样,体验是一种实实在在的产品,不是虚无缥缈的感觉。在2001年,托夫勒就提出服务经济的下一步是走向体验经济,人们会创造越来越多的与体验有关的经济活动,商家将依靠提供体验服务取胜。文化产业作为一种高端服务业,在文化资源产业化开发的过程中,更应该注重开发体验式的文化产品。叶朗先生在国内较早地提出:"旅游,从本质上说,是一种审美活动。离开审美,还谈什么旅游?旅游活动就是审美活动。"呼和浩特地区文化资源产业化开发可以是亲自参加各种文化活动,或是身临其境地感受人类共同情感,或是深入当地文化生活体验民风民俗,它强调消费者对当地文化的深刻理解和体验,可以使消费者与当地居民产生一种深厚的情感。

3. 保护性原则

呼和浩特市文化资源产业化开发的保护化原则,既包括对有形文化资源的物理保护,也包括对无形文化资源的产权保护。呼和浩特市众多的草原景观、文物古迹等有形文化资源具有脆弱性和无法复制性,一旦被破坏,就相当于永远流失。在对这些有形文化资源进行产业化开发的过程中,要注重其与当地原有自然环境、社会环境的和谐整体,若是一味地为了经济利益盲目开发,不仅会破坏文化资源自身,而且会破坏整个文化生态环境;许多包括非物质文化遗产、著作权、专利权、商标使用权、商业秘密、地方特色品牌、民族特色品牌等无形的文化遗产,一旦被按照产业化规律组合起来,就会迸发出巨大的经济利益。然而,由于一些功利性因素的诱导,文化资源被破坏性开发严重,使之沦为缺乏实质内涵的表演、民族大杂烩或"文化快餐",缺乏持久的生命力,甚至由此导致了一些非物质文化遗产的实质性破坏。因此,在对呼和浩特市文化资源产业化开发的过程中,必须"边保护,边开发",在挖掘文化资源经济价值的同时,确保开发手段的合理性和科学性。

4. 国际化开发原则

随着经济全球化的不断加深,文化资源的全球争夺和分享不断加剧,文化资源配置的全球化俨然成为一种趋势。电影《哈利·波特》上映十年以来,票房已经超过70亿美元,而相关衍生产品的总价值高达1200亿美元,在世界各国热销。对外国人来说,体验、消费中国西部文化产品是他们了解神秘多彩的东方文化的重要渠道;对于我国来说,内蒙古及西部地区文化贸易的发展不仅是解决区域经济不平衡发展的良方,也是扩大国家文化竞争力的有力砝码;对于呼和浩特市来说,制作、出口具有内蒙古特色的文化产品是打响当地文化品牌,带动当地文化产业发展,从而帮助人民提高生活水平的重要途径。

(三)呼和浩特市文化资源开发利用的对策与建议

为了更好地开发与利用呼和浩特市现有的文化资源,我们认为应该采取以下

措施:

1. 建立草原文化资源产业化开发评估机制①

依托草原文化资源发展特色文化产业离不开学术界的智力支持和政府的调控、监管与服务,而这都必须基于草原文化产业化开发评估机制的确立。确切地说,应有专门事业型机构对草原文化资源,以及草原文化资源的产业化开发进行评估,为决策层及产业界提供分析、监测、调控、管理与经营的根据。首先,在不同的社会背景下,不同群体和不同的人往往只关心或看到文化资源价值的不同侧面。因此,草原文化资源评估应充分体现对这种局限性和狭隘性的克服,以便不同决策层能够顾及到草原文化的整体价值。例如,某一类草原文化资源的综合价值评估应包括其资源品相及价值、资源效用与发展、传承能力等,下一级细化指标又可分为时间价值、消费价值、知名度、独特性、稀缺性、分布范围、遗产保护等级、所在地保护意识和能力、遗产管理状况、可开发利用度等。根据评估结果,对于目前不具有经济价值或不宜开发的资源,只能分类保护。随着社会发展程度和人们认识水平的提高,未来的人们会有更多更好的办法了解、呈现或开发它们;对于可产业化开发但条件尚不成熟的资源,应以保护为主,适度开发;对于可以多次开发和重复利用的资源,应抢得开发先机,并按照"谁开发、谁受益、谁保护"的原则,把部分开发收益应用到草原文化资源的保护上。其次,草原文化资源产业化开发的评估指标应包括开发的可行性、时机、程度、切入点、方法、种类、过程、规模、水平、结构、对国民经济增长的贡献、发展态势等。评估结果是开发科学性和合理性程度的量化体现。根据评估结果,对达标的文化企业给予鼓励和扶持,对竭泽而渔式开发、掠夺式开发、短期行为式开发、片面性开发、建设性破坏、垄断性牟利的文化企业进行关停整顿。

2. 以文化旅游业为龙头,拓展文化资源产业化开发平台

(1)资源型文化产业是呼和浩特市文化产业资源开发的现实比较优势。资源型文化产业是以文化资源为基础的产业,包括文化旅游业、博览业、民俗文化业等。这些文化产业资源的特点是地域性强,特色明显,具有很强的垄断性和不可模仿性,具有明显的资源竞争优势。因此依托丰富的文化资源禀赋优势,发展资源型文化产业是呼和浩特市文化资源产业开发的优势。

---

① 王光文:《依托草原文化资源,发展特色文化产业》,浙江在线新闻网站,2006年11月3日。

第一,以呼和浩特市特有的区域文化资源特色为基础,进行研究开发和挖掘整理,不断丰富特色文化资源的内容和价值,在此基础上同时开发,形成文化旅游业、文物博览业和特色民俗文化业。

第二,以旅游业为基础,形成文化旅游(民俗文化之旅、历史文化之旅、生态文化之旅、宗教文化旅游)带动文物博览业(乌兰夫纪念馆、内蒙古博物院等)和民俗文化业(蒙元民俗、山西民俗等)的产业化,重视文化旅游、文物博览和民俗文化的产业关联。

第三,政府与企业联动,政府是文化资源开发的主导者,政府以做好文化产业资源开发的基础为主导,动员研究力量,提供基础设施、产业政策等;企业以开发文化资源的价值为主体,以市场为导向,成为文化资源产业化的主体。

第四,实施文化资源开发的品牌战略,以蒙元文化、历史文化、生态文化、宗教文化为品牌,实施文化品牌战略,形成品牌链,提高文化资源开发效益。

第五,面向市场,以旅游企业和文物博览业、特色民俗文化业单位的利益联合,联动开发市场,共同促进资源的商品化。

(2)以历史及民俗文化资源的产业化开发为核心。

1)历史及民俗文化资源与旅游业互动。以旅游业带动民俗文化资源的开发,可采取以下三种模式:①静态开发,以文化设施、陈列为主要形式,以游客静观或踏看为主要游览方式;②动态开发,以游客参与或半参与特定文化环境的活动为主的开发模式,如昭君文化节、大召文化节等活动;③商品开发,即以民俗物品的观赏、购买为主,包括器具、衣饰、民间食品、民间工艺品等均可作为商品开发。

2)历史及民俗文化与其他产业互动。通过文化创意等手段,再现呼和浩特市历史与民俗文化,如演出业、影视、音像、图片、广告等。

3)民俗文化开发的差异化战略。历史及民俗文化资源的开发要强调特色,同时保持民俗文化的真实性,如蒙古族风情园、大盛魁遗迹、大窑文化、半农半牧文化等民族风情的再现。

(3)以提升创意能力为手段,深度挖掘草原文化资源。文化资源开发要避免走入单一资源论和唯资源论,以市场需求为导向,注重对资源的有效整合和深度加工,通过创意化开发、科技提升,拓宽文化资源产业化开发的平台。资源再生能力有限而文化创意无限,要充分利用呼和浩特市文化资源的潜在优势和鲜明特色,着眼于内容产业的创新性深度开发,使内容产业提升为创意产业。凸显区域文化资源特色,实施文化精品战略,以草原文化为背景,通过影视、出版物、演艺、工艺美术等手段,开发以蒙元文化、历史传统文化、生态文化、宗教文化资源为内容的创意产业,努力提高高端产品的文化附加值。

3．优化呼和浩特市文化产业资源产业化整合开发路径

(1)推进文化资源的市场化配置,盘活存量文化产业资产。文化产业资源的优化整合是资源保护和开发利用的基本前提,文化产业资源整合的关键在于积极推进市场化配置方式。要深化呼和浩特市文化体制改革,建立文化资源的市场配置机制,坚持市场导向,充分发挥国家宏观调控下市场对文化产业资源配置的基础性作用,促进文化产业资源的优化整合,促进文化产业资源配置的合理化和高效率,加快资源存量的调整和资源增量的实现。

(2)以股份制、集团化形式整合文化产业资源。以产权为纽带,由资源利益主体通过组建规范的股份制开发公司,共同参与文化产业资源开发,合理分配资源开发利益。股份制(合作制)有利于解决文化产业资源产权问题,有利于筹集社会资本,有利于形成文化产业资源开发的利益共享机制,解决文化资源产业化归属不同行政区域(市、县、乡镇、居民)、不同部门问题,实现由多部门行为下的资源配置到集约化的资源综合开发的转变。

以市场为导向,以利益为纽带,打破文化产业资源为部门所有的状况,促进合理布局,发展集约经营,形成规模优势,积极探索以资产和业务为纽带,运用市场机制,通过兼并、联合、重组,实行集团化、经营化模式,提高经营水平和产业集中度；重点推进文化旅游业、演艺业、娱乐业、传媒业四个产业门类的集团化建设,组建呼和浩特文化旅游集团公司、呼和浩特演艺集团公司、呼和浩特广播影视集团等文化大集团；集团化整合可以避免区域性、部门性资源的分割、散置,使得以有效重组和优化整合,以全方位的盘活和激活存量资源。

4．构建呼和浩特市文化产业资源开发的支撑体系

(1)建立文化资源技术、政策、永续利用保障体系。

1)建立文化资源开发与现代技术的互动机制,构建文化产业资源开发技术支撑体系。文化资源转换为文化产品和服务,需要技术、制造技术和传播技术的支持,建立资源开发与现代技术的互动机制是文化资源开发的技术支撑体系。先进的技术手段可以深度开发文化资源,对传统文化资源进行数字化的系统开发,如博物馆的数字化展示、利用现代高科技手段诸如三维动画及声、光、电等,设计游客可参与性的游乐项目等；先进的技术手段还可以充实文化资源,如开发教育、图书、文艺作品、文物博物、地方志等文化资源,运用网络技术开发新型文化项目发展网络经济文化;加强数字化信息资源建设,以信息数据为载体,建立文化信息资源共享工程,社会提供信息数据共享服务,以利于促进文化资源的优化整合、深度开发和高效利用。

2)制定呼和浩特市文化资源开发的政策支持体系。制定呼和浩特市文化产业发展规划,把以文化资源开发为依托的文化产业纳入地区国民经济规划;制定文化资源的整体开发管理规划;确定文化资源开发的重点和开发原则;制定促进文化资源开发,发展文化产业的政策措施,对文化产业发展所涉及的财政、税收、土地、工商、投融资给予优惠政策,对文化资源开发的特色项目给予重点扶持,实施文化创新激励政策,促进文化资源的创意开发。

(2)实施人才战略,建立文化产业资源开发人才资源支撑体系。文化资源产业化开发,人力资源是最基本、最关键的要素。目前呼和浩特市文化产业人才资源短缺与人才资源浪费并存,人才资源总量不足与人才结构不合理并存,文化资源产业化的过程实际上是一个环环相扣的产业链,每一环节上都需要不同的人,必须根据文化产业人才链的不同需求,有针对性地培养文化产业所需要的各类人才,包括艺术人才、技术人才、专业人才、策划人才、经营人才、管理人才等,重点培养艺术鉴赏力强、策划能力强、创意能力强、运营能力强等急需的文化产业高端复合型人才;大力引进经营管理人才、文化经纪人才和科技创新人才,以此来带动和培养本土的文化产业人才;保护民间文化传承人,包括各级命名的、还没有命名的民间文化传人。

(3)促进文化产业投资多元化,建立资本资源支撑体系实现。一方面,政府对文化资源开发的投资不容忽视,政府应加大文化资源向文化资本转变的先期投入,设置文化资源向文化资本转变的专项基金,支持文化资源产业化开发的研发、文化基础设施建设和对各种文化遗产的发掘和保存等,举办世界级蒙元文化旅游节等影响较大的文化艺术活动,要在基础设施、税收、贷款、土地使用等方面给予文化企业一定的优惠。另一方面,还应拓宽融资渠道,通过扩大市场准入、简化行政审批、建立公平竞争机制等手段吸引民间资金和外资的进入。运用项目招标的方式进行文化资源产业化开发的社会融资,引导企业和社会资本投资文化企业,吸收海外企业资本,鼓励组建各种类型的文化发展投资公司,并编制文化产业招商项目库,制定和发布文化产业投资指导目录,吸引和利用更多的社会资本,使文化产业资源投资主体多元化。

第七章
呼和浩特市文化消费现状、特点和趋势研究

一、呼和浩特市文化消费现状及趋势调查

(一)调查方案

1. 调查背景

呼和浩特市作为内蒙古自治区的首府,既是全区的政治、经济中心,也是全区的文化中心。在 2003 年提出建设"民族文化大区"的战略目标后,内蒙古自治区文化产业发展不断加速。在这一过程中,呼和浩特市作为内蒙古自治区文化产业发展的"领头羊"和"示范窗口"的作用日益凸显。目前,呼和浩特市已经形成了较为完整的文化产业门类,文化市场日渐活跃,文化消费水平快速提升。

2. 调查目的

文化消费是文化产业发展和文化市场繁荣的前提条件。通过对呼和浩特市文化消费现状及趋势的调查,有助于从市场需求角度把握呼和浩特市文化产业发展的阶段性特征,并为政府及时调整和制定文化产业发展的相关政策提供科学依据。

3. 调查对象及抽样

调查对象分为呼和浩特市常住人口（包括户籍和非户籍人口）和外来游客两部分。由于文化消费行为的主要影响因素为收入水平、文化水平和年龄大小等，我们在调查问卷中将设计相应的问题对调查对象进行区分，从而实现对不同的收入水平、文化水平和年龄层次人群的文化消费水平和消费结构进行分析的目的。调查对象的选取采取随机抽样的方式，样本规模控制在200人左右。

4. 调查内容与工具

（1）调查工具。问卷准备、访谈卡片。
（2）调查内容。呼和浩特市文化消费现状、呼和浩特市文化消费趋势。

（二）调查组织

根据调查方案的内容和要求，相关调查于2013年5月4日和5日两天（周六、周日）进行。调查人员共12人，分为4个小组，分别在选定的区域通过发放问卷和访谈的形式开展调查。选择了呼和浩特市最为繁华且文化消费较为集中的两个片区作为调查地点，一是中山路沿线（包括维多利商场、民族商场、万达影院等），二是新华东街的万达广场和内蒙古博物院一带。经过两天的调查，共回收问卷215份，并进行了相关的访谈记录。

（三）调查样本结构分析

经过筛查，有效问卷为190份，所以调查样本容量为190。经过统计分析，调查样本结构如下：

1. 按年龄段分类

调查样本容量结构如图7-1所示。18~36岁人群是主体，共126人，占样本数的67%，符合文化消费市场的特点。

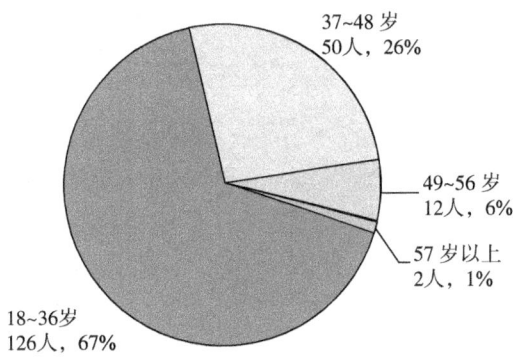

图 7-1 按年龄段分类的调查样本结构

2. 按学历层次分类

调查样本容量结构如图 7-2 所示。大专以上学历是主体,共 140 人,占样本数的 73%。

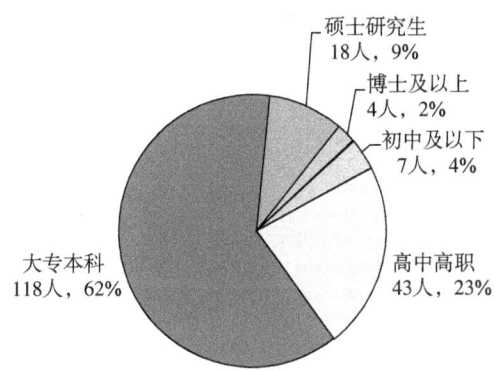

图 7-2 按学历层次分类的调查样本结构

3. 按职业分类

调查样本容量结构如图 7-3 所示。固定职业是主体,共 92 人,占样本数的 49%。

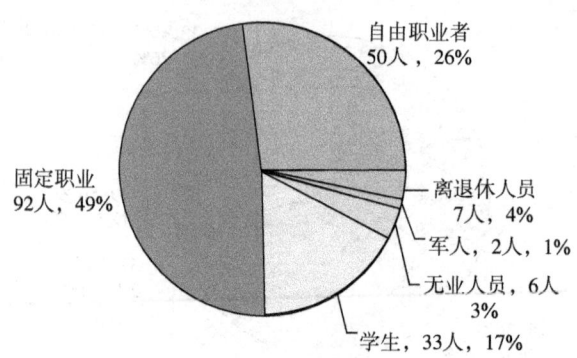

图7-3 按职业分类的调查样本结构

二、呼和浩特市文化消费现状与影响因素分析

(一) 呼和浩特地区文化消费现状

1. 居民文化消费水平较低

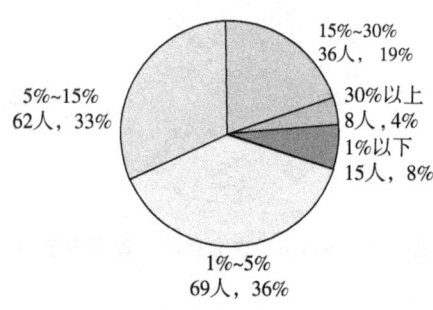

图7-4 呼和浩特个人文化消费占人均月收入的比重

如图7-4所示,在接受调查的190名呼和浩特市居民中,个人文化消费占其月均收入比重为0~15%的共计146人,占样本总量的77%;个人文化消费占其月均收入比重为15%~30%的有36人,占样本总量的19%;只有8人个人文化消费占其月均收入比重达到30%以上,仅占样本总量的4%。在这三个区间中,根据国际国内学术界的研究,个人文化消费占其月均收入比重在15%~30%是较为合理的

文化消费支出水平。而在本次调查中处于这一区间的被调查者仅占到了样本总量的19%。可见,呼和浩特市居民的文化消费水平整体上还较低。

如图7-5所示,在接受调查的190名居民中,个人每周用于文化产品消费的时间为0~10小时的共计148人,占样本总量的78%,10~20小时的有30人,占样本总量的16%,其中只有12人达到20小时以上,仅占样本总量的6%。根据专家研究,在这三个区间中,个人每周用于文化产品消费的时间为10~20小时是较为合理的,而在本次调查中处于这一区间的被调查者仅占到了样本总量的16%。一般来说,消费的货币支出与时间支出是成正比的,而文化消费往往都是体验式消费,需要投入大量的时间,因此,在文化消费中这种比例关系更为明显,而以上的分析结果则证明了这一点。

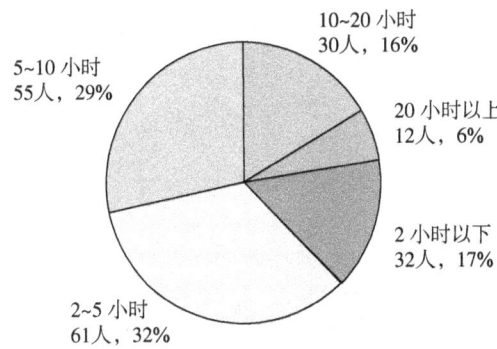

图7-5 呼和浩特市居民个人每周用于文化产品消费的时间

2.居民文化消费层次较低

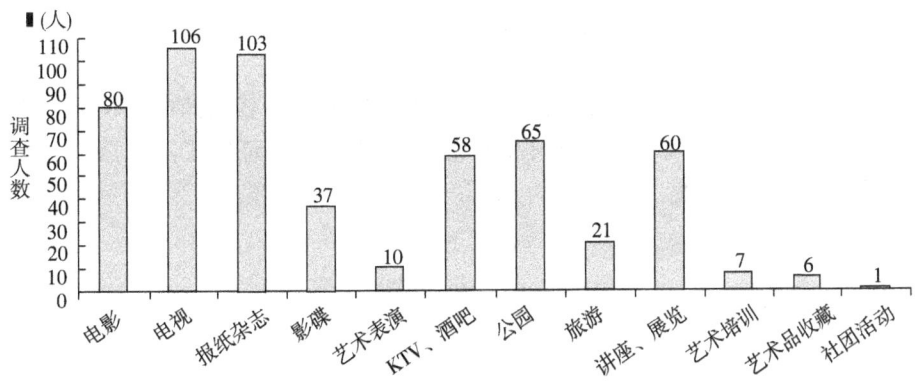

图7-6 呼和浩特市文化消费方式

如图7-6所示,在日常文化消费方式选择上,呼和浩特市居民选择最多的还是传统的电影、电视、报纸杂志,选择KTV、酒吧、公园、讲座和展览、旅游等新兴文化消费方式的也较多,而一些高雅的文化消费方式,如艺术表演、艺术培训、艺术品收藏等,则选择人数较少。可见呼和浩特市居民的文化消费层次虽然正在逐渐提升,但整体还处于较低的层次。

图7-7显示的是影响呼和浩特市居民文化消费的各种因素重要性排序。各影响因素从高到低的排序如下:质量>实用性>服务态度>价格>售后服务>品牌。这说明呼和浩特市居民在进行文化产品选择和文化消费的时候看重的还是产品的质量、实用性、价格等外在因素,而较少关注文化产品的品牌和售后服务等内在因素。而文化产品和文化消费本身的性质决定,档次越高的文化产品,其价值越体现在品牌和服务等内在因素上,产品本身的质量、实用性、价格等外在因素对价值相对弱化。

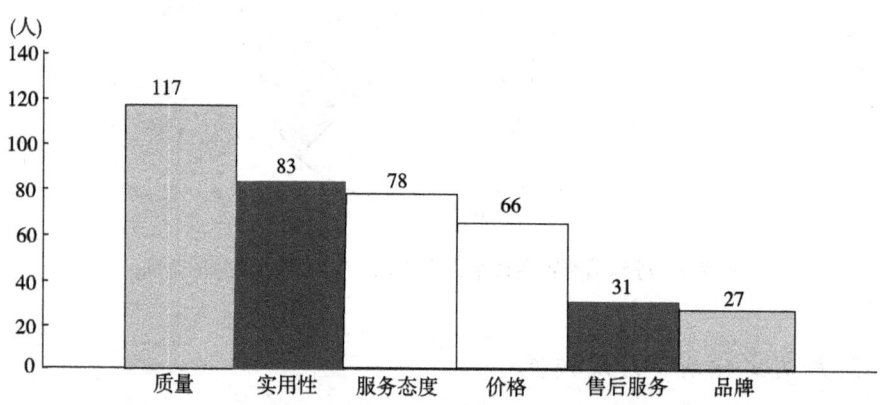

图7-7 文化消费时考虑的因素

从图7-8可以看出,呼和浩特市文化消费场所利用率较低的前三项分别为书店和图书馆、剧院和音乐厅、博物馆和展览馆,这也从侧面证明了呼和浩特市居民的文化消费层次还不高。

第七章 呼和浩特市文化消费现状、特点和趋势研究

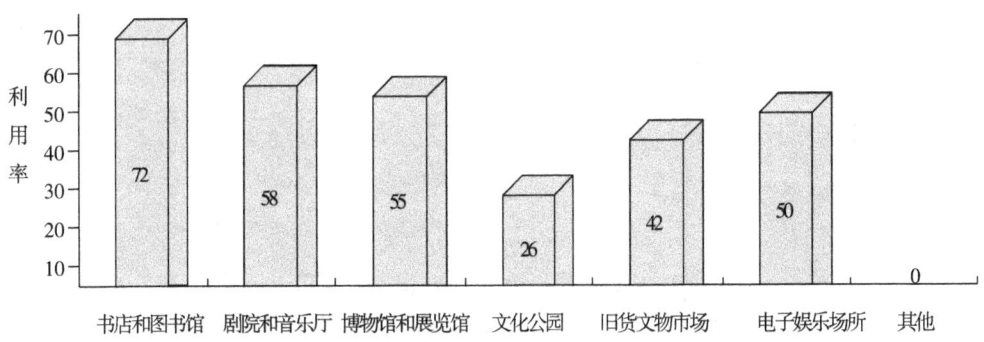

图7-8 呼和浩特市文化消费场所利用率

3.居民文化消费需求强烈

图7-9显示,调查对象在进行适当的文化消费后,选择"总是会"或"有时会"产生幸福感的占到了调查样本总量的98%,而选择"从不会"产生幸福感的仅占到2%。这说明呼和浩特市居民的文化消费意愿和文化消费需求都是较为强烈的。这种强烈的文化消费需求与现实当中较低的文化消费水平和层次形成了反差,其中的原因还需要进一步探查。

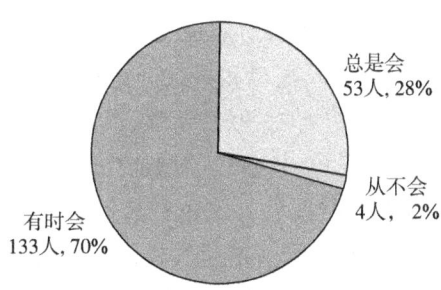

图7-9 呼和浩特市居民进行适当文化消费后幸福感分析

图7-10显示的是各种抑制呼和浩特市居民文化消费的因素排序,按照选择人数的多少从高到低排列如下:没时间>没钱>管理混乱>种类少>无强烈意愿>价格过高>产品低俗>其他。可见抑制呼和浩特市居民文化消费的主要原因并非消费意愿,而是时间、收入、产品质量、价格以及市场管理等客观因素。

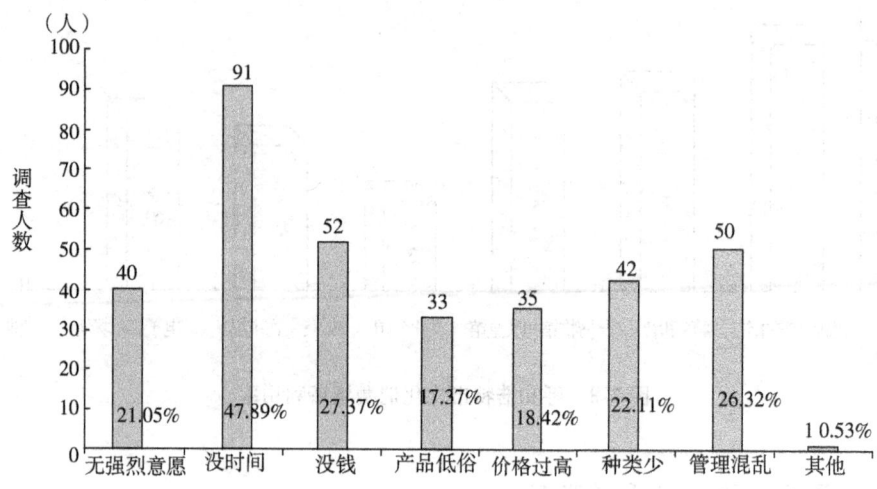

图7-10 抑制呼和浩特市居民文化消费的因素

(二)呼和浩特地区文化消费影响因素分析

1. 收入因素

图7-11反映的是家庭人均月收入对居民文化消费方式选择的影响。从中可以看出,无论家庭人均月收入多少,电视和报纸杂志都是选择人数最多的选项,证明这两种文化消费方式与收入多少的关联性不强,属于大众文化消费。其中电影、KTV、酒吧消费支出呈现随着家庭人均收入的增加先升后降的趋势,说明娱乐业消费支出与家庭收入有一定的关联性,但肯定还有其他因素在发生作用。与家庭收入关联性最强的旅游支出,两者之间基本呈线性增长关系,说明随着家庭收入增多,人们旅游出行的意愿就越强烈。还有就是艺术表演、艺术培训、艺术品收藏等本来应该与家庭收入存在关联性的文化消费方式,在图中没有明显表现出来,而且从数据上可以看出呼和浩特市居民对这些高雅的文化消费方式态度较为冷淡,其原因可能与地域文化和传统习惯有关。

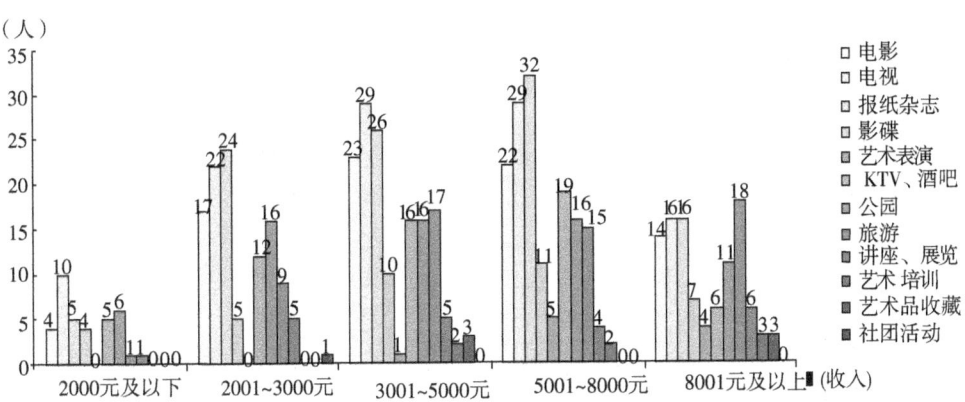

图 7-11 呼和浩特市居民家庭人均月收入与文化消费方式选择的交叉

2. 年龄因素

图 7-12 反映的是年龄对居民文化消费方式选择的影响。首先,我们可以看出 18～36 岁和 37～48 岁两个年龄段的居民是文化消费的"主力军",特别是 18～36 岁的年轻人是最为活跃的文化消费人群。其次,可以看出 49 岁以后的中老年人群文化消费意愿明显下降。但发现,在 57 岁以上的老年人群中,虽然整体的文化消费意愿已经很弱,但在艺术表演、艺术培训和艺术品收藏方面还保留了一定的支出,说明高雅艺术在老年群体中具备一定的市场。从图 7-12 中还可以看出,在娱乐和旅游消费方面,18～36 岁的年轻人是最为重要的消费群体。

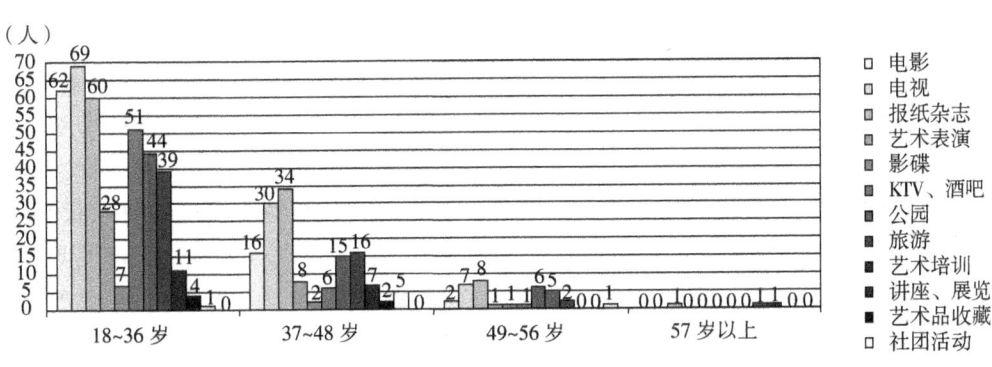

图 7-12 呼和浩特市居民年龄与消费方式交叉

3. 消费心理因素

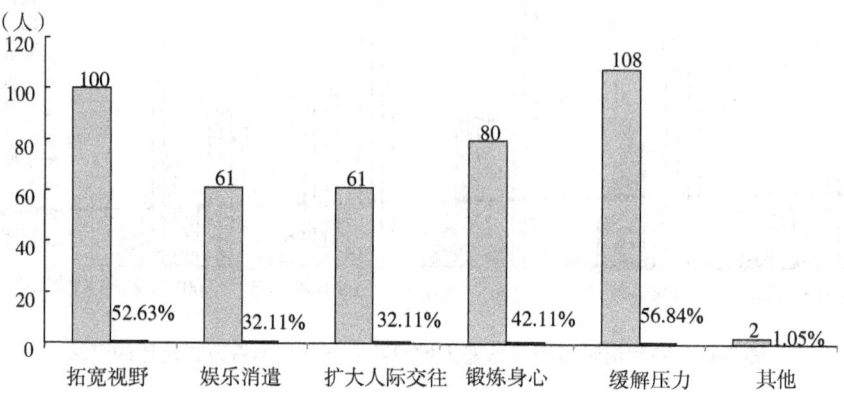

图7-13 呼和浩特市居民文化消费的目的

图7-13显示的是呼和浩特市居民的文化消费目的排序,按照选择人数多少从高到低排列如下:缓解压力>拓宽视野>锻炼身心>娱乐消遣=扩大人际交往>其他。可以看出,由于快节奏的都市生活给人们带来很大的压力,很多人都需要通过文化消费来放松身心,缓解压力。但与此同时,人们还带有许多积极的文化消费目的,如拓宽视野、娱乐消遣、扩大人际交往、锻炼身心等。按照人力资本理论和社会资本理论,文化消费甚至可以被理解为一种特殊的人力资本投资,且有利于社会资本的提升。

图7-14反映的是人均月收入对消费目的的影响。可以看出,无论收入高低,首选项都是"锻炼身心",可见呼和浩特市居民的文化消费心理总体上是健康、积极的。而在"缓解压力"这个选项上,呈现出先升后降的趋势,即人均月收入在1000～3000元,人们通过文化消费来缓解压力的需求逐渐增强,而人均月收入在3001～8000元,这种需求则在逐渐减弱。按照目前呼和浩特市居民的收入状况,月收入在1000～3000元的多是参加工作不久的年轻人或在校大学生。这说明与别的群体相比,呼和浩特市的年轻居民面临更大的学习、生活和竞争压力,更需要通过文化消费特别是娱乐消费来排解压力。

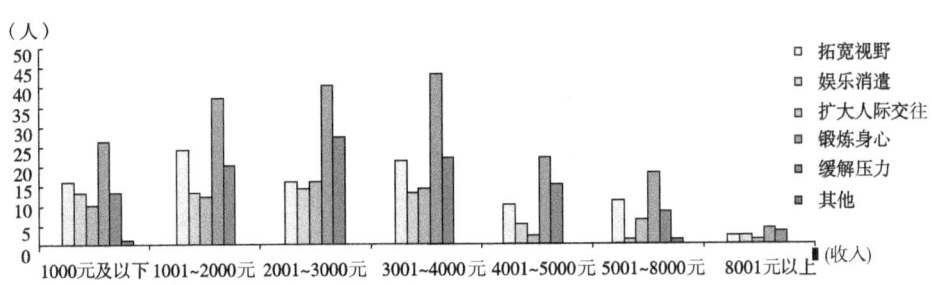

图7-14 呼和浩特市居民人均月收入与消费目的交叉分析

三、呼和浩特市文化消费趋势分析

(一) 呼和浩特地区文化消费增长趋势分析

图7-15反映的是呼和浩特市居民对未来文化消费的期待。价格低一点、更好的场所、内容更丰富、内容更个性四个选项的得票率分别是51.58%、53.16%、34.21%、27.89%,这说明呼和浩特市居民对于文化产品的质量、数量和种类有着更高的期待,同时希望文化产品的价格能够有所下降。从中还可以看出,当前呼和浩特市文化市场中文化产品质量和价格的矛盾是问题的焦点,所以提升文化产品质量,同时适当降低文化产品的价格(或增加居民收入)应该成为促进呼和浩特市文化消费增长的基本途径。

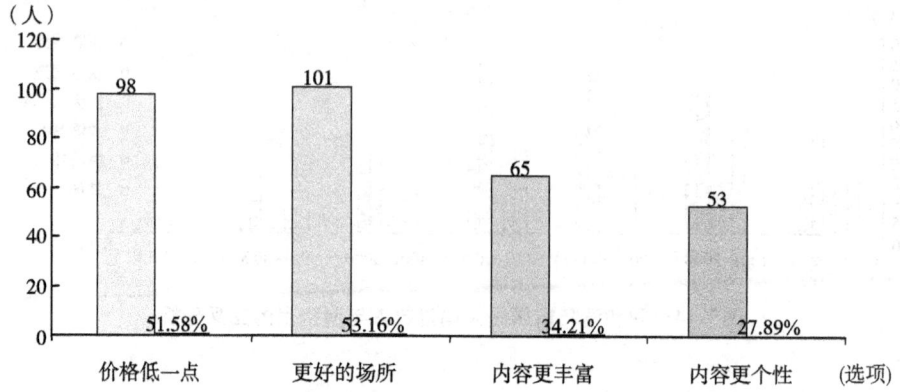

图 7-15　呼和浩特市居民对文化消费的期待

图 7-16 反映的是在条件允许的情况下,呼和浩特市居民文化消费增加的预期。得票率最多的选项是"旅游","电影"、"话剧"、"讲座"、"教育"的得票率也较高,"书报"和"艺术品"的得票率则相对较低。这说明在呼和浩特市居民这个消费群体中,旅游市场的增长空间最大。艺术表演市场和教育培训市场的增长空间也较大。而书刊市场和艺术品市场的增长空间相对有限,还需要时间进行培育。

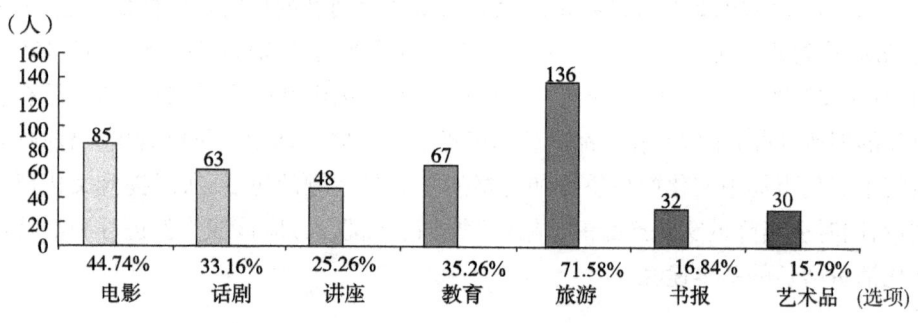

图 7-16　呼和浩特市居民文化消费预期目标

(二)呼和浩特地区文化产品消费结构变化趋势分析

如图 7-17 的调查数据显示,在呼和浩特市需要加强建设的各类文化消费场所中,多数人选择书店和图书馆、剧院和音乐厅、博物馆和展览馆、文化公园,只有少部分人认为旧货文物市场、电子娱乐场所需要加强建设。说明随着呼和浩特市城市建设现代化进程的加快,居民文化素质也在快速提升,居民文化消费的层次正在悄然提高。而当前呼和浩特市文化产品结构与居民逐渐提高的文化消费层次之间存在一定的差距,能够满足居民高层次文化消费的书店和图书馆、剧院和音乐厅、博物馆和展览馆、文化公园的文化消费场所和文化产品较为短缺。而一些纯娱乐性质的消费项目如电子娱乐(KTV、网吧、酒吧等),或纯投资性质的旧货文物交易则存在过剩的现象。

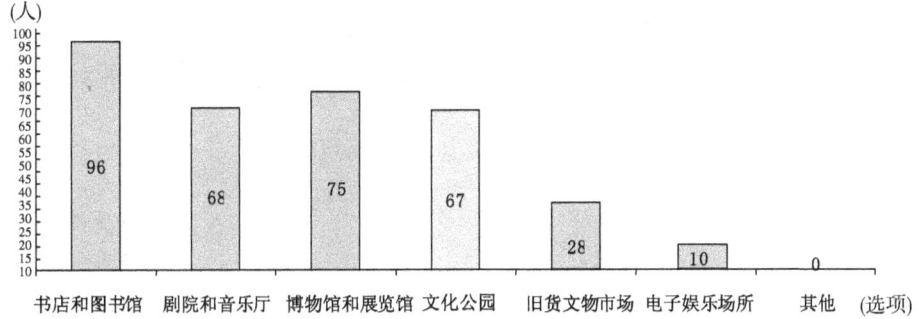

图7-17 呼和浩特市需要加强建设的文化消费场所

图 7-18、图 7-19、图 7-20 分别反映了年龄、学历、收入对呼和浩特市居民态度的影响。而数据统计的结果显示,无论从哪个角度出发,人们对呼和浩特市需要加强建设的文化消费场所态度都惊人一致。这说明呼和浩特市居民对文化消费性质的认识已经上升到较高层次,纯娱乐或纯投资性质的文化消费市场正在萎缩,而消费者对更多"寓教于乐"的文化产品充满期待。可以预见,呼和浩特市文化产品消费结构即将迎来一场"升级换代"的深刻转型。

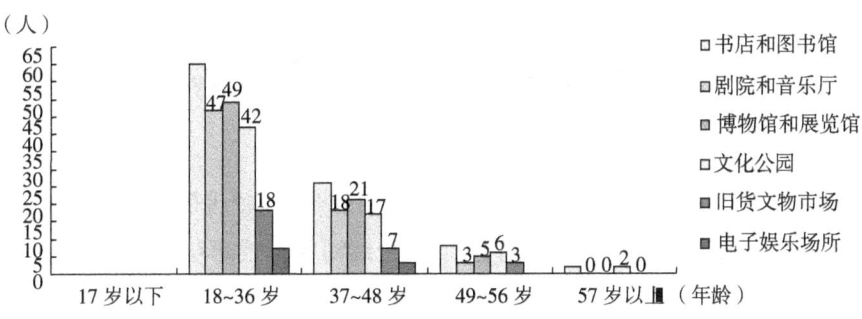

图7-18 年龄与需要加强建设场所交叉图

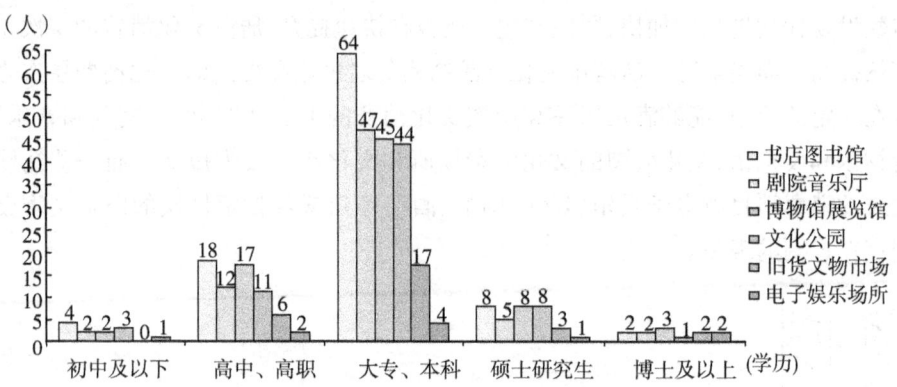

图 7-19 学历与需要加强建设场所交叉图

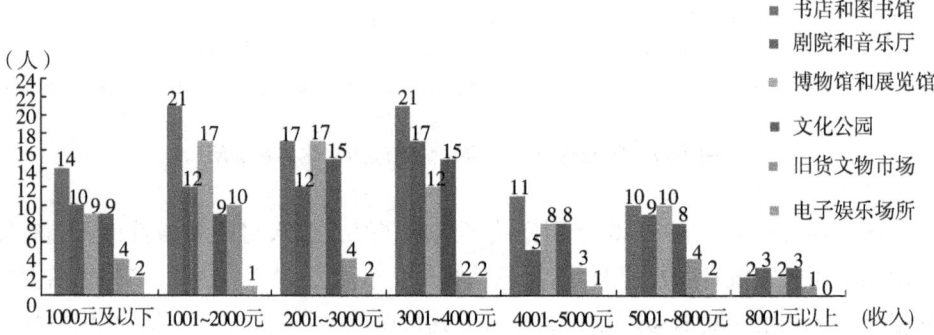

图 7-20 月收入与需要加强建设场所交叉图

四、呼和浩特市游客消费行为分析

为了对呼和浩特市旅游市场开发状况做出评价,内蒙古同源旅行社对到呼和浩特市旅行的游客进行消费行为问卷调查,最终回收有效问卷158份。

(一)游客调查样本结构分析

图 7-21 和图 7-22 反映的是游客调查样本的性别和年龄结构。调查样本中男

性为82名,女性为76名,分别占样本总量的51.9%和48.1%,两者接近1:1的比例,说明样本性别比例控制较为合理。样本的年龄结构呈中间高、两头低的态势,在5个年龄段中尤以18~36岁和37~48岁的游客居多,分别为68人和61人,占调查样本总量的43.04%和38.61%,说明呼和浩特市对青壮年游客的吸引力较强。

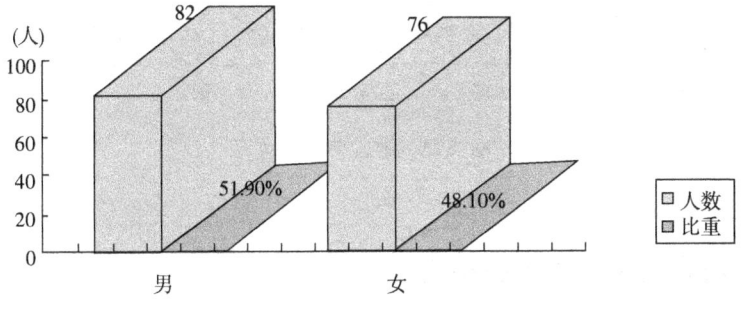

图7-21　游客调查样本性别结构

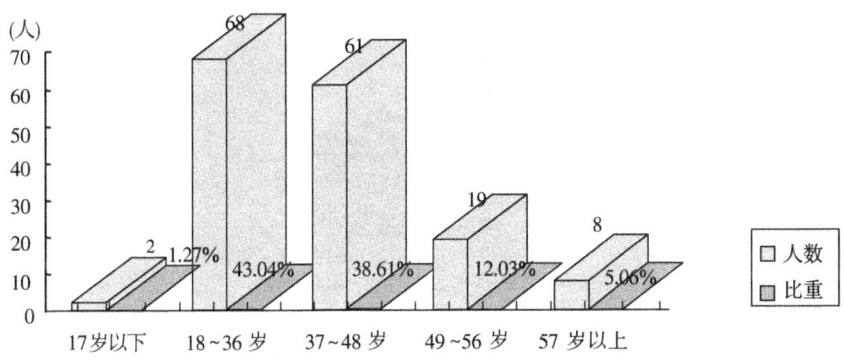

图7-22　游客调查样本年龄结构

如图7-23所示,在接受调查的158名游客中,来自内蒙古自治区和港澳台地区的游客均只有3名,均仅占样本总量的1.90%,没有来自国外的游客,而来自区外(大陆)的国内游客则有152名,占比高达96.20%。区内游客少的原因可能是呼和浩特市旅游特色与区内其他盟市趋同,对区内游客不具有吸引力。而来自港澳台地区和国外的游客较少可能是因为呼和浩特市对海外宣传力度不够、路途较远、交通不变。因此,呼和浩特市旅游市场开发的对象应该定位在区外(大陆)的国内游客,并加强针对海外市场的宣传攻势。

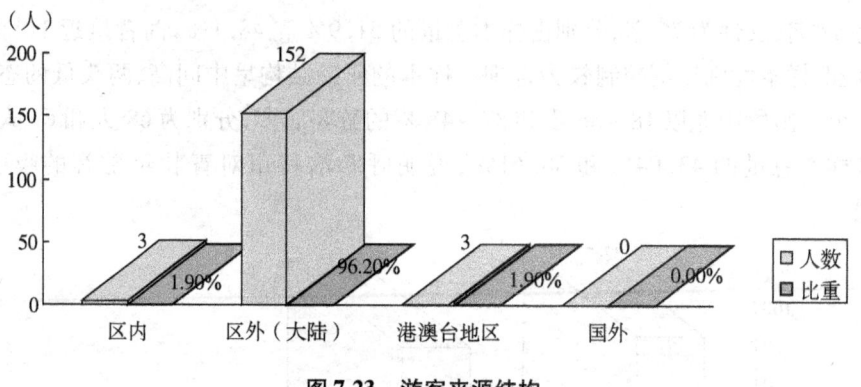

图 7-23　游客来源结构

(二)游客消费行为分析结论

1. 呼和浩特市对游客具有较强的吸引力

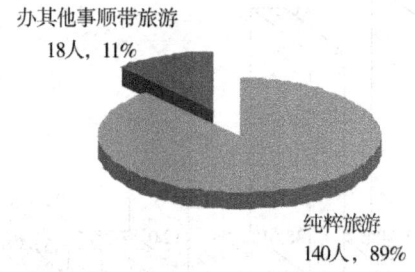

图 7-24　游客来呼和浩特市旅游动机

如图 7-24 所示,在对游客的旅游动机调查中,89% 的游客是专程到呼和浩特市旅游,只有 11% 的游客是因为到呼和浩特市办其他事顺带旅游。这说明呼和浩特市对游客是具有较强吸引力的。

图 7-25 显示的是游客对呼和浩特市旅游特色的评价,选择特色鲜明的有 57 人,占比 36.08%;选择有一定特色的有 91 人,占比 57.59%;只有 10 人认为特色不明显,占比 6.33%;没有人认为呼和浩特市旅游没有特色。这说明呼和浩特市旅游整体上特色较为明显,但还不够突出,还需要在旅游项目包装、推广和品牌打造上继续努力。

第七章 呼和浩特市文化消费现状、特点和趋势研究

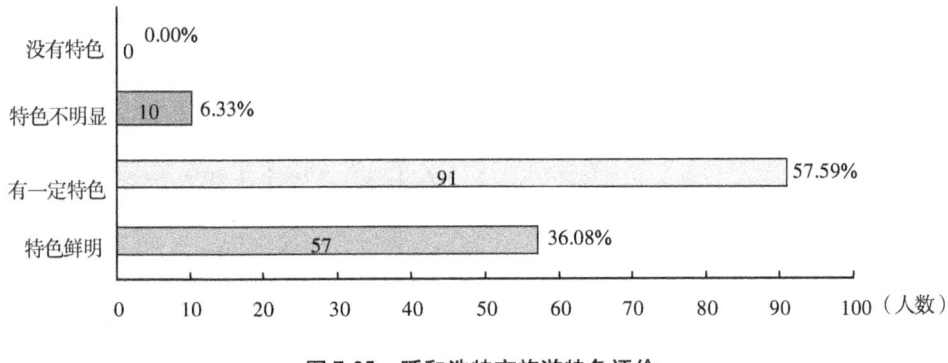

图 7-25 呼和浩特市旅游特色评价

图 7-26 反映的是游客对呼和浩特市旅行的总体感受。其中选择"不枉此行"的有 96 人,占比 61%,已经超过被调查者的半数。选择"一般"的有 60 人,占比 38%;而持"无所谓"态度的仅有 2 人,没有人认为"不值得"。这说明绝大多数游客在经历了"呼和浩特之行"后,都达到了旅游的目的,甚至有很大一部分游客从中获得了极大的满足。

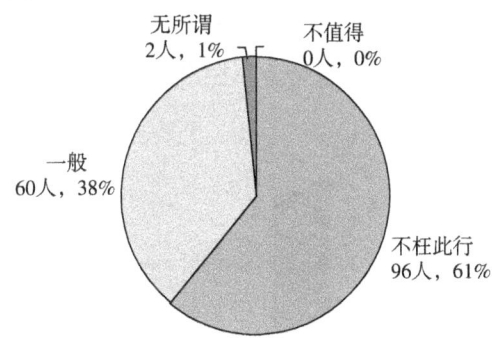

图 7-26 游客对呼和浩特市旅行的总体感受

2.呼和浩特市旅游市场开发呈中上水平,诸多方面尚待加强

图 7-27 显示的是游客旅游信息来源的统计结果。从中可以看出,大部分游客是通过朋友介绍、广播电视、报纸杂志的途径获悉呼和浩特市旅游的信息,而通过旅行社推荐、户外广告、网络途径获知的信息较少。这说明呼和浩特市旅游宣传的覆盖面还不够宽,渠道还不完整,特别是没有成为外地旅行社重点推荐的旅游目的地。令人意外的是,还有 27.85% 的被调查者是从以上途径以外的不明渠道获知的旅游信息,说明他们到呼和浩特市旅游具有很大的偶然性和随机性,且这部分游客是呼和浩特市旅游宣传的盲区,其原因有待进一步调查。

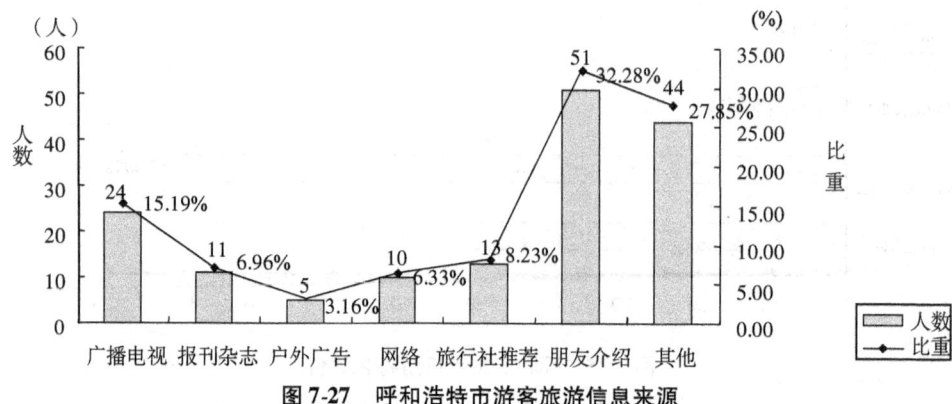

图 7-27 呼和浩特市游客旅游信息来源

图 7-28 显示的是游客准备在呼和浩特市停留时间的统计结果。可以明显看出,绝大部分游客都预备在呼和浩特市待四五天,只有很少的游客在呼和浩特市的停留时间达到一周或以上。这说明呼和浩特市旅游市场开发已经取得了一定的成果,一个城市能够把游客留住四五天的时间已经是较为理想的状态。但呼和浩特市旅游的内容和项目还不够丰富,还不足以把游客留到一周以上的时间。换句话说,游客如果在呼和浩特市停留的时间超过四五天就会感到厌倦。

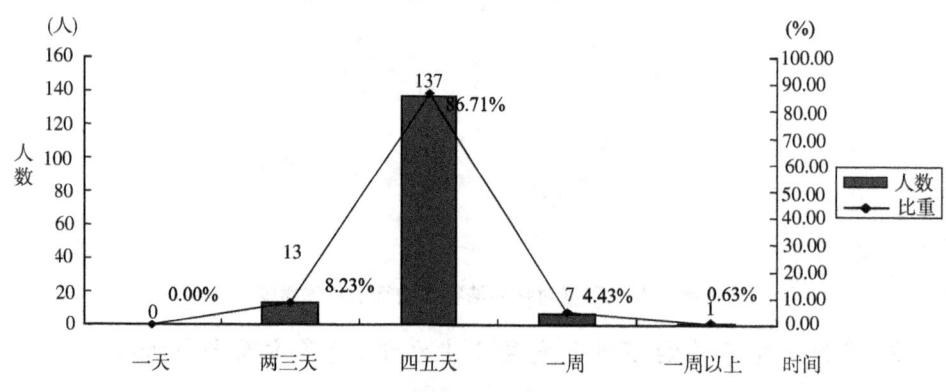

图 7-28 呼和浩特市游客停留时间

图 7-29 反映的是游客对呼和浩特市旅游环境评价的统计结果。调查项目包括饮食质量(指口味、卫生因素)、交通条件(指便捷程度)、住宿条件(指舒适程度)、娱乐条件(参与性、设施状况)、景点质量(设施、服务水平)、购物条件(价格欺诈、购物环境)。选择很满意的游客占比 26.58%,选择满意的占比 49.37%,两者相加占比 75.95%,说明绝大部分游客对呼和浩特市旅游环境都是较为满意的,也说明呼和浩特市旅游环境的总体水平是较好的。但还有 24.05% 的游客选择还算

满意,这说明呼和浩特市旅游环境(包括软硬件水平)质量还需要得到较大的提升。

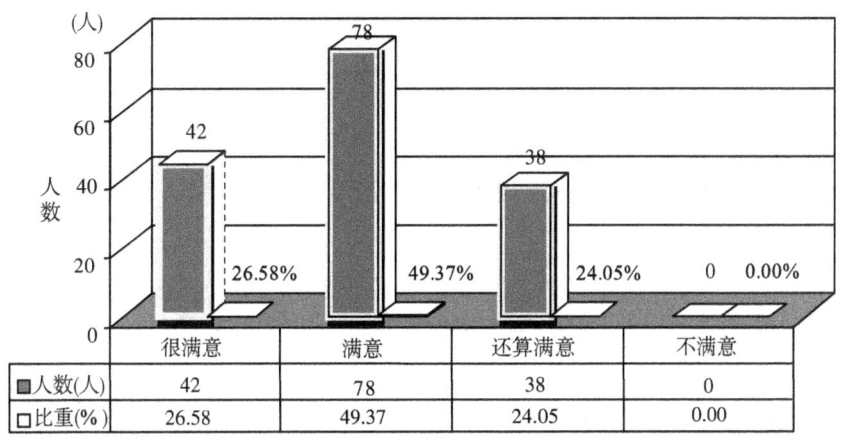

图 7-29　游客对呼和浩特市旅游环境评价

图 7-30 显示的是游客对呼和浩特市旅游消费的总体感觉的统计结果。从图中可以看出,超过半数的游客认为呼和浩特市旅游消费的整体水平(包括交通、餐饮、住宿、购物、娱乐、景点门票等支出)能够接受,但还有相当一部分游客认为呼和浩特市旅游消费的整体水平偏高。这说明呼和浩特市旅游消费的整体价格水平还算合理,但在某些环节上还存在价格偏高的问题。

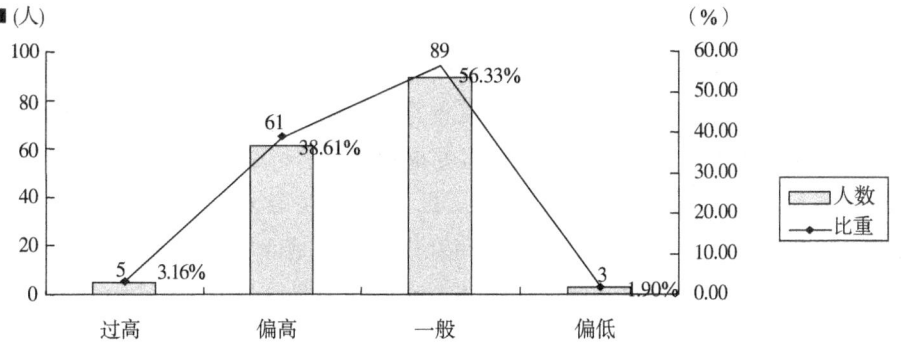

图 7-30　游客对呼和浩特市旅游消费总体感觉

五、启 示

通过以上对呼和浩特市本地居民和外来游客的文化消费分析,我们能够得到以下几点启示:

(一)从静态上看,呼和浩特市文化消费形态尚处于较低层次

在本地居民文化消费方面,无论是从个人文化消费占其收入的比重、每周用于文化消费的时间上看,还是从居民日常文化消费方式上看,目前呼和浩特市本地居民文化消费水平和层次都还不高。在外来游客方面,从游客在呼和浩特市的停留时间和对呼和浩特市旅游环境的评价上,都可以看出呼和浩特市旅游市场发展尚处于较低层次。

(二)从动态上看,呼和浩特市文化消费需求强烈,文化市场提升空间巨大

调查数据分析显示,无论是呼和浩特市本地居民还是外来游客,在呼和浩特市进行文化消费的意愿和需求都是较为强烈的。这种强烈的文化消费需求与现实当中较低的文化消费水平形成了反差。可见抑制呼和浩特市居民文化消费的主要原因并非消费意愿,而是时间、收入、产品质量、价格以及市场管理等客观因素。当前呼和浩特市文化市场中文化产品质量和价格的矛盾是问题的焦点,所以提升文化产品质量,同时适当降低文化产品的价格(或增加居民收入)应该成为促进呼和浩特市文化消费增长的基本途径。

(三)在市场结构调整方面,应尽快实现文化市场供求平衡,并适度超前引导消费

在对呼和浩特市需要加强建设的各类文化消费场所的问卷调查中,多数被调

查者选择书店、图书馆、剧院、音乐厅、博物馆、展览馆、文化公园,只有少部分人认为旧货文物市场、电子娱乐场所需要加强建设。说明随着呼和浩特市城市建设现代化进程的加快,居民文化素质也在快速提升,居民文化消费的层次正在悄然提高。而当前呼和浩特市文化产品结构与居民逐渐提高的文化消费层次之间存在一定的差距,能够满足居民高层次文化消费的书店、图书馆,剧院、音乐厅,博物馆、展览馆,文化公园的文化消费场所和文化产品较为短缺。而一些纯娱乐性质的消费项目如电子娱乐(KTV、网吧、酒吧等),或纯投资性质的旧货文物交易则存在过剩的现象。为了进一步证明以上结论,我们还分别从年龄、学历、收入三种因素考察对呼和浩特市居民文化消费态度的影响。而数据统计的结果显示,无论从哪个角度出发,人们对呼和浩特市需要加强建设的文化消费场所态度都惊人一致。这说明呼和浩特市居民对文化消费性质的认识已经上升到较高层次,纯娱乐或纯投资性质的文化消费市场正在萎缩,而消费者对更多"寓教于乐"的文化产品充满期待。可以预见,呼和浩特市文化产品消费结构即将迎来一场"升级换代"的深刻转型。

(四)在市场开发角度方面,应采取稳中求进的策略

通过调查分析,发现中、青年人和区外(大陆)居民是呼和浩特市目前文化消费主力军。今后应在稳住并扩大现有市场的前提下,进一步丰富呼和浩特市城市文化的内涵和文化产品的种类,积极在其他地区和目标人群中拓展市场。特别是在旅游市场开发方面,应该加强呼和浩特市旅游特色的打造,这种特色不仅只是指与区外的城市相比,还要尽可能突出与区内其他盟市旅游特色的差异。同时,呼和浩特市应该积极开展与国内外其他城市和相关文化企业合作,通过各种渠道和途径,全方位地加大呼和浩特市旅游在国内外市场的宣传力度,特别是在港澳台地区和海外市场的宣传攻势。

第八章
呼和浩特市文化产业发展现状

经过近年来的努力,呼和浩特市文化产业发展已经取得了初步的成效,在开发利用历史文化资源、丰富人民群众精神文化生活、带动地方经济健康发展方面也取得了可喜的成绩。

一、呼和浩特市文化产业发展现状分析

呼和浩特市文化产业的发展在总体上有了相对完备的物质基础,运行机制也初步建立,相关行业都在逐步进入健康发展的轨道,在政府部门的大力扶持下,也相继运营了多个产业项目,展现了良好发展的态势。

(一)呼和浩特市文化产业发展的基础设施日趋完备

截至 2012 年末,呼和浩特市共拥有艺术表演团体 13 个,文化馆 11 个,公共图书馆 10 个,博物馆 5 个,广播电台 2 座,广播综合人口覆盖率 98.7%。另外,全市还有电视台 2 座,有线电视用户 31 万户,电视综合人口覆盖率 95.4%。全市有体育场 10 个,体育馆 7 个,游泳池 20 个。2012 年末,本地网固定电话用户 79.4 万户,增长 1.3%;年末移动电话 370.6 万户,增长 12.3%;年末全市互联网络用户达 42.4 万户,增长 17.5%。①

---

① 根据呼和浩特市有关统计资料整理。

第八章 呼和浩特市文化产业发展现状

以文化产业园区和基地为基础,以文化资源为依托,结合旅游和城市新区建设发展文化产业,实施重大项目带动、推进文化产业的企业聚集和产业集群发展,是呼和浩特市发展文化产业的基本思路。2012年,全市确定35个旅游重点项目,其中已开工建设28个,累计完成投资30.4亿元;规划启动了大青山生态综合保护、哈素海文化旅游区、托克托县黄河湿地、清水河老牛湾国家地质公园等大型生态旅游项目。呼和浩特市委市政府明确提出建立具有民族文化资源优势的文化创意产业园,引导和发展各具特色的文化园区作为首府文化产业发展的主要内容,截至2012年底,重点建设了大盛魁文化创意产业园、草原豆思动漫创意产业园、国家民族文化创意产业基地等特色产业园区等项目;投资5亿元的呼和浩特文化创意产业园已经启动,投资3.65亿元的斯琴塔娜文化交流中心现已竣工,投资近2亿元的大型综合设施内蒙古蒙亮文化产业广场正在逐步完善当中,计划投资50亿元的敕勒川文化旅游产业园工程也已开工。

在建设重点文化产业园的同时,呼和浩特市通过挖掘文化内涵,加快动漫产业企业对民族原创作品的开发项目,推动了影视传媒、新兴数字创意产业稳步发展,并逐渐形成产业链。呼和浩特动漫产业基地、段家窑影视基地等文化产业基地相继建成和运营。由呼和浩特市新兴数字创意企业出资、自主创意制作的动漫电视系列剧《草原豆思》、《国家的孩子》、《西游记狂想曲》、《孤岛漂流记》等获得了极大成功,并开发出相应题材的玩具、卡通画册、光碟等系列产品。此外,由呼和浩特市组织拍摄的100集大型电视连续剧《大盛魁》也已经制作完成。

(二)呼和浩特市文化产业运行机制评析

从整体上看,呼和浩特市文化产业运行机制受到观念的制约较为明显,体现为领导层和执行层在认识上的一致性还存在差距,高层的正确观念还没有很好地贯彻下去。

1.呼和浩特市文化产业发展的观念评析

对于呼和浩特市文化产业发展的观念,应该从两个层次来看:第一,从呼和浩特市市委、市政府主要领导来看,观念已经转变,他们高度重视文化产业发展,对文化产业的内涵和重要作用有着深刻的理解,对呼和浩特市文化产业的现状和发展空间有着清醒的认识,对通过文化产业的发展树立呼和浩特市的国际形象,扩大草原文化在全球的影响力,对文化产业发展成为推动呼和浩特市发展新的经济增长点期望很高;第二,市相关部门和基层政府工作人员对文化产业的内涵理解得不深,发展文化产业的意识不强,文化产业仅仅是文化局工作的观念普遍存在,现有的关注点主要从战术层面着手,缺乏长远的战略层面的思考。文化产业发展缺乏系统思考,没有文化产业各领域的融合和协同发展,产业布局相对混乱,产业优势不明显,没有特色产业和龙头产业,文化产业不成气候。

2. 呼和浩特市文化产业发展机制评析

呼和浩特市文化产业发展机制存在几方面的问题:①缺乏统一领导,长期以来,呼和浩特市文化产业发展缺乏统一的领导管理者和统一的协调者,虽然专门设置了文化体制改革和发展工作领导小组,办公室设在市委宣传部,但其职责主要是推进文化体制的改革和发展,而且发展文化产业的很多工作归属于政府部门,因此工作中难免出现管理漏洞。从目前来看,文化产业发展的任务主要由文化局负责,但由于文化产业涉及行业繁多,文化局与其他部门没有隶属关系,因此,推进工作步履艰难。2012年,我国新的文化产业划分标准出台,使得文化产业缺乏统一领导的问题更加严重。②政策体系不完善,上文已做出分析。③文化产业人才培育机制、运营机制和监督机制不健全。文化产业是智力密集型产业,需要大量的人才支撑才能发展。目前自治区政府、呼和浩特市政府对于很多领域紧缺人才都有相应的培育机制、引进政策,但在文化产业领域却较少。呼和浩特市文化产业运行机制存在沟通不畅、决策不科学、文化产品生产无序混乱等问题。同时,呼和浩特市文化市场的管理比较混乱,对知识产权的保护不力,执法程序有待进一步完善,执法人员的素质有待提高,以上因素都影响着文化产业的发展。

(三)呼和浩特市文化产业发展总体状况

总体来看,文化产业主体不断壮大,文化产业体系雏形基本形成,居民文化消费能力稳步提升,消费习惯日渐养成。截至2012年12月,呼和浩特市从事文化产业的相关组织、企事业单位1700个以上,从业人员4万多人,占呼和浩特市从业人员总数(168.3万人)的2.4%;文化产业资产总值达约238.7亿元;文化产业增加值为79.9亿元,占地区生产总值比重为3.98%,人均产值31.69万元,远大于呼和浩特市人均生产总值,见表8-1。呼和浩特市文化产业从业人员、资产总计、增加值均居自治区首位。但从数据来看,呼和浩特市文化产业规模比较小,从业人员较少,文化产业还处于起步阶段。

表8-1 2012年呼和浩特市文化产业分类调研统计

分类	机构（个）	从业人员（人）	实现产值（万元）	人均产值（万元）
新闻出版发行	602	3438	96784	28.15
广播电视电影	40	3581	78627	21.96
文化艺术	93	3258	18328	5.63
文化信息传输	57	1775	158605	89.35
文化创意和设计	634	5982	140579	23.5
文化休闲娱乐	437	3403	15232	0.67
工艺美术品	71	1096	114933	104.86
文化产品生产	168	2969	54794	18.46
文化用品生产	80	731	98442	134.67
广播电视电影专用设备批发	19	331	22171	66.98

资料来源：根据呼和浩特市有关统计资料整理。

1. 文化产业规模较小、结构欠合理

呼和浩特市从事文化产业机构以创意产业最多，但从事广告业务的多达539个，占文化创意机构的85%还多，占文化产业机构总数的47%；其次为文化产品生产、新闻出版发行和文化用品生产行业，由于行业特点决定的原因，广播电视电影设备批发机构数量最少，仅占2%，如图8-1所示。

2012年，呼和浩特市文化产业从业人员共计4万多名，最多的行业为文化创意和设计、新闻出版发行、广播电视电影、文化艺术，如图8-2所示。

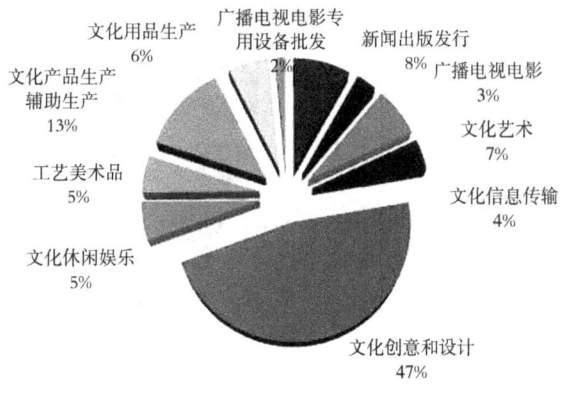

图8-1 2012年呼和浩特市文化产业分类行业机构分布

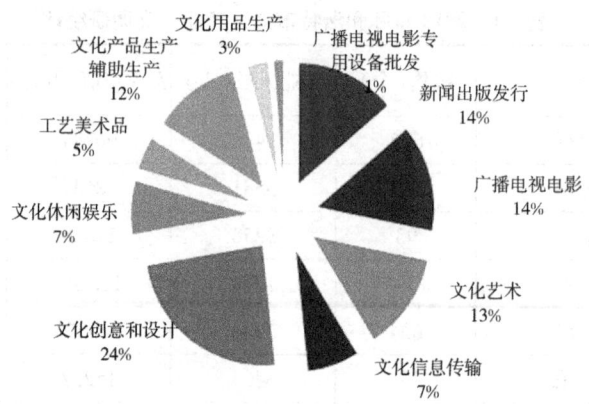

图 8-2　2012 年呼和浩特市文化产业分类行业从业人员分布

2. 传统文化产业发展强劲,新兴文化产业崭露头角

从图 8-3 中可以看出,呼和浩特市文化产业,实现产值较多的分别有文化信息传输行业、文化创意行业、工艺美术品行业、文化用品生产行业、新闻出版发行行业、广播电视电影行业,几大行业的发展相差不多。综合来看,还是以工艺美术品行业、文化用品生产行业、新闻出版发行行业、广播电视电影行业等传统文化行业为主,约占 70%。新兴文化产业也逐步兴起,特别是文化创意设计行业已经初步显示出其良好的发展势头,其产值已经占到文化产业总产值的 18%,但文化休闲与文化艺术业产值较低,二者相加只占文化产业总产值的 4%,这样的发展与内蒙古自治区丰富的民族文化资源不相协调,需要进一步加强。

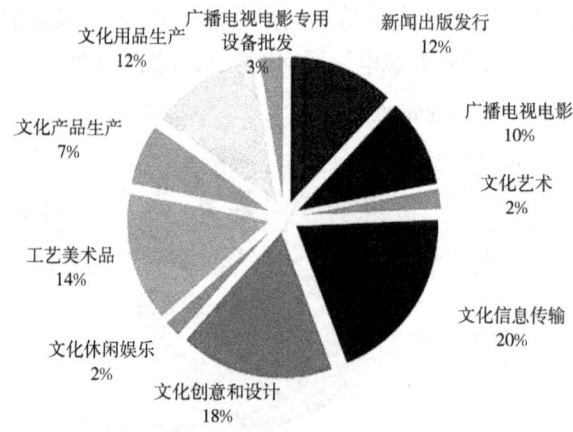

图 8-3　2012 年呼和浩特市文化产业分类行业实现产值分布

3. 劳动密集型产业仍占主导

从图 8-4 中可以看出,呼和浩特市文化产业人均产值较高的行业分别为文化用品生产、工艺美术品、文化信息传输、广播电视电影设备生产等行业,而文化创意人均产值较低,说明呼和浩特市文化产业的发展水平较低,还是劳动密集型产业,今后呼和浩特市文化产业的发展还需要深入挖掘文化内涵,提升发展层次,提高技术、创意在文化产业发展中的地位。

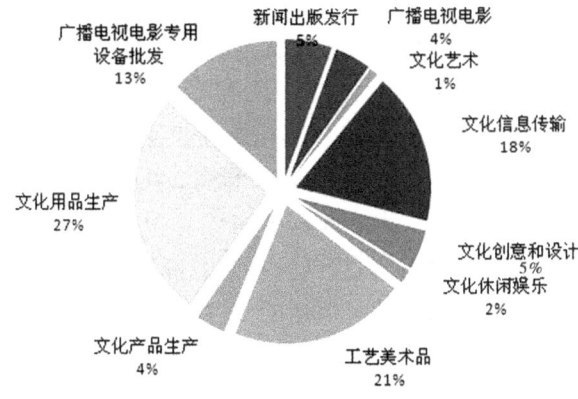

图 8-4　2012 年呼和浩特市文化产业分类行业人均产值

(四)呼和浩特市文化产业各行业发展状况分析

呼和浩特市文化产业的发展现状体现在以下十个方面:

1. 会展、节庆业

会展业是近年来呼和浩特市文化产业发展较为快速的行业,给地方经济发展带来了新动力。自 20 世纪 80 年代以来,随着内蒙古展览馆的建成,呼和浩特市会展业逐渐起步,展览活动从单一的传统宣传教育展逐渐过渡到宣传教育展和商业展览齐头并进式发展,专业性商业展会逐年增加。2007 年内蒙古国际会展中心的建成,标志着呼和浩特市会展业进入了全新的发展阶段,专业性展览得到了飞跃式发展,展览数量以年均 30% 以上的速度逐年增长。呼和浩特市拥有商务部重点支持的综合性展会品牌,各类专业性展会健康发展,在各展会所对应的主题行业以及同类展会中具有重要影响力。期间,随着现代化的会展场馆、高星级酒店的建成和投入使用,会议业也得到了长足发展,凭借呼和浩特市优良的气候条件、良好的接待设施和逐渐提升的专业服务水平,呼和浩特市相继承办了包括世界草原大会在内的一系列国际性和全国性专业会议,呼和浩特市正在发展成为国内外会议举办机构青睐的会议目的地;在节事活动方面,呼和浩特市昭君文化节、内蒙古草原文化节、呼和浩特少数民族文化旅游艺术节等重点节事活动和一系列具有鲜明地区文化特色的节庆活动在国内外已经产生了重要的影响,成为凸显地区文化和地域特色的城市名片,为丰富居民文化生活、促进城市间经济文化交流发挥了重要作用。

近年来,呼和浩特市每年举办的各类展览会、展销会、药交会、民交会、洽谈会等,参加的客户和观众达200多万人,成交额达3亿多元,带动其他相关产业增加收入8亿多元。仅内蒙古展览馆近几年年均接办的各类展览会、展销会、洽谈会就有18次之多,接待观众80多万人,年均实现利润200多万元。2012年,呼和浩特市从事会展业的机构有152家,占文化产业机构总数的11.3%,从业人员500余名,占文化产业人员总数的2%,总资产(含投资总额)5367万元,实现产值7895万元,占文化产业总产值的1%,人均产值达15.8万元。以上数据说明呼和浩特市会展业还有很大的发展空间,同时值得注意的是会展业的发展会推动呼和浩特市旅游业、工艺美术品、餐饮业等的发展,其对这些行业的发展,包括增加从业人员、产值增加等都无法估计。

呼和浩特市会展最具代表性的是呼和浩特药交会,保持了中国最大的固定城市药交会超过十五年,累计为内蒙古自治区相关产业带来直接经济效益约34亿元,影响力甚至超过了中国保健协会举办的"国"字头展会,2012年成交额超过80亿元,药交会已经成为呼和浩特市甚至于内蒙古自治区会展业的一面旗帜。近年来,民交会发展势头很好,"民交会"是中国民族商品交易会的简称,它为各民族商品走向全国、世界提供了契机,成为各地区民族文化交流的平台,获"中国会展之星"、"中国最具影响力的政府主导型展会"、"新世纪十年会展之星——中国十大政府主导型展会"等多项殊荣,并且在首届中国会展业年会上被评为2010年"中国十佳品牌展会"。

呼和浩特市是"中国十大节庆城市"之一,近年来,呼和浩特市全国性、国际性文化节庆活动逐年增多,影响力越来越大,文化品牌建设初见成效。由市委市政府主办的昭君文化节先后获得"全国十大品牌节庆"、"优秀民族节庆"等称号。中国·呼和浩特昭君文化节、内蒙古国际草原文化节、中国民族商品交易博览会、全国少数民族文化旅游艺术节等知名的大型节庆文化活动持续强劲地拉动了全市的经济发展。据统计,呼和浩特市的文化活动数量年均递增20%,形成了旅游与商务、节庆、会展的良性互动平台,直接带动了交通运输、宾馆餐饮、娱乐休闲、旅游购物、金融服务等现代服务业的发展。

目前,呼和浩特星级饭店拥有大型会议室150余个,总面积2万余平方米。同时,还建有现代化的国际会展中心和体育中心。设施先进的场馆和会议中心,为举行各类会展和节庆活动提供了良好的条件。

2. 文化艺术服务

草原文化的声誉已经传遍全球,备受推崇。多年来内蒙古地区已经培养出很多的艺术人才,许多文学和艺术作品(电影作品)在海内外有极高的知名度,在国外也获得过无数殊荣,如2013年创作完成的大型民族歌舞剧《马可·波罗传奇》,以内蒙古民族歌舞为基础,重点体现了中国元代在宗教信仰、民族交融等方面的政策和兼容并包的思想理念。该剧将赴美国布兰森白宫剧院演出120场,还将作为纪念元大都建都860周年活动的演出剧目和"中华文化走出去"活动的展示剧目,并在国家大剧院隆重上演,该剧在载誉归来之后,将驻场演出。

但是从文化艺术服务产业的总体来看,市场表现力较差,产业化的程度较低,发展规模、人均产值较小,2012年共实现产值18328万元,占文化产业总产值的2.25%。这与内蒙古文化艺术在全国的地位极不相称,可见呼和浩特市的文化艺术产业发展远远滞后于文化艺术形象的树立,如表8-2所示。

表8-2 2012年呼和浩特市文化艺术服务业情况

分类		机构(个)	从业人员(人)	实现产值(万元)	人均产值(万元)
文艺创作、表演及场馆	文艺创作与表演	34	1325	8673	6.55
	艺术表演场馆	4	133	494	3.71
图书馆与档案馆	图书馆	11	573	2436	4.25
	档案馆	8	182	2554	14.03
文物遗产保护	博物馆	16	698	2494	3.57
群众文化活动	群众文化活动	20	347	1677	4.83
总计		93	3258	18328	5.63

资料来源:根据呼和浩特市有关统计资料整理。

3. 文化创意与设计产业

在扶持重点文化产业的同时,呼和浩特市通过挖掘文化内涵,加快动漫产业企业对民族原创作品的开发项目,推动了影视传媒、新兴数字创意产业稳步发展,并逐渐形成产业链。内蒙古艺术学院、内蒙古师范大学设立了动漫专业,专门培训动漫人才的内蒙古数字艺术学院在呼和浩特建立,民间及高校动漫创作团队较为活跃。呼和浩特动漫产业基地、段家窑影视基地等产业园区、基地建成并相继运营。由呼和浩特市新兴数字创意企业出资、自主创意制作的动漫电视系列剧《草原豆思》、《国家的孩子》、《西游记狂想曲》、《孤岛漂流记》等获得了极大成功,并开发出相应题材的玩具、卡通画册、光碟等系列产品。

如表8-3所示,2012年,呼和浩特市文化创意和设计服务业从业人员达5907人,占文化产业从业人员总数的23.3%,实现产值139027万元,占文化产业生产总值的17.4%。但是可以看出,广告业在创意产业中所占的份额较大,占67.7%,而新兴的动漫、游戏设计与制作份额较小,未来发展空间很大。在此值得一提的是,多年来内蒙古地区房地产市场发展迅速,但是建筑设计仅实现产值5738万元,人均产值仅为16.35万元,这与内蒙古地区、呼和浩特市房地产业的发展极其不匹配,也说明了呼和浩特市建筑设计水平不高,难以满足地区发展的需要。

表8-3 2012年呼和浩特市文化创意产业情况

分类	机构(个)	从业人员(人)	实现产值(万元)	人均产值(万元)
广告	539	4402	95145	21.61
多媒体、动漫游戏	87	1154	38144	33.05
数字动漫、游戏设计制作	2	75	1552	20.69
建筑设计	6	351	5738	16.35
合计	634	5982	140579	23.5

资料来源:根据呼和浩特市有关统计资料整理。

4. 新闻出版发行服务业

新闻出版发行业在呼和浩特市文化产业中的地位举足轻重,2012年实现产值96784万元,但人均产值较低。图书出版业是智力密集型产业,其创造的价值应该远远高于劳动密集型产业,但是从呼和浩特市出版业的数据来看,离这样的目标距离太远。根据表8-4中的数据具体分析,图书出版和图书批发无论是总产值还是人均产值都比较高,是新闻出版发行业的主要行业,其产值占新闻出版业总产值的71.4%,同时图书出版和图书批发所实现的产值基本相同,更说明了图书出版的发展现状与其应有的地位之间的差距。在新闻出版发行业的其他类行业中,发展较差,尤其是电子出版物更是如此,在阅读发生巨大变化、电子出版物高速发展的今天,呼和浩特市电子出版物的发展存在很大的问题。

表8-4　2012年呼和浩特市新闻出版业情况

分类		机构(个)	从业人员(人)	实现产值(万元)	人均产值(万元)
新闻出版	图书出版	13	567	34629	61.07
	报纸出版	17	1012	11628	11.49
	期刊出版	18	534	3404	6.37
	音像制品	5	71	586	8.25
	电子出版物	3	19	214	11.26
发行	图书批发	12	612	34465	56.31
	报刊批发	1	3	51	17
	音像、电子出版物批发	3	38	339	8.92
	图书、报刊零售	28	504	9445	18.74
	音像、电子出版物	11	78	2023	25.94
总计		111	3438	96784	28.15

资料来源:根据呼和浩特市有关统计资料整理。

5.广播电视电影服务业

在国家"西行工程"、"无线覆盖工程"和"村村通工程"不断推行的政策下,呼和浩特市广播影视基础设施不断完善,全市电台、电视台数字化程度普遍提高,广播电视实现数字化播出,并增加大量卫星上星车、微波中继车、数字音频转播车、高清数字电视转播车等大型数字设备,从而使产业发展的能力不断加强。

从表8-5中可以看出,广播电视电影业产值达到78627万元,占呼和浩特市文化产业的10%。但是,广播影视收入主要依赖电视收入,其收入占本行业收入的

63.43%,其中大部分又是广告收入,而广播、电影与影视节目制作、发行的产值较低,产值相加也没有电影放映的产值高,说明呼和浩特市节目生产能力较差,精品频率、频道和栏目较少,内容产业发展需要加强。

表8-5 2012年呼和浩特市广播电视电影业情况

分类		机构(个)	从业人员(人)	实现产值(万元)	人均产值(万元)
广播电视	广播	6	736	4332	5.89
	电视	6	1844	49876	27.05
电影和影视录音	电影和影视节目制作	13	233	1809	7.76
	电影和影视节目发行	5	357	2706	7.58
	电影放映	10	411	19904	48.43
总计		40	3581	78627	21.96

资料来源:根据呼和浩特市有关统计资料整理。

6. 文化信息传输服务

文化信息传输服务业虽然与国内其他地区相比规模较小,但已经在呼和浩特市文化产业中占据了一席之地,2012年实现产值158605万元,占全市文化产业总产值的49.8%,但是互联网的发展仍然滞后,不符合当前互联网的发展趋势。

表8-6 2012年呼和浩特市文化信息传输服务业情况

分类		机构(个)	从业人员(人)	实现产值(万元)	人均产值(万元)
互联网信息	互联网信息	49	736	10088	13.71
广播电视传输	有线广播电视	6	955	148517	155.52
	无线广播电视	2	84		
总计		57	1775	158605	89.35

资料来源:根据呼和浩特市有关统计资料整理。

7. 文化休闲娱乐服务

近年来,由于呼和浩特市经济的发展,城乡居民收入水平不断提高,人们的消费能力也在稳步提升。2012年,呼和浩特市城镇居民人均消费性支出达到21095

元。随着城乡居民生活的改善,他们对文化的需求日益增加。但是从数据中分析,目前呼和浩特市城乡居民的文化消费水平还较低,主要是电影和电视,在呼和浩特市地区旅游消费较少。按照国际上的一般看法,当人均GDP达到1000美元时,旅游需求开始产生;突破2000美元时,"大众旅游消费"开始形成;达到3000美元时,旅游需求就会出现爆发式增长。呼和浩特市人均国民生产总值已超1万美元,因此,在满足部分居民外出旅游的基础上,还应加大呼和浩特市自身文化娱乐设施的建设力度,满足呼和浩特市居民周末、小长假的文化消费需求。

近年来外来游客在呼和浩特市内的文化娱乐消费,增长势头迅猛。从上文的分析可以看出,呼和浩特市对外来游客的吸引力较大,游客对旅游环境的评价比较满意。2012年呼和浩特市共接待游客1845万人次(其中接待过夜旅游者1040万人次),同比增长15%;实现旅游收入267亿元,同比增长18%。同时,呼和浩特市文化娱乐基础设施也在不断完善,2012年末共有旅游景区50家左右,并建成蒙古风情园、白石生态旅游区、固伦恪靖公主府博物馆、乌兰夫故居、哈达门高山牧场、将军衙署、云滚洞7家国家A级旅游景区,综合接待能力已形成规模。但是,游客在呼和浩特市的消费水平不高,人均仅为1450元,说明游客在呼和浩特市的文化娱乐休闲消费很少,这与呼和浩特市休闲类型单一、消费层次较低(主要以食宿、交通、民族工艺品和地方特产为主)有着极大的关系。比如,呼和浩特市还没有一台能够反映草原文化的文艺演出,失去了一个传播草原文化、提高旅游品质的大好机会,所以应该逐步提高呼和浩特市文化娱乐休闲层次和品质,完善服务体系,增加服务类型,提升游客消费水平,让游客在呼和浩特市玩得愉快、玩出品质。因此,如何发挥呼和浩特市地理位置优势,将呼和浩特市建设成为"京津夏都"、内蒙古地区的游客和草原文化产品集散地及草原文化的宣传窗口和传播基地,需要在体制、规划、政策、人才等方面大做文章。

表8-7 2012年呼和浩特市文化休闲娱乐服务业情况

分类		机构(个)	从业人员(人)	实现产值(万元)	人均产值(万元)
景区游览	公园管理	11	468	3045	6.51
	游览景区管理	19	331	2645	7.99

续表

分类		机构(个)	从业人员(人)	实现产值(万元)	人均产值(万元)
娱乐休闲	歌舞厅	11	811	7496	9.24
	电子游艺厅	1	21	200	9.52
	网吧活动	22	120	1140	9.5
	台球	8	44	706	16.05
总计		72	1795	15232	8.49

资料来源:根据呼和浩特市有关统计资料整理。

8. 工艺美术品的生产

工艺美术品以首饰、工艺品为主,居民消费还是以传统的消费习惯为主,消费者关注的是工艺品的材质,而不是工艺品的艺术表现,如何能够通过更好的创意来推动消费,提升产业发展是需要深入思考的问题之一。

表8-8　2012年呼和浩特市工艺美术品生产业情况

分类		机构(个)	从业人员(人)	实现产值(万元)	人均产值(万元)
工艺美术品制造	雕塑	6	78	672	8.62
	金属	3	25	760	30.4
	珠宝首饰	1	4	1	0.25
工艺美术品销售	首饰、工艺品	14	354	87640	247.57
	珠宝首饰	32	511	22202	43.45
	工艺美术品	15	124	3658	29.5
总计		71	1096	114933	104.86

资料来源:根据呼和浩特市有关统计资料整理。

9. 文化产品生产的辅助生产

呼和浩特市文化产品生产的辅助生产业是比较落后的,这个行业的发展缓慢,层次较低,尤其是作为特色产业的会展业产值仅为7895万元,人均产值仅为15.73万元,远低于呼和浩特市文化产业人均产值;知识产权实现产值仅为2411万元,第一是原创东西较少,第二是对知识产权的保护不力,第三是印刷复制行业在文化产品的辅助生产中贡献度较高,也说明了该行业的发展层次较低的现状。

表 8-9　2012 年呼和浩特市文化产品生产的辅助生产业情况

分类		机构(个)	从业人员(人)	实现产值(万元)	人均产值(万元)
版权	知识产权	12	92	2411	26.21
印刷复制	书、报刊印刷	59	1722	26535	15.41
	包装、装潢印刷	16	445	7819	17.57
文化经纪代理	文化娱乐经纪人	5	33	658	19.94
	其他文化艺术经纪代理	13	95	2330	24.53
文化贸易代理与拍卖	文化贸易代理	8	61	5052	82.82
	拍卖	2	16	1988	124.25
文化出租	图书出租	1	3	106	35.33
会展	会展	52	502	7895	15.73
总计		168	2969	54794	18.46

资料来源:根据呼和浩特市有关统计资料整理。

10. 文化用品的生产

主要以文具乐器照相器材销售、文具用品批发销售为主,销售收入已达 9.7 亿元,占文化产业产值的 12%,说明呼和浩特市城乡居民在文化消费方面有着强烈的需求,但从现状来看,消费层次还比较低。

表 8-10　2012 年呼和浩特市文化用品生产业情况

分类	机构(个)	从业人员(人)	实现产值(万元)	人均产值(万元)
焰火、鞭炮制造	4	132	1219	9.23
文具、乐器、照相器材销售	30	235	40845	173.81
文具用品批发销售	46	364	56378	154.88
总计	80	731	98442	134.67

资料来源:根据呼和浩特市有关统计资料整理。

(五)呼和浩特市文化产业园区、基地及项目发展概况

以文化产业园区、基地和项目为基础,以文化资源为依托,结合旅游和城市新区建设发展文化产业,实施重大项目带动战略,推进文化产业的企业聚集和产业集

群发展,是呼和浩特市发展文化产业的基本思路。截至 2013 年,呼和浩特市有文化产业重点项目、文化园区和文化产业基地共计 28 个,预计总投资达 130 亿元,其中亿元以上投资项目有 16 个。按建设进度划分,在建项目 13 个,拟建项目 15 个;按照项目内容和功能划分,动漫类 2 个,音乐类 1 个,影视类 1 个,书画类 2 个,演艺类 3 个,文化产品加工类 2 个,文博类 8 个,旅游观光类 6 个,综合类 3 个;按照行政区域划分,新城区 6 个,回民区 5 个,玉泉区 1 个,赛罕区 3 个,土左旗 1 个,托克托县 3 个,武川县 4 个,和林格尔县 3 个,清水河县 2 个。①

文化产业园区、基地和项目是文化产业发展的重要抓手之一,呼和浩特市委市政府明确提出建立具有民族文化资源优势的文化创意产业园,引导和发展各具特色的文化园区作为首府文化产业发展的主要内容。截至 2012 年底,总投资 6.34 亿元、占地 143 亩的大盛魁文化创意产业园已完成 70% 的工程量,集影视拍摄、教育培训、旅游观光、休闲娱乐、饮食商贸、综合地产于一体的文化产业群即将形成;投资 5 亿元、占地约 55 亩的呼和浩特文化创意产业园已经启动,其集民族演艺中心、群众艺术场馆、文化休闲、文物鉴定、娱乐、购物、展览、收藏于一体;其他的项目还有投资 400 亿元的呼和浩特云计算产业基地已分别在和林格尔县盛乐现代服务业集聚区和新城区鸿盛工业园开工建设,草原马汇项目也已开工,占地 16000 亩,主要包括万亩草场、赛马场、国际育马基地、周边 3 个村庄改造、蒙古部落及配套投资 3.65 亿元的斯琴塔娜文化交流中心现已竣工,投资 13.11 亿元的草原豆思动漫创意产业园正在建设中,投资近 2 亿元的大型综合设施内蒙古蒙亮文化产业广场正在逐步完善当中,计划投资 50 亿元的敕勒川文化旅游产业园工程也已开工,内蒙古软件示范园总投资 26 亿元,与多家信息企业达成入驻意向,目前仍在建设当中,此外老牛湾地质公园、托县南湖湿地公园、清水河陶瓷文化产业基地等项目都在建设之中。

在建设重点文化产业园的同时,呼和浩特市通过挖掘文化内涵,加快动漫产业企业对民族原创作品的开发项目,推动了影视传媒、新兴数字创意产业稳步发展,并逐渐形成产业链。呼和浩特动漫产业基地、段家窑影视基地等文化产业基地相继建成和运营。由呼和浩特市新兴数字创意企业出资、自主创意制作的动漫电视系列剧《草原豆思》、《国家的孩子》、《西游记狂想曲》、《孤岛漂流记》等获得了极大成功,并开发出相应题材的玩具、卡通画册、光碟等系列产品。此外,由呼和浩特市组织拍摄的 100 集大型电视连续剧《大盛魁》也已经制作完成,《江格尔》、《牛斗

---

① 根据呼和浩特市有关统计资料整理。

士》等动漫片也在创作之中。

二、呼和浩特市文化产业发展存在的问题分析

虽然呼和浩特市文化产业的发展取得了明显成效,但存在的问题依然较多,具体表现为以下几方面:

(一) 呼和浩特市文化产业仍处于起步阶段

对于呼和浩特市文化事业的发展,从政府领导重视到普通民众认识,从基础建设到文化氛围营造,从财政投入到民众自身消费,从外围形象塑造到内部发动,都已经形成良好的发展趋势,但从文化产业发展的角度,呼和浩特市还处于起步阶段。主要表现在以下几方面:

1. 呼和浩特市文化产业发展层次较低

从上文数据中可以看出,呼和浩特市文化产业中高附加值的文化产品少,尤其是文化产品深加工、文化创意设计等方面的较少,主要满足的是居民最基本的文化需求,当前的文化产品已经不能适应人们多元化的文化需求。

2. 文化产业发展时间短、规模较小

呼和浩特市文化产业的发展速度远远落后于国民经济的发展速度,其产值占GDP的比重很低,对经济增长的拉动力较弱。现有文化经营单位平均每万人不足10家,远低于我国东南部发达地区每万人40多家的水平。

3. 呼和浩特市文化产业发展主要停留在简单文化产品制造、销售和为旅游业服务方面

呼和浩特市文化产业发展无论是发展理念、发展规划,还是执行方案,其主要目的都是通过文化吸引游客,增加旅游收入,忽视了文化产业自身的经济价值,因此,文化资源向社会财富转变能力不足,文化产业优势发挥不明显。

4. 人均文化消费水平还比较低,消费方式单一

根据《呼和浩特经济统计年鉴(2012)》数据显示,呼和浩特市城镇家庭居民平均每人每年用于文化娱乐用品、文化娱乐服务方面的消费支出为1291.1元,约占消费性支出总额的6.75%。本项目问卷调查结果也显示,在接受调查的190名呼和浩特市居民中,个人文化消费占其月均收入比重为0~15%的共计146人,占样本总量的77%;个人文化消费占其月均收入比重为15%~30%的有36人,占样本总量的19%;只有8人个人文化消费占其月均收入比重达到30%以上,仅占样本总量的4%。

在日常文化消费方式选择上,呼和浩特市居民选择最多的还是传统的电影、电视、报纸杂志,选择KTV、酒吧、公园、讲座和展览、旅游等新兴文化消费方式的也较多,而一些高雅的文化消费方式如艺术表演、艺术培训、艺术品收藏等则选择人数较少。可见呼和浩特市居民的文化消费层次虽然正在逐渐提升,但整体还处于较低的层次,消费方式较为单一。

5. 呼和浩特市文化产业对周边地区辐射力、影响力较弱

呼和浩特市作为内蒙古自治区的首府,是内蒙古自治区政治、文化教育和金融中心,在整个自治区文化产业的发展中,既没有给其他地区文化产业发展带来良性影响,促进其发展,也由于文化产业发展不成熟,对周边地区的吸引力不大,这些地区的消费者还没有形成来呼和浩特市文化市场消费的习惯。

6. 呼和浩特市在文化产业发展和文化生产力方面投入力度仍显不足

近年来,呼和浩特市虽然在公共文化服务体系建设方面加大了力度,取得了很大的成绩,但是由于历史欠账多,底子薄,基层文化建设缺乏保障机制,投入少,基础设施的建设还很不完善,文化生产能力不足,限制了农牧民和城镇居民文化消费,使得文化市场难以扩大,制约了文化产业的发展。

(二)呼和浩特市文化产业发展还存在意识落后,定位不准,地方文化与文化产业发展脱节的问题

文化产业是朝阳产业,其发展要注重长远利益,要制定适合地方特点的发展战

略。虽然呼和浩特市文化产业发展取得了一定的成绩,但是从总的来看,呼和浩特市相关部门对于文化产业的内涵理解的不深,定位不准,文化产业的发展没有与地方文化很好地结合,文化产业发展没有主线,发展意识与当前国家尤其是我国东部发达地区还有很大的差距,现有的关注点主要从战术层面着手,缺乏长远的战略层面的思考。首先文化产业的发展还很不系统,没有将文化产业各类行业联系起来,文化产业还不成气候;其次呼和浩特市还没有将地方文化提炼出来,文化产业的发展与呼和浩特市独特的地域文化脱节,文化产业的发展没有底蕴,没有可以借助的平台和根基。

由于意识落后,没有深入挖掘地方文化的内涵,文化产业各领域都是独立发展,没有系统思考,没有文化产业各领域的融合和协同发展;文化产业的发展方式和方向,没有从战略上考虑,制定的发展规划以战术性的计划为主,关注的是眼前利益,在与其他文化的竞争中,难以建立竞争优势,难以形成自己的特色,只能成为其他地区文化产业发展的跟随者,不能独树一帜。

(三)呼和浩特市文化产业发展缺乏高层次文化产业专业人才

呼和浩特市受地理位置、经济发展、人才激励机制等方面的影响,从外部引进高端人才相对困难,同时由于自身人才培养机制、文化产业层次等方面的影响,内部人才培育成效甚微。因此,没有高端文化产业专业人才,呼和浩特市文化产业发展的深度和广度都受到制约。第一,缺乏高层次复合型人才,尤其需要既通晓文化产业内容又具有自主创作能力的本土人才,既懂产品研发又懂艺术创作的实用专业人才,而现有的人才储备远远不够。第二,文化产业发展缺乏文化经营人才,文化经营是文化产业发展的领军人物,他们的数量和质量决定了文化产业发展的规模和未来。呼和浩特市现有的文化经营管理人员,大多缺乏现代企业管理经验,知识更新慢,管理保守,信息获取渠道单一,筹资、用资缺乏长远的规划。加上没有中介机构和文化产业经纪机构的有效指导,致使全市文化产业缺乏系统性,不能实现文化产业的纵深发展和跨区域横向发展。第三,新兴文化产业人才匮乏。随着现代传媒、动漫游戏、数字视听、网络文化、会展博览等新兴文化产业的逐步兴起和扩张,呼和浩特市在这些方面人才匮乏问题日益凸显,在一定程度上阻碍了文化产业向广阔的新兴领域发展。

（四）文化产业园区和文化产业基地作用发挥有待进一步提高

当前呼和浩特市文化产业园区和文化产业基地还处于刚起步阶段，进驻企业少，规模小，影响不大。主要体现在：第一，重点文化产业园区和基地偏少；第二，文化产业园区和基地基础设施不配套，项目资金到位率、开工率、投产达产率低；第三，文化产业园区和基地产业发展层次不高，关联度较低；第四，文化产业园区和基地要素保障能力不强，在融资、土地、供水、供电等方面有不少问题；第五，文化产业园区和基地管理体制有待完善，组织管理功能不完备；第六，文化产业园区和基地蜕变为文化地产；第七，文化产业园区和产业基地关联度不高，产业布局不系统。

（五）文化产业发展缺乏品牌企业和龙头企业

虽然当前呼和浩特市文化产业发展的上升势头明显，但是具有一定规模、竞争优势明显的文化企业，尤其是龙头企业和品牌企业较少。龙头企业和品牌企业将文化产品加工、市场营销、文化创新和融资等功能有机地整合到一起，是培育文化市场，提升文化产业发展水平，带动地方文化产业发展的重要力量。因此，呼和浩特市相关部门应该进一步完善文化产业政策支撑体系，培育扶持一批具有行业代表性和区域代表意义的优势文化企业和品牌文化企业，在区域合作的基础上，通过跨地区、跨行业、跨所有制兼并、联合、重组等途径，培育成长性好、竞争力强、具有重大示范带动作用的大型文化企业。

（六）对中小文化企业支持不够

呼和浩特市文化产业主体以中小企业和文化个体户为主，可以说中小企业是文化产业发展的主力军和重要力量，也是解决就业的主要渠道。中小企业能否健康成长，对于呼和浩特市文化产业的发展来讲举足轻重。但是从呼和浩特市目前文化产业发展来看，对于中小企业的重视程度还不够，虽然出台了一些支持政策，但在政策执行的过程中，尤其是在土地、税收特别是金融政策方面，还存在好多问题。而呼和浩特市中小型文化企业由于原始发展资本不够雄厚，企业规模弱小，资本市场融入度极低，创新能力不足，市场竞争力相对较弱，制约了文化产业的发展。

第九章
呼和浩特市文化产业发展定位与目标

文化产业作为今后我国经济发展的重要支撑,加之自身较长的周期性及积极的外部性,要想使其有健康稳定的发展,首先要解决的就是发展定位问题与发展目标问题。

一、呼和浩特市文化产业发展的定位

呼和浩特市历史悠久、文化底蕴深厚、地理位置独特、文化产业发展基础较好,但要想在国家大力支持发展文化产业的宏观政策背景下,能够抓住机遇,实现快速发展,首先必须要进行科学合理的发展定位,这一定位要在有利的宏观背景下有所作为,积极发挥区位优势,充分考虑现有资源与条件,在此基础上才能够进一步地确立文化产业发展的具体目标、整体战略、实施计划、保障措施等。鉴于呼和浩特市现有的条件及所处地位,这种定位必然要体现出弘扬草原文化的特色、引领地方经济社会发展的功能。对此,我们将从整体定位、具体阐释、定位依据三个方面加以论述。

(一)呼和浩特市文化产业发展的总体定位

呼和浩特市是一个地处草原的边疆少数民族自治区的首府城市,所以也被称为"草原明珠"。它所展现的文化,既体现本身悠久而丰富的历史传统与价值观念,又要集中体现草原文化的核心特点。因此,呼和浩特市的文化产业发展定位,既要有历史性,即对呼和浩特市本身的历史传统文化加以发扬与传播;也要有地域性,即要把呼和浩特市作为草原文化的一个集中展示窗口;还要有时代性,即要与时代的特征相结合,结合现代观念、方式与技术手段促进文化产业的发展。据此,我们认为,呼和浩特市在文化产业发展过程中的总体定位应该是国际草原文化的创意与交流中心。

这一定位的具体含义是指,要把呼和浩特市作为草原文化集中展示的典型窗口和示范基地,以自身历史底蕴与草原文化为精神养料,积极推动草原文化的传承与创新,并通过多种形式得以展现,从而对草原文化进行更好的提炼与总结;与此同时,通过这样一个窗口吸引更多的人群来共同感受草原文化的独特魅力,并将其向更大范围传播,积极促进草原文化与其他文化之间的交流,从而赋予草原文化更加强大的生命力。通过这一定位,我们要借助首府城市政治中心、经济中心、文化中心、金融中心等方面的集聚与辐射功能,推动草原文化的传播与消费,起到向外宣传与扩散草原文化影响、向内提炼与集聚草原文化元素的作用。

(二)关于总体定位的具体阐释

呼和浩特市文化产业发展的总体定位包括四个更加具体的功能,即"四个基地":草原文化产品创意设计基地、草原文化交流基地、草原文化产品与消费群体集散基地、草原文化业态孵化基地,如图9-1所示。

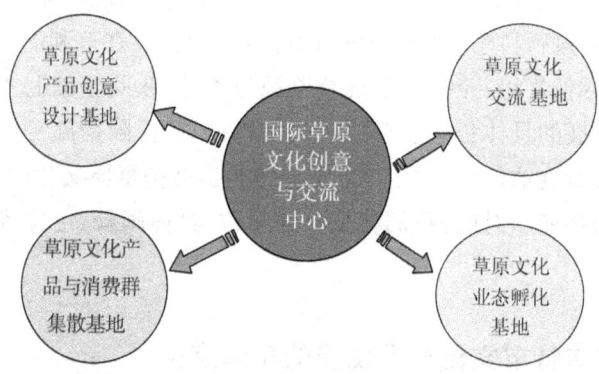

图9-1 呼和浩特市文化产业定位及其功能

1.草原文化产品创意设计基地

文化是创意设计的最好来源,借助于呼和浩特市丰富的文化资源,尤其是别具一格的草原文化,可以形成充足的文化产品创意与设计素材。文化的传承需要以思想观念的形式加以提炼、总结以便于学习和继承,但通过物质载体可以让文化得到更好的继承与传播,也更容易让传统文化深入人心。呼和浩特市作为草原文化的集聚地,正好可以借助草原文化元素的高度集中广泛吸引创意人才、大力发展创意产业,使草原文化通过文化产品的形式更直观地展示在人们面前,让人们更加方便、快捷地认识草原文化、了解草原文化,最终喜欢草原文化。在这里,人们可以最全面、最充分、全方位地感受草原文化。因此,呼和浩特市将成为草原文化产品创意与设计的核心来源地、草原文化产品的集中展现地。

2. 草原文化交流基地

作为一座草原城市,呼和浩特市天然地具有对外宣传草原文化的责任与义务,虽然没有最为典型的大草原,但在这里却能够把最完整的草原文化展现给外来游客。通过演艺、会展、动漫、影视文学作品、手工艺品等多种形式,告诉人们什么是草原文化,尤其是草原文化的核心及精髓是什么,以及它是在什么样的环境中产生、发展起来的等。只要人们想到草原文化,就会想到呼和浩特市,就要到呼和浩特市来,让草原文化从这里走向更加广阔的天地,这也是呼和浩特市作为草原文化传播中心应该达到的目标。为了实现这一目标,可以集中力量打造少数几个文化产业精品工程,形成品牌效应。在这方面可以借鉴印象云南、印象刘三姐等模式,结合本地最具特色的历史文化,如昭君出塞等,塑造呼和浩特市的文化产业名片。

3. 草原文化产品与消费群体集散基地

作为一座优秀的旅游城市,每年呼和浩特市都会迎来为数众多的外来游客。除了通过游览的方式直观地感受内蒙古草原的独特魅力以外,人们还会购买与草原文化相关的文化产品作为纪念,这样就会形成较大的草原文化产品消费需求市场。实际上,这一市场也会包含大量的本地居民。借助这一前提条件,可以大力推动呼和浩特市文化产业的兴盛,更好地做到以文化资源支撑文化产业,以文化产业保护文化传统;以文化产业推动经济社会持续发展,以经济发展保障文化产业健康发展。最终,在这里建成草原文化产品最重要的商品集散地,使之成为推动呼和浩特市经济发展的重要力量。此外,通过积极发挥呼和浩特市草原文化传播中心的优势,使这里同时也能够成为外来游客感受草原文化重要的中转站,从这里可以方便地选择其他草原文化的游览地,也可以在游览休息之余停留在这里从精神层面感受草原文化的深刻内涵。要想实现这一目标,相应地就要求呼和浩特市能够提供良好的住宿条件及交通条件。

4. 草原文化业态孵化基地

尽管呼和浩特市从整体上表现出良好的经济发展势头,但之前的基础还是相对较为薄弱,这会对文化产业的发展形成明显的制约。因此,要想使当地文化产业的发展有一个坚实的基础和良好的起点,必须有政府的大力支持,这种支持主要体现为政策方面的扶持与优惠。这种支持与优惠在形式上主要表现为:由政府主导建立相应的文化产业创业园区,把政策优惠、资金扶持、技术支持、公共服务集于一体,形成一个综合的扶持平台,帮助相关的文化产业主体在这里逐步成长、壮大,最终能够形成自己的文化品牌与发展模式,独立地参与市场竞争。实际上,这也是呼和浩特市作为草原文化产品创意与设计中心更加具体的表现。

(三)确定总体定位的基本依据

呼和浩特市在文化产业发展过程中进行的上述定位,主要依据是以下六个方面:

1. 丰富的草原文化资源

作为一座有着两千多年文字记载的优秀旅游城市,呼和浩特市保存了丰富的文化资源,不少文物古迹有着很高的历史文化价值。因为其传承悠久的历史与光辉灿烂的文化,呼和浩特市被誉为华夏文明的发源地之一,是游牧文明和农耕文明交汇、碰撞、融合的前沿,是草原文化的源头。悠久的历史传统文化与丰富的旅游资源,使呼和浩特市也有着众多的荣誉,如2004年被评为"中国优秀旅游城市",2008年被授予"中国乳都"称号,2010年被授予"国家森林城市"称号。这些有形的和无形的文化资源为呼和浩特市文化产业的发展奠定了深厚的资源基础。

2. 首府经济的快速发展

作为内蒙古自治区的首府城市,呼和浩特市本身具有经济中心的优越地位。在这里,各类经济资源与要素的集中程度远高于区内其他地区,再加上地区金融中心的便利条件与政治中心的无形影响力,呼和浩特市也会更加合理地成为文化中心。文化产业的发展,需要有足够的经济基础作为支撑,经济发展的良好势头,不但保证了足够的物质基础,还可以促进思想的解放与观念的进步。尽管呼和浩特市的经济结构不可能达到完善,但以它作为中心,可以与周边城市形成互相合作与补充关系,特别是周边地区丰富的资源也能够有力地支撑其经济的发展,从而间接地支持文化产业的发展。此外,呼和浩特市企业集中程度高、管理水平好,形成了相对完善的市场体系,也可以为相关文化企业的健康发展提供有力支持。

3. 独特的地理位置

呼和浩特市地处环渤海经济圈、西部大开发、振兴东北老工业基地三大战略交会处、"呼包银"经济带核心及"呼包鄂"金三角中心,是连接黄河经济带、亚欧大陆桥、环渤海经济区域的重要桥梁;是国家主体功能区规划"呼包鄂榆重点开发区"中心城市、国家实施西部大开发战略重要的中心城市之一,与北京相距较近,与各方面的交流往来也相对容易。在自治区内,呼和浩特市地处中部,是连接东西部地区的中枢所在。这是区内其他地区所不具备的地理优势。同时,呼和浩特市一年四季分明,气候宜人,环境质量逐年改善,近年来已经成为国内游客避暑游玩的理想去处。虽然这里没有像锡林郭勒和呼伦贝尔那样典型的大草原风光,但周边星罗棋布的草原同样具有较好的旅游潜力,旅游季节相对较长,也可以满足游客领略北方草原风光的基本需求。

4. 人才与技术优势

呼和浩特市是自治区教育资源最为集中的地方,这里建有以内蒙古大学为代表的几十所层次不同的高等教育机构和数十家的科研机构,形成明显的人才集聚优势,同时也意味着较好的技术发展潜力。文化产业的发展,所必备的一个要素就是人才资源的充分供给,只有具备了大量高水平的人才,才有可能形成文化传播与创新的大好局面与激励氛围,这同样是区内其他地区所难以具备的条件。在人才储备充足的基础上,技术发展与创新能力也会表现出明显的优势,这将有利于借助现代技术手段更好地实现保护传统文化、传播草原文化、推动文化产业发展的长远目标。因此,虽然呼和浩特市在草原文化的物质体现方面不一定完备,但有了人才与技术优势完全可以弥补这一不足。

5. 深厚历史文化积淀

想要更好地发展文化产业,本身如果没有足够的文化底蕴是不可能实现的,光靠人为地编造根本无法形成深厚的历史积淀与浓厚的人文气息。作为一座历史悠久的文化古城,呼和浩特市毫无疑问地具有这样的条件,其本身的存在与延续就是历史传统与草原文化不断积累、演进的结果,现存的大量文物古迹一方面对此给予了充分的证明,另一方面也可以让我们在今天能够继续感受到这种历史与文化的气息。但需要注意的是,如果仅有物质形态的表现并不能让草原文化得到持续的升华,只有对此进行精神层面的提炼,形成独特的文化体系,才能使其得以更好地保存与继承。呼和浩特市作为草原文化历史发展的固化形态与精神凝结,不仅在过去,更要在今后继续扮演好展现草原文化、凝练草原文化的重要角色。

6.居民文化需求层次的不断提升

根据对呼和浩特市居民及外来游客文化消费现状及趋势的调研分析,随着经济社会的快速发展,城市建设现代化进程的加快,居民的消费能力不断提高,文化素质也在快速提升,居民文化消费的层次正在悄然提高。传统的娱乐或纯投资性质的文化消费市场正在萎缩,而消费者对更多"寓教于乐"的文化产品充满期待。可以预见,呼和浩特市文化产品消费结构即将迎来一场"升级换代"的深刻转型。因此,呼和浩特市文化产业的发展不能固守传统产业发展壮大,而应大力发展以创意为中心的新兴产业。

二、呼和浩特市推进文化产业发展的基本原则

在推进呼和浩特市文化产业发展的过程中,应该始终坚持以下原则:

(一)社会效益和经济效益相统一

坚持社会主义先进文化的前进方向,正确处理"两种属性"和"两个效益"的关系,弘扬主旋律,提倡多样化,统筹发展公益性文化事业与经营性文化产业,最大限度地满足人民群众日益增长的精神文化需求,努力实现社会效益和经济效益的统一。

(二)体制、机制创新与产业发展相统一

坚持以体制改革和科技创新为动力,为文化产业发展创造良好的体制、机制和政策环境,创新文化生产、传播、流通、消费方式,突出高技术、高附加值等特征,提

高文化产品的科技含量和品牌含量。坚持以结构调整为主线,加快文化产业转型升级,大力提升文化服务业的比重,增强文化产业对其他产业的渗透提升和带动能力。

(三)市场运作与政府推动相结合

坚持以市场为导向、以企业为主体,充分发挥市场在文化资源配置中的基础性作用,壮大国有或国有控股的文化企业,引导和鼓励民营资本进入文化产业,千方百计巩固与拓展国际市场,提高文化产业综合实力和市场竞争力。同时,借助行政推动力量,加快推进资源整合与产业发展步伐。

(四)发展新兴产业与提升传统产业相结合

促进文化产业发展与经济和科技相融合,大力培育和发展数字网络新媒体等新兴文化产业,加快推进数字高新技术改造和提升传统文化产业,鼓励新兴文化产业与传统文化产业相融合。

三、呼和浩特市文化产业发展战略目标

准确而清晰的战略目标是文化产业发展的现实方向,文化产业发展的整个过程都是以它为核心的。呼和浩特市在促进文化产业发展的过程中,首先要解决的也是这一问题。

(一)总体思路与目标

1.总体思路

坚持以邓小平理论和"三个代表"重要思想为指导,全面贯彻落实国家《文化产业振兴规划》和内蒙古自治区"8337"发展思路,以建设社会主义核心价值体系为根本任务,以满足人民精神文化需求为出发点和落脚点,以改革创新为动力,以

产业结构调整为主线,依托呼和浩特市丰富的民族文化资源,发挥首府的人才、科技等优势,以重大项目建设为推手,按照"资源依托、需求引导、有机整合、梯次发展"的总体思路,重点推动数字传媒、文化旅游、文化创意与设计、文博会展、文艺演出、艺术品创作与交易、出版印刷与发行等文化产业门类的发展,推动产业集聚,完善市场体系,鼓励文化创新融合,强化辐射带动作用,促进文化产业向高端化、规模化、国际化发展,形成科学合理、健全完善的现代文化创意产业体系,努力将呼和浩特市打造成为国际草原文化创意与交流中心。

2. 总体目标

呼和浩特市文化产业发展的总体目标是立足于呼和浩特市的文化产业基础和文化资源分布,并服务于将呼和浩特市打造成为国际草原文化创意与交流中心的总体定位,通过"创建一个中心、重点发展七大产业、构建'13585'产业布局、实施七大战略举措"的发展战略,使呼和浩特市文化产业发展体系更为完善,体制、机制更富有活力,企业创新能力显著增强,文化产业综合实力和市场竞争力显著增强,在全国的地位得到较大提升。在升级改造旅游业等传统文化产业的基础上,全面发展文化创意设计等新兴文化产业。文化产品和服务出口明显扩大,文化产业增加值在地区生产总值中的比重明显提高,力争到2020年,文化产业增加值占GDP比重超过8%,成为呼和浩特市国民经济的新兴支柱产业。

(1)一个中心。一个中心是指国际草原文化创意与交流中心。

(2)七大重点产业。七大重点产业是指数字传媒、文化旅游、文化创意与设计、文博会展、文艺演出、艺术品创作与交易、出版印刷与发行。

(3)"13585"产业总体布局。"13585"是指"一核引领、三带贯穿、五区联动、八群集聚、五园支撑"。

一核。以呼和浩特市主城区作为全市文化产业发展的核心,发挥辐射带动周边旗县文化产业发展的作用。

三带。打造沿209线武川—清水河历史文化带、沿黄河历史文化带、沿大青山历史文化带,达到贯穿草原文化、敕勒川文化、召城文化、伊斯兰文化、黄河文化、西口文化的目的。

五区。在全市范围内规划五个文化产业的特色区。主城区打造草原文化创意与交流区、和林格尔县打造科技文化区、托克托县和清水河县联合打造黄河文化区、土左旗打造敕勒川文化区、城区北郊与武川县联合打造大青山历史文化与生态旅游区。

八群。通过整合全市文化产业项目资源,重点发展广电影视、出版发行、文体娱乐、数字文化、文博会展、文化创意、旅游观光、文化用品制作八大产业集群。

五园。以内蒙古广电集团为依托打造国家级影视文化产业园;以内蒙古出版集团为核心聚集全市200家印刷发行单位打造国家级印刷出版文化产业园;依托草原马汇项目打造国家级马文化产业园;以大召区块和大盛魁南北区为核心打造国家级大盛魁文化产业园;以呼和浩特市文化创意产业园、内蒙古新华创意城等项目为依托打造国家级文化创意产业园。

"一个中心"是呼和浩特市文化产业发展的目标和定位;"七大战略举措"是实现呼和浩特市文化产业发展目标的基础,将提高文化产业的发展速度,提升产业发展水平,推进重大项目的实现;"七个重点发展产业"是实现呼和浩特市文化产业发展目标的具体措施。同时,呼和浩特市整体文化产业的发展、七大文化重点产业的提升要依托"重大项目"的落实;"13585"产业总体布局是贯彻落实战略规划、实现发展目标的保障。其关系如图9-2所示。

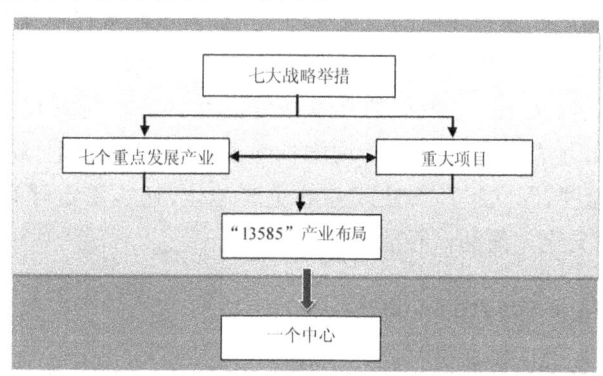

图9-2 呼和浩特市文化产业总体发展目标

发展目标不准确,文化产业的发展就失去了方向,也就谈不上文化产业的发展;产业布局不合理,则难以改变呼和浩特市文化产业"小"、"散"、"乱"、"弱"和"低"的局面,实现不了呼和浩特市成为"国际草原文化创意与交流中心"的战略目标;没有切实可行、极具操作性的战略举措,发展目标只能成为"水中月"、"镜中花",看起来很美,却无法实现。"13585"总体发展布局是在综合考虑呼和浩特市政治、经济、文化、地理和文化产业发展现状等因素,尤其是结合了七大重点发展产业和已确定或将确定的重大项目基础上提出的,"13585"总体布局的构建依赖于七大重点文化产业的发展和重大项目的实现,同时"13585"总体布局合理配置有限的资源,集中发挥优势,推进文化产业化、集群化发展,加快呼和浩特市文化产业的发展速度,保证文化产业重大项目的成功;重大项目的确立主要来自于七个重点发展产业,重大项目的落实和实现将提升呼和浩特市七大重点发展产业的水平,七个重点产业的发展又会推进重大项目的实现,提升项目的质量。因此,以上内容是相互依赖、相互渗透、相互支持、相互促进、缺一不可的。

(二)呼和浩特市文化产业发展阶段性目标

依据内蒙古自治区"十二五"发展规划以及呼和浩特市"十二五"发展规划,结合文化产业发展的现实状况,可以将呼和浩特市文化产业发展规划划分为如下几个阶段:

1. 第一阶段目标(2013~2015年)

第一阶段是基础建设阶段。到2015年,即呼和浩特市第十二个五年计划结束,呼和浩特市文化产业管理体制改革基本完成,发展政策已基本完善,文化产业人才培养体系日趋完善,文化产业金融投资平台已经建设成功,文化产业重点项目按照计划稳步推进,文化产业发展的基本条件已经具备。到2015年末,文化产业增加值占GDP比重达到5%左右,年均增长速度达到15%以上,超出"十二五"期间GDP的增长速度,确立起其支柱产业的重要地位,初步奠定呼和浩特市在我国创意与传播草原文化方面的核心地位。

2. 第二阶段目标(2015~2017年)

第二阶段是合理布局阶段。呼和浩特市文化产业发展已初具规模,文化产业布局已基本结束,"国际草原文化创意与交流中心"的核心地位基本确立。到2017年,力争实现文化产业年平均增长15%,文化产业的增加值占GDP的比重达到6%,文化产业作为国民经济支柱产业的地位进一步稳固。

3. 第三阶段目标(2017~2020年)

第三阶段是完善阶段。呼和浩特市已经建设成为国际草原文化的创意与交流中心,文化产业发展体系已经完备。呼和浩特市文化产业发展规模逐步扩大,到2020年,文化产业对国民经济的贡献率进一步提高,对其他产业的拉动效应更加明显,文化产业增加值占GDP比重达到8%以上,增长速度达到18%以上;文化产业结构日趋合理,在创意文化产业引领下,呼和浩特市文化产业附加值明显提高,科技创新含量增加;会展产业、民族文艺表演等特色产业快速发展,在国内和国际上占据一席之地;文化品牌企业、文化龙头企业成为带动呼和浩特市文化产业发展的动力,中小型文化企业发展环境日趋改善,成为呼和浩特市文化产业发展、提高就业水平的中坚力量。到2020年,各类文化产业基地、项目全面发展,基本实现"13585"产业总体布局。

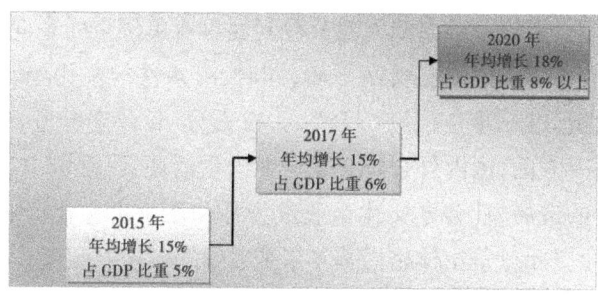

图9-3 呼和浩特市文化产业阶段性发展目标

四、呼和浩特市文化产业发展的基本任务

1. 基本建立符合文化产业运作规律的宏观管理体制

在不断推进政企分开、政事分开、管办分离的前提下,将目前政府对文化产业单位的直接管理、统包统揽改变为间接管理、政策引导为主,使各级政府的职能逐步转变到战略规划、政策制定、信息指导、组织协调、检查监督以及文化基础设施的提供上来。同时,建立规范、统一的文化资产营运机构。

2. 基本建成比较完善的文化市场体系

文化商品市场日益成熟,文化服务市场逐步健全,文化要素市场基本形成,文化中介组织健康发展,有关文化市场准入、交易、竞争以及监督、管理、服务等方面的法规制度进一步完善,初步形成健康、繁荣、统一、有序的文化市场体系。

3. 逐步实现区域文化产业的合理布局与协调发展

基本目标是使呼和浩特市与其他城市之间、各旗县区之间形成多层次、多样化、相互促进、特色互补、资源共享的文化产业协调发展格局,逐步缩小区域间的差异,避免落后地区文化产业发展的边缘化以及地区之间的过度无序竞争。

4. 全面形成按市场导向运作、充满生机和活力的文化产业微观基础

一方面,除极少部分公益性机构和国办艺术院团确实需保留事业单位性质、继续予以财政支持外,文化系统内绝大部分盈利性事业单位全面走向市场,成为独立经营的市场竞争主体,实现收支自我平衡;同时,有条件的文化经营单位通过资产重组或股份制改造,进一步走向"产权清晰、权责分明、政企分开、管理科学"的现代企业制度。另一方面,国内外合资文化企业大量涌现,民营资本和跨业集团兴办文化产业取得新的进展,社会办文化企业成为呼和浩特市文化产业发展的一支重要力量,文化产业多元竞争主体格局基本形成。

5. 初步培育一批在国内具有知名品牌和巨大影响力的文化产业集团

为应对境外文化产业"巨头"的强势竞争,应积极创造条件,培育和发展一批跨部门、跨行业、跨媒体的文化产业集团,从而达到文化资源配置和产业组织结构的进一步优化。

6. 初步形成一支高素质的人才队伍

逐步形成吸引、凝聚人才和自主培育人才相结合的良性发展机制,引进和培养一批适应文化产业发展需要的文化创作、文化经营管理和文化科技创新人才,使文化产业人才队伍整体素质明显增强。

7. 逐步形成良性发展的投融资机制

通过一系列改革措施,逐步形成以政府资金为引导、以企业投入为基础、以银行贷款和民间资金为主体、以股市融资和境外资金为补充的多元化文化产业投融资体系,使经营性文化实体的投融资环境得到根本性改善。

8. 文化产业的科技运用和技术装备达到国内先进水平

广泛应用数字化技术和网络技术,加快设备更新,使呼和浩特市文化产品生产和文化服务手段的技术含量有显著提高,以高科技为支撑的新型文化产业形式有相当程度的发育。

五、呼和浩特市文化产业发展战略实施步骤

(一) 明晰呼和浩特市文化产业定位，制定发展规划，为文化产业发展指明方向

呼和浩特市文化产业的发展，离不开准确的定位和科学的发展规划，一个切合实际、准确扼要、立意高远的定位，一个思路清晰、体现特色、发展明确、便于操作的战略规划，不仅有利于指明发展方向，更有利于各相关部门、各基层政府明确工作重点、调整政策方向、重新配置资源，尤其有利于消除文化产业发展障碍，认清发展形势，转变发展观念，统一发展认识，建立和完善发展机制。

(二) 建立和理顺文化产业发展机制，是文化产业发展的前提条件

现行的文化产业发展机制存在多头领导、政策体系不健全等问题，已经不适应甚至阻碍着呼和浩特市文化产业的发展，因此，必须要建立和理顺文化产业发展机制，如图9-4所示。

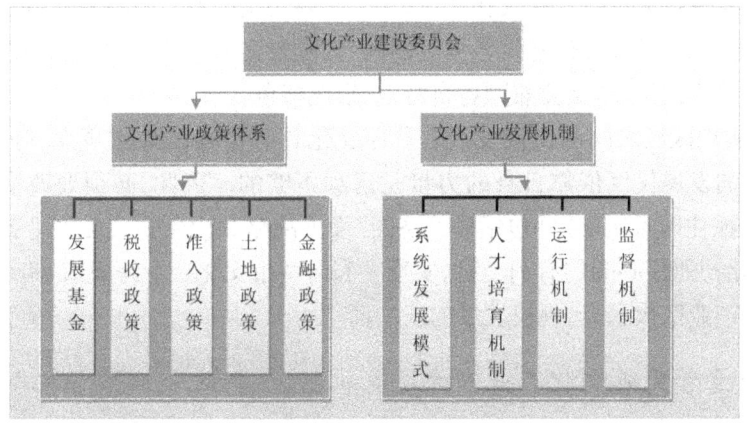

图9-4　呼和浩特市文化产业发展机制

1. 建立呼和浩特市文化产业领导管理机构

当前呼和浩特市对于文化产业的领导能力、协调能力、执行能力已经不适合今天文化产业的发展形势,因此必须解决文化产业发展由谁来领导的问题。建议成立"呼和浩特市文化产业建设委员会",由市委、市政府主要领导担任主席,为第一责任人,各有关部门一把手为委员,该委员会直接对市委或市政府负责,委员会下设办公室,为文化产业发展常设机构,全面负责推进呼和浩特市文化产业发展;同时委员会定期开会,由办公室向委员们汇报文化产业进展情况,协调各方面的关系,解决发展过程中存在的问题和困难。

2. 完善文化产业政策体系

完善和健全的文化产业发展政策体系,是推进呼和浩特市文化产业发展的"催化剂"。呼和浩特市应在国家和自治区有关文化产业发展政策的指导下,结合自身实际,进一步完善支持文化产业发展的财政、税收、市场准入、技术创新、土地等方面的政策,为产业发展营造良好的政策环境。

3. 确立文化产业系统发展模式

呼和浩特市文化产业系统发展主要表现在以下两个方面:

(1)文化产业中各行业系统发展。要将呼和浩特市打造成国际草原文化的创意与传播中心,应充分整合文化产业资源,系统发展,改变过去一盘散沙的发展局面。具体表现在无论是传统文化产业,还是新兴文化产业;无论是影、视、歌、舞、工艺美术,还是书、报、动漫、建筑艺术等的发展,既要突出草原文化主题,在草原文化的大系统内协同发展,又要兼顾各自特点,形成特色。

(2)实现区域之间的协调发展。草原文化具有极强的地域概念,呼和浩特市文化产业的发展仅仅依靠自身的力量是远远不够的。因此,必须要改变"本位主义"观念,抓住国家制定"呼包银榆经济圈"发展战略和内蒙古文化产业确定的"呼包鄂"文化产业核心圈的有利契机,实现呼和浩特市文化产业跨盟市、跨地区合作,开创文化产业区域融合、规模发展的新局面。

4. 建立和完善文化产业人才培育机制、运行机制和监督机制

运行顺畅的各项机制是文化产业发展的重要保证,从呼和浩特市文化产业发展现状来看,要突出以下三方面的机制建设:

(1) 建立和完善人才培育机制。呼和浩特市文化产业人才,尤其是高端人才极其匮乏,在管理人才、技术人才和营销人才方面,数量稀缺,质量不高。呼和浩特市单纯依靠本市培养文化产业高端人才,一方面是短时间内不可能培养出数量多、质量高的人才,另一方面是培养体系不完善,培养难度较大。因此,应尽快建立和完善人才的引进机制和人才培养机制,将引进人才与自身培养方式相结合。应尽快建立激励机制,激励外部文化产业高端人才来呼和浩特市投资、创业、发展,激励内部各行业、各领域优秀人才加入文化产业中,鼓励呼和浩特市文化产业中的从业人员刻苦学习、锐意进取、早日成才。

(2) 建立和完善文化产业运行机制。完善的文化产业运行机制是呼和浩特市文化产业发展的内生动力。针对呼和浩特市文化产业,尤其是文化市场存在的问题,建议应尽快建立和完善各层级、各部门、各行业的协调和沟通机制,建立由政府相关部门、企业、专家组成的文化产业决策机制,建立和完善文化产品"生产—交换—消费"三环节的运营机制。

(3) 建立和完善文化产业监督机制。完善的监督机制能够保证国家、自治区相关法律法规正确贯彻执行,确保呼和浩特市文化产业政策、制度的顺利落实,规范文化产业市场行为,净化发展环境,建立统一、开放、竞争、有序的文化市场,促进呼和浩特市文化产业健康、有序发展。应提高执法队伍素质,加大执法力度,严厉打击扰乱文化市场的行为,切实保护知识产权;建立文化产业项目监管、审查、评估、验收机制,保证文化产业项目效果。

(三) 为文化产业发展提供保障

优化资源配置,调整产业结构,强化产业管理,加快基础设施建设,合理布局文化产业,为文化产业发展提供保障。

以政府推动为主,以市场为导向,重新配置资源,将呼和浩特市的资源优势转变为发展优势、产业优势,做强做优传统文化产业,做大做实新兴文化产业;充分发展文化商品市场,健全文化服务市场,形成文化要素市场,推进文化中介组织发展,逐步形成健康、繁荣、统一、有序的文化市场体系;通过调整产业结构,带动、推动品牌和优势文化产业的发展,以点带面,实现文化产业的整体推进;提高产业集中度,推进文化产业的集约化和规模化发展,实现呼和浩特市文化产业由劳动密集型向智力密集型和资本密集型转变;合理布局文化产业,逐步形成"13585"的基本发展架构。

呼和浩特市文化产业项目繁多,资金分散,布局混乱,应强化文化产业项目管理,加强文化产业项目的评审、监督和验收工作。一方面要加强对文化产业相关部门的监管,完善项目的审批验收制度,加大对项目资金的审计力度,保证项目的有效执行,防止项目建设中的腐败现象;另一方面鉴于目前文化项目资金分散,资金捆绑或整合使用存在较大障碍,难以形成合力,从而整体绩效不佳等情况,建议实施"一松一紧"的项目管理模式,调动"两个积极性"。"一松"即给基层政府更加宽松的政策环境,充分发挥地方的积极性和创造性。"一紧"即出台更加严紧的资金管理和项目考评办法,约束基层项目按要求进行。充分调动"两个积极性",即基层政府的工作积极性和文化企业的发展积极性。

文化基础设施是文化生产、传承、展示、积累、服务、交流、创新的硬件基础。呼和浩特市现有文化基础设施布局不够合理,配套不够完善,还不能充分体现草原文化特点,提升草原文化品质。首先,以文化产业项目、文化产业园区和文化产业基地的形式,体现"13585"文化产业发展架构的布局思想,加快基础设施建设,形成一批极具草原文化特色的建筑物、休闲和艺术场馆、演艺中心、推广中心等;其次,随着社会不断进步,居民收入水平不断提高和文化素质快速提升,呼和浩特市居民文化消费的层次正在逐步提高,群众性文化消费基础设施与居民逐渐提高的文化消费层次之间的矛盾也日益凸显,应加大加快群众性文化活动基础设施建设力度,以满足城乡居民日益增加的文化消费需求。

(四)加强宣传,提高草原文化在国际、国内的影响力,为文化产业发展奠定基础

草原文化源远流长,底蕴深厚,在世界文化丛林中极具特色。但是长期以来由于重视不够,宣传手段单一,使得草原文化传播范围较窄,在世界文化的大家庭中没有取得相应的地位和国际上应有的尊重。

发挥呼和浩特市作为草原文化在国际上的传播中心作用,加大对草原文化的传播、推广责无旁贷。首先,应加强在自治区和呼和浩特市内部的宣传力度,既让民众了解草原文化的博大精深,拉动自身文化消费水平,又能够营造良好的文化发展氛围和环境,为在国际上充分展示草原文化魅力创造条件。其次,应创新草原文化传播手段,拓宽传播途径,加强对外宣传,提高草原文化在国际上的知名度、美誉度和影响力,吸引国内外资本、人才来呼和浩特市投资、创业,吸引国内外的游客来内蒙古休闲、度假、旅游,实现通过文化产业提升旅游品质,通过旅游业繁荣促进文

化产业发展的良性循环。

(五)培育文化龙头企业和品牌企业,逐步推进中小微型文化企业发展

龙头文化企业和品牌文化企业可以树立呼和浩特市文化产业形象,扩大草原文化在国内、国际上的知名度。中小微型文化企业是文化产业的主体,是经济发展的主动力,是解决就业的主力军。应在区域合作的基础上,通过跨地区、跨行业、跨所有制兼并、联合、重组等途径,培育成长性好、竞争力强、具有重大示范带动作用的大型文化企业,增强呼和浩特市文化企业的国内和国际竞争力;应搭建中小微型文化企业发展平台,成立推动中小微型文化企业发展机构,完善中小微型文化企业政策体系,统筹规划,加强领导,狠抓落实,扫除中小微型文化企业发展障碍,减轻企业负担,扶持中小微型文化企业发展。

由于呼和浩特市文化产业长期处于无规划、无序的发展状态,造成文化产业有些方面发展得好,有些方面发展得差,发展好的速度要快些,发展差的速度要慢些,因此关于发展步骤,首先没有严格的时间界限和发展顺序,在执行过程中不能僵化地认为必须按部就班、按照规定时间顺序去做,而应具体情况具体分析,各步骤可相互交叉进行;其次,由于文化产业头绪繁多,涉及面广,因此实施步骤还有很多方面没有能力考虑,在执行过程中,应予以及时调整、添加和删减;最后,呼和浩特市文化产业发展战略、行业布局和实施步骤不是一成不变,而是动态发展的。呼和浩特市文化产业的发展,受到国家和内蒙古自治区文化产业发展等诸多因素的影响,当文化产业的内外部环境发生变化时,可根据情况对战略规划、行业布局、实施步骤及时修正。

第十章
呼和浩特市文化产业发展战略重点

根据《内蒙古自治区8337发展思路》、《内蒙古自治区文化产业中长期发展规划》(思路稿)和呼和浩特市文化需求市场发展趋势,结合呼和浩特市文化产业现状(现有主要文化产业项目见图10-1)和未来发展的态势,呼和浩特市文化产业重点发展行业应为数字传媒业、文化旅游业、文化创意设计业、文博会展业、文娱演出业、艺术品创作与交易业、出版印刷与发行业七大行业,并带动其他文化产业门类的发展。明确发展导向和发展载体(重点项目见图10-2),推动呼和浩特市的文化产业水平的全面提升,并最终实现将呼和浩特市建设成为"国际草原文化的传播与交流中心"的战略目标。

一、数字传媒业

数字传媒业是现代社会高科技发展的产物,任何一个国家和地区的文化产业发展都离不开它的支撑,这种支撑既体现在技术层面上对其他相关行业的推动,也体现在行业本身作为现代文化产业的重要组成部分。

(一)发展目标

数字媒体艺术是文化产业的助推器,数字传媒业主要包括广告、电视、电影服务,文化信息传输服务等行业。数字传媒产业具有技术与文化产业联姻,产业附加值大、关联度高的特点。它对弘扬优秀传统文化、调整文化产业结构、提升全民素质具有重大的战略意义。随着科学技术成果在人们生活中的作用越来越突出,数字传媒产品逐渐成为消费者主要的文化消费品。呼和浩特市应依托赛罕区科技人才、数字传媒的消费优势,新城区移动媒体、数字电视、互联网媒体、新媒体产业的市场平台,创新媒体内容的生产和传播方式,打造西北地区领先的、在全国有较高知名度的以数字媒体为特色的综合传媒强市。

(二)发展载体

表10-1 数字传媒业重点发展项目

项目名称	项目地点	项目内容
呼和浩特传媒集团	赛罕区	在依托全市传统的新闻业、广播电视业、文化数字传输业的基础上,通过兼并重组、资源整合,建立多元化的新媒体渠道,拓展传统媒体资源的新媒体用户和市场;通过跨领域合作和资本运作,积极与国际国内领先企业合作,打造在西北地区具有一定知名度的呼和浩特传媒集团
内蒙古(国际)文化产业新城	土默特左旗	以影视文化发展为主题,整合运用国际化、现代化文化产业发展理念和科技成果,充分挖掘内蒙古生态元素和民族文化元素,打造集文化创意产业、影视科技发展、文物保护资源利用、餐饮娱乐、旅游休闲度假等功能于一体的"国家级文化产业示范园区"。形成以广电影视传媒科技、古建筑异地保护、文化旅游体验、微电影体验推广、云经济影视文化、国际文化交流等为主要发展方向的文化业态
内蒙古民族电影院线云系统	赛罕区	依托内蒙古电影集团的国有院线品牌,打造中国第一条以"民族"字号为品牌的电影院线。启动全区各盟市的影院加盟,将1.3K和2K的数字放映设备投放到加盟影院,统一安装电子售票系统、监控管理系统,培训影院工作人员,对加盟影院实施"统一品牌,统一制片,统一宣传,统一结算"的连锁店现代管理模式,实现自治区旗县以上城市数字多功厅影院全覆盖
呼和浩特市电影宫数字化影院	赛罕区	依托全市影视播放基础设施,打造超大的3D数字银幕成为西北地区之最,兼具有举办各种形式的文艺演出、会议、庆典功能,以院线的模式进行管理,并开设KTV、小卖部、茶室、快餐等增值服务项目

续表

项目名称	项目地点	项目内容
草原音乐资源集成系统及网络化应用工程项目	赛罕区	依托现有"天堂草原音乐网",在目前中、英、蒙古文版的基础上,继续研发斯拉夫文、日文、俄文版网站和天堂草原手机网,经过改版和升级,打造一个全民互动、全社会参与的国际性多文种、多媒体草原音乐门户网站
数码内容体验馆	赛罕区	依托呼和浩特市的媒体资源,按家用多媒体、移动多媒体和个人多媒体等分类展示最先进的、堪称世界尖端的最新数字概念产品和成型产品。这些产品中包括MP3播放器、数码摄像机、数码照相机、数码录音笔、可以收看电视节目的多功能液晶显示器,等等。与此同时,消费者还可以在体验馆内免费上网体验,亲身感受
《乳业时报》数字全媒体	赛罕区	以《乳业时报》为基础,以"推动乳业发展,提升乳业品质,监督乳业运作,服务乳品消费者"为宗旨,打造中国乳业的核心媒体
少数民族原创数字音乐网络平台	赛罕区	依托数字音乐网,整合集正版数字音乐、原创音乐数字版权交易平台、数字音乐电台于一体的数字音乐门户网站,使其拥有丰富的正版音乐库、原创歌曲数字首发平台、少数民族数字音乐排行榜和精彩纷呈的民族电台节目,力争打造成引领全新的少数民族数字音乐革命,缔造全新的数字音乐平台

(三)发展措施

1.打造呼和浩特传媒集团

在全市传统的新闻业、广播电视业、文化数字传输业基础上,通过兼并重组、整合资源,建立多元化的新媒体渠道,拓展传统媒体资源的新媒体用户和市场;通过跨领域合作和资本运作,积极与国际国内领先企业合作,打造在西北地区具有一定知名度的呼和浩特传媒集团。

2. 加强传统媒体建设与转型

打造地区知名传媒品牌、名牌,进一步扩大传统媒体的传播力和影响力,大力加强数字化传媒竞争力建设,通过传统媒体和新媒体的融合、演变,增强传统传媒的生命力,扩大数字化传媒覆盖范围。依托赛罕区市场优势,重点将赛罕区打造为呼和浩特市数字传媒文化中心,建成现代数字传媒基地。

3. 大力培育新兴媒体产业内容

加快推动数字媒体内容发展,打造以数字新媒体产业为主导的文化产业园区。依托内蒙古高校音乐教育资源和内蒙古原有的特色音乐资源,以原创内蒙古歌曲、音乐为核心,搭建内蒙古音乐原创数字平台,使其成为中国知名的少数民族原创数字音乐网络平台。拓展传统广播电视节目内容的运营服务,整合本地广电内容和区内具有特色的视听节目,通过战略合作,积极向互联网用户、广电网络用户、CM-MB多媒体移动电视用户,以及其他城域网络用户提供广电节目的新媒体内容产品和服务。

4. 推动交流合作,完善公共技术平台,支持运营平台发展

搭建满足企业产品研发所需的公共技术服务支撑平台,建立和完善科学的平台建设、管理和服务机制;鼓励拥有资源、发展较好的龙头企业与其他中小企业共享渠道和运营平台,带动产业整体快速发展。引进高端人才,促进校企合作。按照"引进高端、培训中端、实训低端"的人才战略,调动和发挥人才中介服务机构作用,完善人才引进政策,优化人才发展环境,吸引高端人才落户呼和浩特市。

二、文化旅游业

呼和浩特市有着丰富的旅游资源,特别是体现少数民族风情的草原文化和展现大自然优美风光的草原地貌,这是当地发展文化产业的核心竞争优势,在未来较长一段时间内,文化旅游业一直将是呼和浩特市文化产业发展的支柱。

(一) 发展目标

呼和浩特市是在黄河文化、草原文化孕育下茁壮成长的。在这里还有北魏文化、大窑文化、土默川文化、民族和亲文化、语言文化、艺术文化、饮食文化……旅游与文化正如鸟之两翼、车之两轮。文化产业和旅游的结合,实质上体现了市场和文化资源的有机结合,旅游可以带来市场与客源,而客源享受的是文化和精神,从而促进以民族文化为主体的产业发展形成一个大的市场。以文化为魂,旅游为形,文化拉动旅游,旅游宣传文化,二者有机结合形成得天独厚的旅游产品,打造出文化旅游大产业。

呼和浩特市是中国优秀的旅游城市、历史文化名城、中国乳都。旅游业不仅在城市发展和经济社会发展中起到了积极的促进和推动作用,也是呼和浩特市走向全国,走向世界,展现呼和浩特市人文历史、现代草原文化和现代经济文化发展成就的窗口之一。近年来,文化旅游业成为呼和浩特市国民经济中发展速度最快的产业之一。依托内蒙古草原文化发展文化旅游业,最大限度地提高旅游业对国民经济的贡献率,增加旅游业就业,提高居民生活质量,把呼和浩特市建设成为融生态草原、文化草原、科技草原、创意草原内涵于一体的新型草原度假旅游城市、国家级生态旅游示范城市、国家级文化旅游产业集聚区和华北地区重要的自驾车旅游目的地。

(二) 发展载体

表 10-2 文化旅游业重点项目发展

项目名称	项目地点	重点项目内容
呼和浩特市历史文化产业园	玉泉区 回民区	依托玉泉区、回民区历史文化旅游资源,整合旅游、创意等产业资源,深入开发文化旅游项目,打造呼和浩特市历史文化产业园,形成呼和浩特市历史文化的名片
大青山南坡草原马汇	新城区	依托大青山良好的生态环境建设万亩草场、赛马场、国际育马基地,改造周边3个村庄。以马文化为主题,将现代的国际马管理经验与深厚的蒙元文化相结合,打造从育马到赛马、从骑马到马术的马产业链

续表

项目名称	项目地点	重点项目内容
托克托县南湖湿地扩建项目	玉泉区	以南湖湿地公园一期为基础与依据,扩建使其与大黑河形成独具优势的生态性河流湿地,项目定位为建设集生态保护、文化休闲、动漫影视、科技研发、农业观光于一体的国际化生态旅游度假区
老牛湾遗址公园	清水河县	运用现代科学技术展示老牛湾特殊的地质构造、地理位置、生态环境和气候条件,形成了集黄河、峡谷、瀑布、草原于一体的地貌景观,与明长城、古窑洞遗址交相辉映,共同构成了一幅壮阔的山水人文画卷
大青山抗日根据地红色旅游区	武川县	建设历史文化片区、红色经典片区、武川民俗三大片区,塑造武川历史文化形象,以自然景观、历史文化为媒介,传播武川曾经的边陲要塞、战略重地与帝王文化,以及作为全国19个抗日根据地之一的红色经典
内蒙古宇生乐丰园度假区	回民区	以大青山自然生态环境为背景,形成以青山觅胜、寻古探幽、冲沟野趣、奇异风情、影视外景为鲜明特色的、四季皆宜的生态型康乐养生商务度假区,并建设集生态性、参与性、体验性、商务性于一体的产品体系
白塔丰州遗址公园	赛罕区	依托丰州故城遗址丰富的历史文化素材,以还原丰州故城原貌为主题的白塔丰州遗址公园体现丰州故城历史文化,努力将该区域打造成代表首府城市形象和发展水平的特色新区,提升呼和浩特市历史文化名城内涵
草原旅游小镇	新城区	依托新城区城市规划中的城市定位,建设文化娱乐度假、商业综合服务、民族文化居住三个片区,建成集文化、旅游、农牧生产、展示观光、休闲度假于一体的草原新集镇
和林格尔县土城子遗址公园	和林格尔县	依托和林格尔土城子遗址历史文化,建成以土城子遗址历史文化为基础,发展文化层断面保护与展示、墓葬展示等项目,丰富呼和浩特市历史文化,让人们从不同的视角来了解呼和浩特市的历史文化

续表

项目名称	项目地点	重点项目内容
敕勒川草原文化旅游区	土默特左旗	以大青山自然生态环境为背景,建设草原文化产业园、草原湿地公园、草原休闲博览园和休闲农业、休闲渔业、休闲牧业等重点项目,弘扬敕勒川文化,打造以民族文化为灵魂、旅游产业为支柱的草原文化旅游区
大青山乐丰影视城	回民区	依托影视拍摄基地,"俄罗斯"风情园、"西域"新疆风情、休闲度假、旅游活动及户外项目,建设一个集自然生态、影视拍摄、时尚旅游、休闲度假、商务会议、特种运动和康体健身于一体的综合性旅游度假区
蒙亮文化广场	回民区	依托博大精深的蒙古族文化,并将其艺术特色表现在蒙古刀器、容器、乐器、牛角制品以及摆件饰品等上;同时,充分发掘蒙古族的文化积淀,如蒙古族雕刻、彩绘、绘画、刺绣和金银工艺饰品,研发生产出具有蒙古文化特色的民族手工艺品。通过蒙古族的独特艺术形式,展现了蒙古族工艺、蒙古服饰、蒙古餐饮的魅力,打造人们探知和了解蒙古族文化内涵的重要文化平台
托克托县神泉生态旅游区二期	托克托县	依托旅游区内沙漠、草原等自然资源,建设既有现代豪华游轮、渡轮和黄河漂流,也具有古典园林气息和自然地域风貌的景观旅游区,给游客提供一个黄河、沙漠与托克托县厚重的历史文化底蕴相融合的旅游观光、休闲度假的最佳游览景区
内蒙古阴山边塞文化产业园	武川县	以阴山边塞文化为依托,建设阴山文化生态博物园,为内蒙古的旅游产业增添亮丽的一景,也为中华民族优秀文化的传承起到推动作用

(三)发展对策

1.打造文化旅游的创意核心吸引物,创新旅游体验模式

创意是文化旅游产业园区形成的基础,旅游核心吸引物是文化旅游产业园的生命力所在。呼和浩特市具有悠久的草原文化资源,是呼和浩特市文化旅游的生

命,而草原文化创意才是呼和浩特市文化旅游产业的基础,现阶段的呼和浩特市文化旅游的瓶颈就是旅游项目缺少创意。建立呼和浩特市文化旅游产业园,整合地方草原历史文化资源,围绕草原文化主线打造创意性旅游项目,聚集人气,引爆区域,形成对广域旅游市场的持续吸引。

传统文化旅游项目以草原观光、文物古迹游览和静态展示为主,缺乏体验性和深度游览性,随着技术的进步和人们需求的多元化,现代人对于文化旅游有了新的要求,如果想赋予传统的文化以生命力,强化文化旅游项目的竞争力需将文化与世界级品牌、科技和资本高效对接,引进高新科技作为技术手段,采用情境体验、动漫形象、创意理念、游戏玩法、影视场景、特色商品、建筑景观及丰富演艺将文化活化,呈献给游客完美的深度草原文化体验。

2. 转型升级民族、民俗、召庙旅游产品

呼和浩特市周边有希拉穆仁草原、格根塔拉草原、辉腾锡勒草原、淖尔梁草原,草原面积大、类型丰富,形成了多种类型的草原,如草甸草原、荒漠草原、沙地草原、河谷草甸等。传统的草原旅游业发展大多是以观光、蒙古族风情等产品为主,内容少、项目单一,不能有机结合。在转型升级过程中,充分挖掘蒙古族特色文化,从草原主题产品、草原活动、草原品牌等方面入手,构建新型草原避暑胜地,扩大旅游市场联盟,提供大量草原休闲活动体系,如户外探险、极限运动以及小型航空运动等,丰富草原旅游产品,提升服务水平。在发展草原旅游业的同时,要打造出更多像伊利、蒙牛、草原兴发等知名企业。

寺庙旅游特点为寺庙分布较集中,以观光游览为主,但没有形成规模。其中,集中于玉泉区的大昭寺、希力图召均为国家3A级旅游景区,仅距百米,向东不到一公里就是国家2A级旅游景区五塔寺,向北延伸不足15公里有乌素图召庙群体,旅游产品性质差异不大,但各自为营,市场分化严重。在呼和浩特市召庙旅游开发过程中应集中精力打造以大昭寺为轴心的观光休闲度假为一体的复合型旅游产品,从大昭寺广场改扩建的基础上入手,将大昭寺、席力图召、五塔寺、乌素图召统一管理开发,捆绑宣传。以大昭寺为圆心,以15公里为半径,整合社会资源(宾馆、酒吧、高星级酒店及休闲娱乐场所和大型购物商场),构建成召庙旅游一条线,休闲、娱乐、购物一个圈的复合型旅游产品。

3. 文化与旅游充分结合发展多元化旅游产业

呼和浩特市旅游业的发展是以草原为背景的,充分挖掘草原文化内涵,举办各

类大型旅游文化节庆以及会展活动(如国际草原文化节等),结合地方民俗特色、蒙古风情,将悠久、广阔、多元、复合的草原文化与旅游构建成一个有机整体,形成多元化旅游产品,进而成为呼和浩特市旅游业发展的助推器。

黄河流经呼和浩特市土默特左旗、托克托县、和林格尔县、清水河县。以九曲黄河和黄河两岸的自然景观为主线,以历史文化、民俗风情为重点,形成区别于黄河其他段的具有比较优势的特色旅游带。也就是说,以九曲黄河及其两岸的自然景观为背景,将古城遗址、古长城和其他历史文化旅游资源有机串联起来,同时,发掘沿黄河地区丰富的民俗风情,作为动感旅游资源融入其中,再点缀以观光农业(农家乐、渔家乐)等人文旅游景点,形成内容丰富、特色明显的优势旅游带。强化基础设施建设,挖掘文化内涵,各类资源有机整合,统一规划,保护与开发有机结合,打造"与母亲——黄河握手"以及"倾听母亲的诉说"等旅游主题产品,促进沿黄河线旅游业的长期有效发展。

为使北魏文化与旅游业在呼和浩特市得到完美的结合,在和林格尔县建造的古城遗址和博物馆集中展示了北魏鲜卑人的文化;在《国家文物保护法》有关规定对文物古迹严格保护的基础上,通过文物古迹的必要发掘和遗址原貌的展示,主要是展示手段要更新和多样化。核心是通过对鲜卑草原文明的考古、历史、文化、社会、地理、人类学、城市建设史等的考证,以盛乐古城遗址区为载体,配以导游解说词、宣传材料、影视媒体等为主体,辅以少量的古城实体遗存展示,将遗址区隐含的大量信息展示出来。通过建造古城遗址和博物馆将北魏文化与旅游充分结合,辅以北魏文化论坛、盛乐旅游经济发展研讨,探究鲜卑人的民俗与现代旅游形式相结合,推出系列旅游产品,从而增加项目的可参与性和吸引力。

大窑文化遗址年代久远,两处遗址均为旧石器时代早、中、晚期较大规模的石器制造场,其年代距今有50万年至1万年。它的存在有力地证明了呼和浩特市是我国古代人类文化的发祥地之一。遗址为全国重点文物保护单位,具有极高的历史价值和考古价值。目前的主要问题是遗址发掘深度与广度不够,保护与展示不力;缺乏一个科学的规划;遗址总体上缺乏观赏性。应从保护与利用的关系着手进行考古发掘与总体规划,通过建大窑文化博物馆和遗址展示两条途径丰富其旅游内容;通过大窑文化与北方游牧文化的历史渊源及大窑文化与内蒙古其他古文化遗址的关系研究,延伸与扩充展示内容;与周边旅游资源,尤其是与南部综合旅游区和呼和浩特市旅游主题城市相结合,组织形成文化特色旅游线路;通过市场化的旅游经营与事业性的保护管理模式,结合现代声、光、电等技术与游客形成互动,让游客在游玩中学习,在学习中游玩。

土默川文化是以蒙古族土默特部文化为基础并融入了汉、藏、满、回等民族文化而形成的一种地域文化。它是北方蒙古族草原文化的重要组成部分,也是中华文化宝库中极富特色而又充满活力的不可缺失的文化瑰宝。依托大青山标志性的地理背景,演绎土默川地区的历史文化、民族风情,是呼和浩特市具有优势的旅游项目。该旅游文化产业区主要应通过结合蒙古族风情,并将具有历史文化、生态等特征的土默川先民生产、生活方式与场所再现等方式构成景观优美的旅游度假区。在这里以物质文化为主(土默特地区历史上的民族建筑、雕塑、绿地、装饰、商品、人物行为与服饰等)反映、再现、演绎、戏说土默川的历史和文化,配合导游解说词、宣传材料、影视媒体、歌舞等,展示与再现土默特历史文化与民族风情,使土默特文化得以再现,使旅游业得以发展和提升。

和亲文化是在和亲过程以及与之相关的活动中积淀而成的一种独特文化。和亲文化具有开放性、交融性、"变夷从夏"、多元性、政治性及远距离通婚等特点。[①]昭君博物院是汉代王昭君的青冢,现为自治区级重点文物保护单位,国家4A级旅游景区,属于景观建筑类旅游资源。其本身的景观价值不大,但其蕴含的丰富历史文化内涵和社会政治价值,以及通过创意策划可以挖掘的旅游价值是十分巨大的。这里是蒙古风情、和亲文化、草原文化相结合的最佳切入点,在这里将昭君博物院和蒙古风情园联系成一个整体,集中展示"民族亲缘,华夏一家"的历史主题。通过静态(昭君墓)与动态(风情园)的有机结合,历史(昭君墓)与现代(风情园)的强烈对比,人文(昭君墓)与自然(风情园)的空间组合,突出中华民族的"和亲文化",并延伸出"草原文化",进一步延伸出"民族文化"、"民族风情",将"和亲文化"与"风情园"通过"历史走廊"结合在一起,形成"和亲文化风情旅游区"。

4. 构建呼和浩特市大产业体系

以草原文化、旅游产业作为主导,融合文化会展业、数字传媒业、创意设计业、演艺娱乐等其他相关产业,使它们相互转换、相互影响和相互驱动。在产业耦合作用下,形成多种新的旅游业态、旅游产品,既能够带动旅游的综合消费,又能提升文化产业的附加值、延伸产业链条、拓展产业空间,真正实现产业之间的互融与共荣。

[①] 崔明德:《和亲文化与婚姻文化比较研究》,《文历哲》,2004年第2期。

三、文化创意设计业

文化产业属于智力密集型产业,其发展的灵魂在于创新,文化创意设计业是这一特点的集中体现。因此,文化创意设计业在整个文化产业中的地位应受到足够的重视。

(一) 发展目标

创意设计,简而言之,它是由创意与设计两部分构成,是将富于创造性的思想、理念以设计的方式予以延伸、呈现与诠释的过程或结果,设计包括工业设计、建筑设计、包装设计、平面设计、服装设计、个人创意设计等内容。从全球范围来看,资源约束经济发展依然是世界各国面临的共同发展难题,而依托创意驱动经济发展的模式日益成为各国在经济社会发展过程中的必然选择。发达国家,如美国、英国、德国,其服务业产值成为国民经济的主要构成部分,其中依托富有知识产权价值的创意生产占据重要地位。发展中国家和欠发达国家则是通过传统文化资源的创新性开发生产来实现经济的跨域式发展。创意产业本身可以通过创意性的劳动,诸如对传统文化概念的创意性开发、工业设计、广告创意、文学影视作品创作等形式生产文化产品和提供文化服务,同时,能够为传统产业提供创意服务,传统产业在产品设计、包装、行销推广等环节如果增加创意性设计的辅助,在品牌价值提升、产品内涵、消费者满意度提升等方面得到巨大的价值提升。以全球市场上大部分"中国制造"产品为例,发达国家把工厂设立在发展中国家和欠发达国家,而工业设计、品牌塑造、营销推广等创意性劳动环节在本国实施,最终产品价值的实现则是依赖于创意性的价值创造,传统的生产加工环节只能分享全部产品利润的小部分。

呼和浩特市文化创意产业正在悄然兴起,依托丰富的草原文化资源和本地民俗文化资源,以各类非物质文化遗产作为基本要素,通过创意性的艺术加工、技术开发、营销推广,生产和销售具有鲜明城市特色的文化创意产品和服务,面向国内外市场,存在着具有良好发展前景的发展潜力。但仍然存在一些困难与问题,如文化创意产业发展缺乏相应的政策法规支持;各文化创意产业园区特色定位不强,与城市资源特点联系不够密切;缺乏高层次的文化创意产业人才;等等。因此,通过培育创意设计产业集聚区,引进一批在国内外具有影响力的设计企业、设计师工作室,打造西北部具有影响力的设计主题展会,初步形成"草原设计"品牌效应,建成全国领先的草原文化创意设计基地。

(二)发展载体

表10-3 呼和浩特市创意设计项目

项目名称	项目地点	项目内容
内蒙古新华创意城项目	新城区	依托草原文化,秉承文化是魂、产业是根、平台是关键的宗旨,按照传承草原历史文化历史,激活草原文化脉络,打造内蒙古创意城,建成包括设计、会展、广告、演艺、动漫、传媒、音乐、美术、教育等内容的创意文化园区
内蒙古大盛魁文化创意产业园	玉泉区	以大盛魁商业文化为主线,以明、清两代建筑风格为主,以旅游活动为创意对象,丰富呼和浩特市历史文化名城内涵
内蒙古非物质文化遗产园		依托非遗资源,建设集文化创意、科技、旅游于一体的文化旅游产业,打造成草原文化元素的迪士尼乐园。将吃、住、行、游、乐、购、学、体、思九大生活方式融于一个商业平台,建设成全业态、全时段、全客群经营的一站式消费平台
中国画院内蒙古创作基地	新城区	依托中国建筑文化精髓,融合草原历史文化传统元素和现代创新理念,建造10座独具韵味的工作室,从而提高基地的综合服务能力,配套建设一座多功能展示、创作、服务中心,提供一个文化交流创意平台,实现文化与实业融合,形成产业集聚效应,打造呼和浩特中国画院特色文化
内蒙古"蓝色故乡"民族文化产业园	玉泉区	展示中心以打造"一流的草原文化展示中心"和"草原精品购物天堂"为目标,汇聚、展示内蒙古十二盟市独特文化和民族精品,宣传和弘扬草原文化,发扬草原文明之精髓,打造成内蒙古草原民族特色商品展示窗口

续表

项目名称	项目地点	项目内容
南山历史文化生态创意产业园	武川县	以南山的历史文化主题展示作为项目的核心定位,通过产业园区产业集聚功能将武川县广告设计公司、工业设计公司、建筑设计公司吸引到产业园区来,完善园区周边配套业态,有序拓展园区产业发展空间
呼和浩特文化创意产业园	新城区	以文化创意设计为核心,引进国内外知名的工业设计、建筑设计类企业和机构,完善信息交流、公共技术、展示交易、人才培训等公共服务,打造具有原创力和辐射力的创意设计基地

(三)发展对策

1.强化政府引导和扶持

目前,呼和浩特市创意产业领域尚处在起步阶段,需要通过初期的政府引导和扶持,鼓励和支持通过创意性劳动创造产品、开发文化创意服务,并通过制度性倡导鼓励创意产品和服务与传统产业嫁接,提升传统产业的价值。第一,建设创意产业孵化和培育平台,以草原文化和地方民俗文化为特色,逐步发展基于创意和创新的文化服务业;以政府主导方式,借鉴国内外发展创意园区的经验和做法,利用旧厂房和闲置建筑物,建立创意产业集聚园区,通过政府资助、税收优惠、物业减免等途径扶持创业企业的创意专业人员进行创意生产。创意园区对于工业设计、广告创意、影视艺术品创作、书画创作、艺术品生产和交易等业态的生产和销售进行统一规划,在国家、内蒙古自治区、呼和浩特市文化产业发展政策指导下进行园区统一管理,并提供一站式的政府公共服务,力求通过政府的初期扶持,逐步走向市场化的经营管理模式。第二,建立创意产业扶持机制,保护创意劳动成果,加大知识产权保护力度,为创意劳动创造健康的生产环境;创意产业发展的一个重要方面是知识产权的保护,对创意劳动版权、商标权、著作权、专利等方面的保护是创意产业健康发展的保证。政府管理部门应积极支持创意产品创作者和生产者进行商标、版权、专利权的申请,并提供配套服务,通过相关执法机构对于侵权行为进行严厉监管和惩罚,切实保护创意产业的有序发展。第三,健全创意设计公共服务平台。

依托呼和浩特市高等学校创意人才优势,搭建工业设计共性技术平台,完善信息咨询、人才培训、展示交易、行业交流等平台,促进设计成果转化。扶持本地重点企业和知名设计机构,发挥骨干企业和领军人物的行业引领和带动作用,培育草原文化设计品牌。

2. 加强文化创意产业的集群发展与规模效应

产业集群化发展是当今产业发展的趋势之一。作为新兴的文化创意产业,其较强的产业融合性决定了其发展过程中需要整合各种资源,集群化发展趋势非常明显。如美国闻名于世的曼哈顿"苏荷(SOHO)艺术聚集地"、好莱坞影视娱乐业集群等,都是文化创意产业集群发展的成功范例。

呼和浩特市文化创意产业刚刚起步,各类文化创意产业基地和聚集区建设刚刚起步,且特色还不明显。未来发展需要加强对特色文化创意产业集群的培育,建设一批特色鲜明、优势突出的文化创意产业基地和园区,打造较为完整的文化创意产业链条,实现文化创意产业集群发展和产业规模效应的充分释放。如以现有创意园区与草原豆思动漫创意产业园区为基础,大力引进国内外一流的创意设计企业和机构,重点发展工业设计、建筑设计、平面设计、工艺美术设计、服装设计、家居设计等领域。

3. 以科技促创意

文化创意产业的发展一方面需要技术作为创意产业产品和服务的实现手段,另一方面,技术的革新和迅速应用催生文化创意产业的新型业态。移动互联、物联网和云计算技术在我国的迅速发展,正在改变着传统的消费模式,正在成长为社会主流消费阶层的年轻一代消费者,成为文化创意产业产品和服务的主导消费群体。以科技作为发展文化创意产业的主要驱动力,既是现阶段及今后一个时期内的重要发展模式,同时也是适应国际趋势、承接技术发展成果促进文化创意产业发展和满足主流文化创意消费人群需求的选择。

抓住"宽带中国"战略契机,努力建设呼和浩特市互联网宽带服务平台,借助互联网平台,注重文化创意产品的网上网下协同发展,建设呼和浩特市文化创意产业网上内容平台、互联网营销推广平台和传播平台。充分关注网络平台上文化消费的新趋势,实现具有草原文化独特元素的文化创意内容的网上传播和文化产品的网络销售。响应国家"三网融合"战略,改革传统广播、电视、新闻等传媒产业经营模式,积极引导传统媒体与宽带互联网、移动互联网的对接和融合,拓宽传播渠道,运用互联网传播特点改变内容传播模式,延伸传播的范围和时长。

充分利用呼和浩特市云计算基地的技术优势,进一步发展云端创意产业,利用云计算基地大数据存储和数据产业经营基地优势,推动呼和浩特市文化资源数字化,并进行云端存储和管理,推动文化创意产业的云端创意、生产和传播。

4. 加大对文化创意产业专业人才的培养

人才是创意产业发展的核心资源,目前呼和浩特市文化创意产业人才还严重缺乏,创意人才总量、结构、素质还不能够适应产业快速发展的要求。今后应调整人才教育结构,加强对创意产业人才特别是高端人才、复合型人才、营销人才的培养;积极举办各种大型创意设计展览,打造设计师们相互交流、碰撞的平台,激发创意人才创造原创文化产品的激情和动力。利用文化体制改革等契机,尽快实施发展文化产业的人才工程,加大文化创意产业人才的引进和培养的力度,并通过人才引进等方式,汇聚具有国际视野的高端创意人才和既懂文化规律又懂文化经营的管理人才,拓展国内外市场,加强文化创意产品和服务出口等。

四、文博会展业

近年来,呼和浩特市的文博会展业展现出了蓬勃发展的良好势头,其对地方经济的拉动、地方形象的宣传也起着越来越明显的作用,在未来的文化产业发展规划中,文博会展业也必将是不可或缺的一环。

(一) 发展目标

经过近30年的发展,呼和浩特市文博会展业具备了初步的发展规模和管理水平,在自治区城市会展业发展中处于领先水平。但是,从全国范围来看,呼和浩特市会展业发展水平尚属起步阶段。从会展业发展的总体水平来看,国内一线城市如北京、上海、广州等城市占据国内会展业较大市场份额,拥有多个世界级的和全国性的专业品牌展览项目,会展业的国际地位逐步上升;二线城市如成都、重庆、青岛、杭州、大连、西安、郑州等城市近年来大力发展会展业,从政府对会展业的重视、场馆建设速度、政府对会展业的整体营销、项目管理水平和国际合作等方面均取得了突破性发展。呼和浩特市会展业发展与国内二线城市发展水平仍然存在差距；与国内民族自治地区会展业发展状况相比，呼和浩特市在品牌展会培育方面也存在差距。近年来，乌鲁木齐、银川、南宁等地相继培育了亚欧博览会、中阿合作论坛和中阿博览会、中国东盟博览会等国际性展会，呼和浩特市在品牌展会培育方面需要向兄弟城市借鉴发展经验。

呼和浩特市文博会展业的发展应以会展基础设施和产业集聚与辐射能力为依托，通过外引内联，进一步完善会展场馆设施，培育一批具有一定影响力的会展企业，打造一批会展品牌，扶持一批专业会展公司和经纪人。充分利用西部大开发战略机遇，大力开拓区外市场，努力提高会展业利用外资的质量和水平，举办具有典型地方特色和国际影响力的商业展会、会议论坛，形成面向东北、华北、西北、蒙古、俄罗斯的"节、会、展、演、赛"为一体的具有草原文化特色的会展品牌，把呼和浩特市建成国内外具有一定影响力的"会都"。

（二）重点项目

表10-4　呼和浩特市文博重点项目

文博项目名称	项目位置	项目内容
昭君博物馆	玉泉区	昭君文化
五塔寺博物馆	玉泉区	金刚座舍利宝塔文化
草原文化博物馆	玉泉区	草原文化
大窑文化遗址博物馆	回民区	大窑文化
草原乳业博物馆	和林格尔县	乳业文化
和林格尔县走西口博物馆	和林格尔县	走西口文化

表10-5　呼和浩特市节庆重点项目

节庆项目名称	项目内容
昭君文化节	文体唱戏、经贸搭台、文化交流
国际草原文化节	

表 10-6 呼和浩特市会展重点项目

会展业项目名称	重点项目内容
中国民族商品交易会	民族商品交易
国际会展中心扩建	扩建国际会展中心
威联药品保健品交易会	药品、保健品
内蒙古国际农业博览会	现代农牧业
内蒙古国际食品博览会	民族食品产业
内蒙古国际广告与传媒博览会	广告设备、设计
中国(内蒙古)国际乳业博览会	乳品产业
中国(内蒙古)农牧业机械展览会	农牧业机械

(三)发展对策

第一,完善会展业基础设施体系。从建设会展经济区的目标定位来进行会展基础设施的建设,提供会展业发展硬件条件。综观国内外会展业发展先进地区的经验和做法,成熟的会展经济区应具备完善的功能。其内涵如下:①核心层。围绕展览业务而设置的功能区,主要包括展示场地、标识系统、馆内通信系统、电气供应系统、疏散通道、广告空间、货物通道、展会服务、礼宾服务。②紧密层会展服务。包括会议中心、同声传译系统、交通系统、停车场服务、展具租赁服务、商务中心、餐饮服务、住宿服务、医疗服务、互联网接入服务、出租车及接驳车服务。③拓展层会展服务。包括物流服务、设计与搭建服务、金融服务、场馆连接廊的多功能服务、印刷与文具服务、便利店、新闻发布服务、产品发布会、技术交流会、论坛等专项会议服务、宴会服务。④延伸服务。包括剧院服务、创意产业区、休闲娱乐区、购物服务、观光旅游服务、小型展览、社交聚会、婚礼宴会、大型活动与赛事组织。通过向展会相关人群提供衍生服务,为展会顾客提供增值服务和吸引当地居民的消费,发挥会展经济区的综合功能。从呼和浩特市现有的会展基础设施来看,存在场馆功能不完善、配套不足、容量有限等局限,与国内会展业发达城市乃至西部城市相比存在较大差距,与首府城市会展业发展所需求的水平不相适应。

第二,进一步挖掘现有的商务部扶持主导型展会内涵,拓展招展范围,探索展会国际化经营途径,参照国内不同城市举办的国际性贸易洽谈会和交易会,如欧亚博览会、东北亚博览会、中国东盟博览会、中阿合作论坛等成功的国际性展会运营经验,积极争取国家相关部门的政策扶持和国际化招展招商支持,力争把中国民族商品交易会打造成为国际级的富有区域特色的综合类展会。在政府主导型展会方面加大本地政府的支持力度,利用各种国际性展会的论坛机会推广呼和浩特市会展资源,在商业性展会和高端国际会议、论坛方面建立品牌,树立具有典型草原文化特色的国际性展会和论坛。

第三,围绕呼和浩特市主导产业,通过政府主办、社会资本办展扶持、引进巡回展等形式发展商业展会,通过展会提升产业发展水平,促进本地主导产业和优势产业的发展。近年来,呼和浩特市在乳品、电子信息、电力、生物制药、冶金化工、机械装备制造六大行业的发展优势逐渐明晰,在全国同类产业中具备了明显的发展优势或潜力,从商业展会发展的基本路径来看,城市主导产业和优势产业在展会参展商组织、专业买家组织方面具备优势,而展会的成功举办又可以反哺产业的良性发展。呼和浩特市在主导产业和优势产业商业展会的组织过程中,可以结合政府主导进行展会培育、扶持社会资本在相关领域办展等形式,逐步建立呼和浩特市在自身主导产业领域的商业展会优势。与此同时,应积极与国内外同领域成熟展会举办方开展业务合作,通过引进国内外品牌展会在本地举办巡回展或进行展会合作、合资等形式来提升本地会展业的管理水平。

第四,大力发展消费类展会。基于首府城市较大的居民基数和城市对周边地区的辐射能力,消费类展会是会展业发展的基础。呼和浩特市会展业经过20多年的发展,从政府举办的公益性宣传教育类展会开始,利用已有的会展设施,消费类展会从无到有,逐步形成了一系列相对成熟的展会,在消费类展会发展的基础上,兼有消费类和商业类展会交易洽谈的综合类展会相继得到发展。今后的消费类展会发展策略应注重对展会的规范化管理,从展会品牌培育、展会交易监管和知识产权保护等方面提升展会水平,向着消费类展会规模化、专业化和逐步过渡到商业类展会的方向发展。在展会发展过程中,不断提升会展业发展软环境建设,诸如专业会议策划和会务服务、展览规划服务、旅游信息服务、专业买家邀请、观展促销、本地供应商协调、场馆考察协调、新闻报道服务、场馆和周边地区适应性游览指导等。

第五,深入挖掘呼和浩特市节庆活动的文化内涵,创新节庆活动的举办形式,提高活动的群众参与度和市场化运营绩效,以特色节庆活动提升城市魅力和影响力。节庆活动是发展旅游等文化产业的重要要素,是城市提升形象的有效途径,通过节庆活动来凝练和集中展现地方文化特色,作为重要旅游吸引物来提升本地旅游业内涵。在发展呼和浩特市节庆文化的过程中,需要梳理本地各类节庆活动的内容、举办形式和举办时间,针对不同的节庆活动,统筹安排城市总体节庆活动计划,并以节庆活动作为推广旅游等文化产品的重要内容,利用富有特色的节庆活动平衡旅游发展的淡旺季。

第六,充分利用呼和浩特市博物馆资源,鼓励和扶持民办博物馆和行业博物馆,逐步形成以国有博物馆为主体,民办博物馆为补充,各行业和专题博物馆全面发展的博物馆体系,吸引著名拍卖师到呼和浩特市主持拍卖活动,激活文博市场。

五、文娱演出业

文娱演出业是呼和浩特市文化产业发展的重要组成部分,也是传播草原文化的有效手段之一。就目前的发展水平来看,呼和浩特市在这方面还有很大的发展空间与潜力。

(一)发展目标

演艺业要切实推动国有文艺院团改革,加大对民营院团的扶持力度,支持其与国有院团平等竞争、共同发展,不断完善演出市场网络体系,推动呼和浩特市演艺市场向多元化、品牌化方向发展。推进文化演艺与旅游的深度融合,实现全区4A级以上风景区都有一个特色文化演出项目;培育1~2个大型文艺演出集团;积极挖掘呼和浩特市文体娱乐设施的潜力,改造建设大型综合性剧院和文体娱乐场所,完善服务功能建设,推进产业化经营水平,丰富文化休闲市场,打造西北地区演艺娱乐中心。

(二)重点项目

表10-7 呼和浩特市演艺娱乐业重点发展项目

项目名称	项目地点	项目内容
万达文化娱乐综合体	赛罕区	建设承担大型演艺活动的现代文化场馆,形成集超高层写字楼、高星级酒店、大型购物中心、大型电影城于一体的时尚文化演艺综合体,打造城市标志性文化设施

续表

项目名称	项目地点	项目内容
乌兰恰特国际演艺中心	赛罕区	完善乌兰恰特大剧院设施,加大技术装备投入,创新舞台设计方式,打造以草原文化为特色、汇聚国内和世界演艺资源的国际演艺中心
《永远的成吉思汗》		以一代天骄成吉思汗的故事为特色,结合现代舞台信息技术、数字技术,加大技术装备投入力度,创新剧目设计和表现形式,打造品牌剧目,加大海外市场营销力度,提升文化的影响力
《蒙古族婚礼》		以蒙古族传统文化为特色,依托乌兰恰特大剧院,进一步提升科技含量,优化灯光、音响、舞美、特技、武术的设计搭配,以立体影像展示传统文化,打造特色旅游演艺精品剧目,培育呼和浩特城市文化名片
《马可·波罗传奇》驻场演艺		以内蒙古民族歌舞为基础,糅合了杂技、魔术等艺术元素,重点体现了中国元代在宗教信仰、民族交融等方面的政策和兼容并包的思想理念
呼和浩特民族文化演艺中心	赛罕区	建设技术装备先进,舞台设计方式超前,观演区设施及功能配套完善,以草原文化为特色,汇聚国内和世界演艺资源的国际演艺中心
大昭文化产业区块	玉泉区	以大召、观音庙、乃莫齐召为基点,在周围辟建绿地广场,恢复名胜景观,连接席力图召和五塔寺,形成和谐、统一的召庙文化景观区。在大召寺前,恢复了月明楼、德泰玉等87处历史上有名的老字号商铺。仿旧新建了大召民俗广场、康熙御道、内蒙古民俗文化村等文化设施,打造呼和浩特大召文化品牌,促进文化融合

(三)发展对策

第一,加强文化休闲娱乐场所和文化设施建设。改造呼和浩特市乌兰恰特演艺中心、呼和浩特市体育场馆等文化休闲娱乐设施,完善服务功能,优化休闲演艺场所周边环境。依托中心城市的文化汇集、人口汇集功能和潮流时尚的优势,采取政府投资和鼓励社会资本投入并举的方式,改造兴建一批休闲演出场所,适量规划建设经营性的大型室外演出场所,建设完善、分布合理的区域休闲娱乐和演出中心,打造区域性文化演出中心和娱乐消费中心。

第二,加强舞台艺术创作。充分依托区市两级演艺团体的人才和资源优势,不断扩大在国际国内演出市场的影响,打造呼和浩特市能够成为文化企业"走出去"的旗舰演艺企业;打造一批具有草原文化特色的演艺娱乐剧目。以经典剧目和旅游演艺剧目为重点,充分挖掘草原文化,运用现代高科技的展现手法创新表现形式,提升剧目的吸引力,打造一批具有草原特色的、有全国影响力和市场效益的演艺产品。努力提升蒙古族歌曲、蒙古族男儿三艺、蒙古族故事等剧目的品牌效应和市场效益;整合本地晋剧演出资源,开展区域合作,组建跨地区的晋剧院团,扩大和提升呼和浩特市在全国城市中的知名度和美誉度。要在重点剧目创作生产和文化惠民演出方面下功夫,提倡抓投入少、周期快、适合走市场又方便下乡演出的中小型剧目。积极推进"二人台"艺术的发展,做大、做强"二人转"特色演出业;积极打造独具呼和浩特地域特色、富于西部乡土风情的品牌剧(节)目,促进演艺与旅游、娱乐餐饮的有机结合,打造与传播文艺演出特色品牌;鼓励各类文艺团体精心打造既体现草原文化特色、又能够在国内外巡演的品牌剧目;积极引进国内外高水平的文艺节目,打造"大剧院艺术节"、"文博会艺术节"等演出节庆品牌,创办流行音乐节。

第三,加强演艺界的国际交流,积极吸收国际先进的文娱演艺养分,拓展草原文化宣传的国际视野。鼓励演艺企业和机构大力生产和引进高端精品剧目,提升演艺产品的质量,繁荣演艺市场,满足人民群众文化消费需求。

第四,依托新城区丰富的体育场馆,以运动休闲、健身服务和体育竞赛表演为发展重点,打造特色运动休闲基地,积极培育大型体育产业集团。文化娱乐业要推动科技与娱乐的深度融合,引进、开发新的娱乐形式,增强娱乐产品的科技含量,提高娱乐产业的整体层次和文化品位。鼓励建设、经营面向老年人和中低收入居民的休闲娱乐场馆设施,加大行业监管和市场开拓力度。

第五,积极推进旅游业与演艺业融合,培育旅游精品剧目。将演艺娱乐与当地旅游文化资源相结合的旅游实景演出已成为一个重要的盈利点。呼和浩特市应立足于本地资源优势,打造具有艺术价值和市场前景的歌舞节目,开辟新的演艺娱乐场所,创造新的旅游景点,为演出市场发展做出贡献。

第六,加快演出管理人才培养。采取多种措施,加快演艺产业人才培养。依托国家和自治区重点人才建设工程,加快培养高层次拔尖人才、专业领军人才和民族文化代表人物。通过国际合作、岗位实践、在职进修、对口交流、挂职锻炼、委托培养等方式,加强对创作、导演、编导、舞美等短缺专业人才和年轻后备人才的培养力度。依托大型文化产业集团、区内外高等院校等培训资源,加强演艺产业经营管理人才培训。抓紧培养善于开拓文化新领域的拔尖创新人才、掌握现代技术的专门人才、懂经营会管理的复合型人才。

六、艺术品创作与交易业

内蒙古草原文化的精神财富与物质资源为艺术创作提供了丰富的思想素材,这是呼和浩特市发展文化产业的又一优势,只是目前的发展水平还有较大欠缺。

(一) 发展目标

艺术品是人类物质形态的精神产品。作为边塞古城,呼和浩特市的艺术品市场规模正在不断壮大,草原民族的奇特魅力吸引了无数的爱好者前来淘宝。目前呼和浩特市已有多个艺术品交易市场,数百家艺术品店。呼和浩特市艺术品品种繁多,有刀具、民族服饰、皮画、毡画、木雕、泥塑、面具、餐具、陶器铜、银、锡制品等,造型独特、做工精美,极具民族风情和地域特征,散发着浓郁的草原生活气息,别具一种游牧文化之美。但由于市场相对混乱,且受利益驱使,使工艺品质量日趋粗糙,观赏和收藏价值有所下降。产品的品牌单一,款式设计落后。本地企业生产大多是生产规模较小的家庭作坊,创作能力有限,因而产品结构单一、质量无法保障,且难以形成规模。

因此,应该加强艺术品市场资源整合,重点扶持一批现代化、专业化的艺术品生产、经营机构,培育艺术品创作与交易业为特色的文化产业园区,引导和规范艺术品市场秩序,构建多层次的艺术品收藏与交易市场体系,打造我国西北地区草原文化产品艺术原创与交易中心。

(二) 重点项目

表 10-8　呼和浩特市艺术品创作、交易重点项目

项目名称	项目地点	项目内容
天堂草原艺术中心	玉泉区	依托西村艺术空间,以艺术超市为载体,健全原创艺术作品进入大众消费市场的交易平台,以及艺术家和收藏家之间的公共平台,并逐步拓展至原创设计、手工制品以及艺术衍生品经营,提升艺术品市场的经营管理水平
呼和浩特文化产权交易所	回民区	创新艺术产权交易模式,建立严谨、规范的艺术品交易制度,有效控制交易风险,探索搭建艺术品与金融结合的平台
呼和浩特艺术超市	回民区	依托本土画廊和艺术馆,选择在审美鉴赏、品质价格方面符合大众需求的艺术品,培育一批以超市方式经营的中低端艺术市场,为市民提供平价艺术品消费场所,提高艺术市场的活跃度
蒙亮、苏鲁锭、德股乐等民族工艺品制作与交易平台建设	玉泉区、回民区	依托博大精深的蒙古族文化,并将其艺术特色表现在蒙古刀器、容器、乐器、牛角制品以及摆件饰品等上;同时,充分发掘蒙古族的文化积淀,如蒙古族雕刻、彩绘、绘画、刺绣和金银工艺饰品,研发生产出具有蒙古文化特色的民族手工艺品。通过蒙古族的独特艺术形式,展现蒙古工艺、蒙古服饰、蒙古餐饮的魅力,打造人们了解蒙古文化内涵的重要文化民族工艺品制作与交易平台
呼和浩特市荣宝斋大楼	玉泉区	依托"荣宝斋"品牌,以弘扬传统文化为宗旨,在充分发挥荣宝斋的品牌优势和资源优势的基础上,结合呼和浩特草原民族文化资源,打造集研究、创作、鉴赏、交易于一体的艺术平台
国际艺术城	玉泉区	以古民居历史建筑为载体,以艺术品原创与交易业为核心,汇聚知名艺术家工作室和具有国际影响力的美术馆、画廊、拍卖公司等艺术品收藏、展示、交易机构,以及相关联的文化创意企业,建设国际化的艺术品交易中心,打造国际艺术特色的商业街区
清水河县陶瓷文化发展基地	清水河县	依托清水河县陶瓷文化建立国际陶艺创作与交易中心,将清水河县建设成为陶艺和陶瓷产品的展览商贸基地

（三）发展措施

第一，优化整合资源。一个行业的发展，仅仅依靠政府或者企业单方面的努力是不够的。面对国内外工艺品同行的前后夹击，民族工艺品生产经营者应不拘形式，大胆开拓一些因地制宜的市场发展模式。要求工艺品行业进行优势整合，努力实现从散、乱、差到健康、有序的发展，逐渐显现出产业集群、规模效应的优势。要想对民族特色工艺品行业进行优势整合，需要对其从整体上进行形象塑造，规范市场，树立民族工艺品的品牌形象，开发系列的包装产品，拓宽营销渠道，利用科学的管理方法使民族特色工艺品市场逐步走向成熟，推动民族地域文化的可持续性发展，实现民族工艺品业的真正振兴。

第二，重点培植骨干企业。建设工艺品产业示范园区，规划用地及入驻企业。以集约化发展为原则，高标准统一规划建设车间，严格筛选有自营进出口权、客户资源稳定、有扩建意愿、能引进高附加值的企业进入，切实将其建成高标准的产业示范区，在建成后力争实现产值和就业人员双增加。同时，鼓励现有企业通过联合、兼并等方式组建大中型企业，合理配置资源，形成一批集产品研发、生产、销售于一体的企业集团。

第三，提高产品的科技含量和设计创新水平。传统民族工艺品以其实用性、精湛的技艺以及富有人情味的文化内涵一直保有鲜活的生命力。当今产业经济正在通过信息技术、管理技术和高效率生产为民族手工艺提供着新的活力，这就要求传统民族工艺品要积极与这些全新的现代技术因素相结合，以产生新的生机与发展空间。不断吸取和借鉴全新的设计理念、工艺技术，使民族工艺品的设计制作上升为艺术创作，使购买者、收藏者都能从中感悟到质朴、独特的艺术灵性，从而提高产品的艺术含量和附加值。如蒙古族的蒙古刀经过改革开放三十多年的发展演变，在过去传统工艺的基础上融入了现代审美理念，取得了一些进展。有的地区已建立了蒙古刀艺厂，形成了一定的生产规模。从刀鞘的造型、色彩到刀身的选材、纹饰均有创新，受到了国内外旅客的青睐。再如蒙古族特有的马头琴，改变了原来纯手工制作的技术，将现代技术与传统工艺相结合，基本上实现了传统工艺的现代化转型，市场发展势头良好。

第四，搭建艺术品创作与交易业平台。依托现有的艺术品生产与交易资源，培育呼和浩特市艺术品创作与交易集群，统一规划、合理布局。建设艺术城或创意产业园，聚集国内外艺术资源，构建艺术品原创和交易产业链，完善艺术品原创、展示、交易、交流等功能,打造以艺术品原创与交易为特色的文化产业园。大力扶持呼和浩特文化产权交易所、呼和浩特美术馆等现代艺术品经营机构,引进和培育一批现代画廊等艺术品交易机构,积极创新艺术品交易模式。支持艺术品规范交易,推广艺术品超市交易模式,提升艺术品的工艺价值。

第五,加强民族工艺品创作与交易和文博会展、旅游等产业的深度融合,强化宣传力度。针对民族特色工艺品的自身特点,在宣传方面应注意以下两个方面:一方面,注重商业宣传。尊重市场规律,运用多种宣传手段提高蒙古族特色工艺品的市场知名度。商业宣传的重要作用在于,给公众购买决策过程提供信息。另一方面,注重文化宣传。相关文化行业协会的建立和完善对民族工艺品的市场化至关重要。它可以以一种具有权威性和影响力的公共姿态进行宣传,帮助大众了解这种工艺文化,形成文化自觉,又能以一种社会力量合力的身份来寻求各方面支持。如近年来中国民族文艺家协会围绕民族文艺保护、传承、转型、创新、产业五大目标,采取了一系列措施,通过举办民族工艺品博览会,加大了民族工艺品的社会影响力,开拓了民族工艺品市场。

第六,壮大艺术品原创人才队伍。依托文化产业功能区、园区基地和重大项目,大力引进国内外知名和具有潜力的作家和艺术家,壮大文学与艺术品原创高端人才队伍。同时政府应积极推动艺术设计大师的培育工作,比如通过作品展示等途径,评选发现各类设计人才,并大力宣传,使其逐步成为弘扬草原文化的创意名家。

七、出版印刷与发行业

出版印刷与发行业作为文化产业的传统领域,为呼和浩特市的经济发展做出了很大的贡献,近年来经过体制改革释放了更大的发展活力,它与其他新兴产业一并成为文化产业发展的带动力量。

(一)发展目标

出版印刷与发行业既是意识形态工作的重要领域,又是国民经济发展的重要组成,也是新时期转变经济发展方式的重要内容和经济增长点,在推动经济、文化、社会又好又快发展中具有不可替代的地位和作用。"十一五"以来,经过不断深化体制改革,出版发行业不断壮大,印刷企业数量不断增加。但是,面对大数据时代的到来,明显存在投入不足、规模不够、竞争力不强、人才缺乏等诸多弊端。2014年1月,财政部、国家税务总局下发《关于延续宣传文化增值税和营业税优惠政策的通知》,对专为少年儿童出版、发行的报纸和期刊、中小学学生课本,专为老年人出版、发行的报纸和期刊,少数民族文字出版物,盲文图书和盲文期刊等七类出版物在出版环节推行增值税100%先征后退政策,对少数民族文字出版物的印刷或制作业务执行增值税100%先征后退的政策,免征图书批发、零售环节增值税,这一政策将对整个行业生态改善、行业发展起到较大的促进作用。因此,呼和浩特市应抓住这一有利契机,加快发展,按照创新体制、转换机制、面向市场、增强活力的原则,打造呼和浩特市出版印刷发行产业基地,支持市域骨干企业跨行业、跨区域发展,打造全国领先的具有民族特色的出版印刷发行集聚中心,增强核心竞争力。

(二) 出版发行业重点项目

表10-9 呼和浩特市出版发行业重点项目

项目名称	项目地点	项目主要内容
国家蒙古文出版基地	赛罕区	从事挖掘、整理民族优秀文化遗产,组织出版大量具有浓郁民族特色和地区特点的品牌图书
内蒙古日报传媒中心	赛罕区	依托内蒙古日报网(汉、蒙文版)、北方新报网和内蒙古新闻网、中国蒙古语新闻网、索伦嘎网、北方新闻网六大互联网网站,利用互联网技术服务中心将各报(网)的技术服务资源进行整合,组建成立自治区传媒业界唯一一家互联网高新技术企业
少数民族新闻出版文化产业园区		以呼和浩特少数民族新闻出版单位为依托,以弘扬国际草原文化为定位,建设一批总体规模大、水平高、竞争力强的少数民族出版企业,打造西北地区少数民族出版品牌

续表

项目名称	项目地点	项目主要内容
大型蒙古文图书数字化加工平台建设	赛罕区	依托现有蒙古文图书资源,以现代科学技术手段为基础,建设成国际知名的大型蒙古文数字化加工平台,为文化交流提供平台
中国蒙古文印制中心建设项目	赛罕区	
中国蒙古族音像制作出版基地	赛罕区	依托数字音乐网,整合集正版数字音乐、原创音乐数字版权交易平台、数字音乐电台于一体的数字音乐门户网站,使其拥有丰富的正版音乐库、原创歌曲数字首发平台、少数民族数字音乐排行榜和精彩纷呈的民族电台节目,力争打造成引领全新的少数民族数字音乐革命,缔造全新的数字音乐平台

(三)发展措施

第一,培育壮大出版发行的市场主体。坚持龙头企业的引领作用,鼓励和支持骨干行业企业以资源融合、兼并和重组等形式,跨地区、跨部门、跨行业发展打造出版多形式、多业态集群,培育一批在国内甚至国际上有竞争力的区域性综合集团和行业性专业集团,提升出版发行骨干品牌企业竞争力。鼓励和支持中小发行企业向"专、精、特、新"方向发展,减少同质化竞争。

第二,加快出版发行重点项目建设。加快推动国家蒙古文出版基地、内蒙古日报传媒中心、少数民族新闻出版文化产业园区等重点项目,完善出版发行产业链,大力发展现代印务和特色出版市场。引导大型出版发行集团数字化转型,鼓励跨行业、跨媒体、跨区域经营,打造复合型特色文化产业基地,促进出版发行产业规模化、集约化、专业化发展。

第三,加快推动数字出版发展。积极申报国家级数字出版产业基地,鼓励国有出版单位利用资金、人才优势,在平稳推进传统出版业的基础上,加快报刊、图书"数字出版"化建设。鼓励本地印刷企业积极采用数字和网络技术,加强与出版业上游环节的结合,大力发展数字印刷。

第四,完善版权服务体系。建立集文化产权交易、投融资服务和文化产业项目信息交流、人才培训于一体的综合服务平台,开展孵化、登记、展示、推介、交易、经纪等各类服务,构建中国西部综合性的文化产权要素市场。

图 10-1 呼和浩特市文化产业项目现状分布

图 10-2　呼和浩特市文化产业项目规划

第十一章
呼和浩特市文化产业总体布局

呼和浩特市丰富的历史文化资源虽然为文化产业的发展提供了基础,但因为已经有资源的分布也是文化产业发展的制约因素,因此,要根据这一情况进行文化产业发展的总体布局安排。

一、呼和浩特市文化产业发展布局的指导思想

为了保证呼和浩特市文化产业的健康、可持续发展,必须坚持正确的指导思想,树立科学的发展观念,才能取得预期的效果。在呼和浩特市发展文化产业过程中,以下方面应该注意:

(一)明确主导产业发展目标

虽然目前呼和浩特市的文化产业规模和增加值均已居全区首位,且已经形成门类较为齐全的文化产业体系,但主导产业和优势产业并不突出,特别是文化创意产业十分薄弱。从文化产业体系结构上看,只有旅游业才能称得上主导产业,但受呼和浩特市先天旅游资源较为缺乏的限制,呼和浩特市旅游产业的增长性也并不很强。综观世界城市文化创意产业发展路径,文化资源富集而创意产业发展相对滞后的城市多以发展文化旅游业作为其发展文化创意产业的切入点,通过发展文化旅游业带动周边产业的发展,并以旅游业的发展来反哺和培育创意产业。

呼和浩特市作为自治区首府城市,经过近年来的建设,与自治区其他城市相比,城市本身具备了较为完善的旅游业支撑体系,旅游接待能力逐年改善,城市旅

游形象不断提升,在国内外旅游目的地比较中具有鲜明的以草原文化为特征的目的地形象符号。从区位特征来分析,以呼和浩特市为中心,周边分布着丰富的草原风光、沙漠风情等自然景观和独特的地方民俗类旅游资源,具有很强的游客集聚能力,因此,围绕把呼和浩特市建设成以草原文化创意与交流为中心的总体战略定位,市区通过建设以草原文化为主导元素的文化创意中心,以演艺、会展、完善的交通体系、工业旅游项目和现代服务业综合配套等提升城市旅游服务能力,辐射周边旅游景区,建成独具特色和富有竞争力的旅游目的地和集散地。在加强呼和浩特市旅游服务功能并提升旅游业态水平的同时,选择与旅游业密切相关的几个产业门类作为重点发展领域,通过文化、创意、科技的相互借力和各主导产业门类间的相互融合来全面提升呼和浩特市的文化产业发展水平。

(二)加强整体规划布局

国内外各城市文化产业发展的若干成功范例告诉我们,只有把文化产业发展与城市规划建设有机结合,相辅相成,才能构建独具特色的城市文化产业体系,才能塑造具有鲜明特征的城市文化品牌。每个城市都有其特殊的文化特质,每个城市的各个区块也会因为文化资源分布的不同而体现出不同的亚文化特质。城市的文化产业发展和城市建设只有与城市内在的文化特质相统一才能获得持久的生命力,比如著名的曲江模式。西安曲江创造了"文化资源+文化旅游+城市价值"的文化产业和城市发展战略,充分挖掘和整合历史文化资源,通过实施"重大文化旅游项目带动战略",打破行政界限、整合优质资源,实现跨区域辐射,先后投资230亿元,形成包括曲江文化产业核心区、大明宫遗址保护区、法门寺文化景区、西安城墙景区、临潼国家级旅游休闲度假区、楼观中国道文化展示区六大板块,总面积达126平方公里,跨区域发展大格局已经形成。呼和浩特市下辖各区和旗县的历史文化资源和文化产业要素的集聚程度各有不同,在服从呼和浩特市"国际草原文化传播与交流中心"的总体定位基础上,应该结合城市建设进行全市文化产业的整体规划布局,明确全市范围内文化产业的功能布局和地理空间分布。

(三)整合文化产业园区、基地和项目资源

以文化产业园区、基地和项目为基础,以文化资源为依托,结合旅游和城市新区建设、旧城改造发展文化产业,实施重大项目带动战略,推进文化产业的企业聚

第十一章　呼和浩特市文化产业总体布局

集和产业集群发展,是现代城市发展文化产业的基本思路。截至 2013 年,呼和浩特市共有文化产业重点项目、文化园区和文化产业基地计 28 个,预计总投资达 130 亿元,其中亿元以上投资项目有 16 个。按建设进度划分,在建项目 13 个,拟建项目 15 个;按项目内容和功能划分,动漫类 2 个,音乐类 1 个,影视类 1 个,书画类 2 个,演艺类 3 个,文化产品加工类 2 个,文博类 8 个,旅游观光类 6 个,综合类 3 个;按照行政区域划分,新城区 6 个,回民区 5 个,玉泉区 1 个,赛罕区 3 个,土左旗 1 个,托克托县 3 个,武川县 4 个,和林格尔县 3 个,清水河县 2 个。由于呼和浩特市文化产业前期发展过程中存在定位不清和缺乏整体规划布局的问题,导致现有文化产业园区、基地和项目资源分布不尽合理,文化产业园区、基地和项目的审批和选址带有较大的随意性和盲目性。文化产业园区、基地和项目资源的散乱布局必然会使城市文化产业的集聚效应和辐射效应难以发挥,并导致城市文化产业体系的功能紊乱和整体效益下降。为了降低前期投入的损失,在对呼和浩特市文化产业进行总体规划布局时,应该充分考虑对现有文化产业园区、基地和项目资源的整合,选址、内容合理的继续保留,选址、内容不合理的及时叫停,并重新选址或调整内容,同时还应该对现有文化产业园区、基地和项目资源进行适度的归并,以提高呼和浩特市文化产业园区、基地和项目建设的整体质量。

二、呼和浩特市文化产业总体布局

根据最新的《呼和浩特市城市总体规划》,结合呼和浩特市现有文化资源分布和产业发展现状,在将呼和浩特市建设成为"国际草原文化创意与交流中心"的战略目标指引下,按照优化配置、全面规划、突出特色、面向世界、挖掘资源、打造品牌的思路,力争在 2020 年前形成呼和浩特市"一核引领、三带贯穿、五区联动、八群集聚、五园支撑"的"13585"文化产业总体布局。

(一) 一核引领

一核引领即将呼和浩特主城区定位为文化产业核心发展区,见图 11-1。依托呼和浩特市主城区丰富的人才、技术、资本和信息资源,以及较完备的文化产业基础设施,将呼和浩特市主城区建设成为引领全市文化产业发展的核心。以草原文化为背景,整合各种资源为特征,全面发展数字传媒业、文化旅游业、文化创意设计业、文博会展业、文娱演出业、艺术品创作与交易业、出版印刷与发行业七大行业,充分发挥汇聚辐射功能和服务示范效应,打造呼和浩特市文化产业富集发展核心区和引领呼和浩特全市发展的核心产业链,构建"政、产、学、研、资、介"全要素支撑体系。

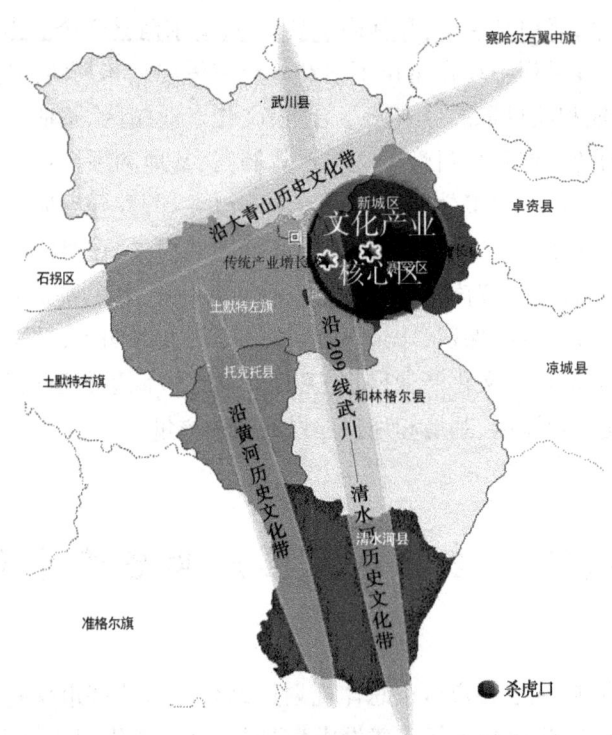

图 11-1　呼和浩特市文化产业布局(一核三带)

为了更好地发挥主城区的核心作用,还应该有意识地打造两个承担各自功能的增长极。一是"回民—玉泉传统产业增长极",集中发展传统文化产业门类,主要承担草原文化交流和草原文化产品及消费群体集散的功能。二是"新城—赛罕新兴产业增长极",集中发展新兴文化产业门类,主要承担草原文化产品创意设计和草原文化业态孵化功能。需要说明的是,两个增长极之间并非是泾渭分明的关系,两者在功能区分的基础上也需要进行功能上的互补,从而实现"城市与文化"、"传统与现代"、"创意与科技"的高度融合。

第十一章 呼和浩特市文化产业总体布局

(二) 三带贯穿

三带即沿209线武川—清水河历史文化带、沿黄河历史文化带、沿大青山历史文化带,见图11-1。呼和浩特是多元文化交融荟萃之地,草原文化、敕勒川文化、召城文化、伊斯兰文化、黄河文化、西口文化都在这里留下了浓墨重彩的一笔。基于呼和浩特市的文化地理结构,并着眼于文化形态交流和文化产业联动发展的原则,可以通过分别位于北部和南部的两条贯穿东西的文化经济带,即沿大青山历史文化带、沿黄河历史文化带,以及贯穿南北的沿209线武川—清水河历史文化带的打造,把呼和浩特市丰富多彩的文化元素通过产业化的形式有机串联起来,完整构筑集中呈现呼和浩特历史发展脉络的"历史文化走廊",并为产业增长极和产业集群的形成提供文化相融、资源互补、规模集聚、功能强化、产业延伸等空间。

1. 沿209线武川—清水河历史文化带

该带北起武川县,经呼和浩特市、托克托县、和林格尔县,向南延伸至清水河县。这条中轴从北魏到抗日战争期间一直作为这一地区的政治经济中心带,也是古代北方游牧民族活动的重要地区,如匈奴、鲜卑、突厥、契丹、女真和蒙古族,都曾经在这一带居住、生活过。这些北方少数民族的文化同中原汉族文化不断冲突、交融,兼收并蓄,形成了本地区的历史文化特色,是草原文化的集中体现,是发展传统文化产业的灵魂,也是发展草原文化创意产业的基本元素。

武川历史文化厚重,北魏文化、隋朝文化都在这里留下了浓墨重彩的一笔,因各民族不同的生活习俗、宗教信仰及文化活动,也使得本地区的民族风情绚丽多彩。深厚的历史底蕴和丰富的文化内涵,以及独特的自然环境,给武川县留下了众多的旅游资源。武川县的旅游资源可归为四大类,有大青山腹地的自然景观,有悠久的旅游历史文化,有众多的文物古迹,还有湿地、草原、冰雪等保持良好的生态环境,特别是以大青山为主的红色旅游与自然风光、生态旅游、探险、漂流、农家旅游相结合,前景十分广阔。同时,武川县还是著名的"马铃薯之乡、燕麦之都",具备发展生态观光农业的基础。

呼和浩特历史悠久、文化底蕴丰厚。50万年前的"大窑文化"就已掀开了呼和浩特人类文明的历史。自战国建城,已有2000多年的建城历史。战国时,赵武灵王在今托克托县境始建"云中城",是中国历史上最早的封建城池之一。至今大青山依稀可辨的赵长城遗址,依旧在向人们诉说着赵武灵王在呼和浩特大地"变俗胡服、习骑射"的历史。公元前221年,秦始皇统一中国,曾在中国建立三十六郡,云中郡就是其中一郡。在漫长的历史过程中,各族人民又曾建立北魏的"盛乐城",辽代的"中州城"。1572年,明代蒙古族首领阿拉坦汗率土默特部驻牧呼和浩特,并在今玉泉区境内建"呼和浩特"城。明廷曾赐名为"归化城",是今日呼和浩特市区的雏形。之后,清朝又在此基础扩城屯兵,修建了"绥远城",呼和浩特始成为中国北部边疆的军事重镇及商品集散地。呼和浩特是黄河中上游的分界线,母亲河的博大胸怀养育了众多的北方民族,匈奴、鲜卑、突厥、蒙古族等与汉族在这块古老神奇的热土上繁衍生息、和睦相处,演出了一幕幕威武雄壮的历史剧目和民族团结、共同发展的历史颂歌,创造了呼和浩特的灿烂文化,并逐渐形成了以草原文化为底蕴、以昭君文化为特色、以先进文化为方向的首府文化特色。大窑文化、阴山岩画、昭君青冢、和林格尔汉墓壁画、辽代白塔、明清召庙等历史遗存和流传甚广的昭君出塞、胡汉和亲的历史佳话,传颂至今,脍炙人口的《敕勒歌》以及马可·波罗笔下昔日丰州城的繁华,均昭示了呼和浩特历史文化的悠久与辉煌。历史上众多的政治家、文学家、艺术家、科学家、民族英雄等,为呼和浩特留下了一页页光辉千古的华章,构筑了呼和浩特市塞外历史文化名城的地位。

清水河县是一个历史悠久和具有光荣革命传统的老区。早在6000多年前的新石器时代就有人类活动。新中国成立前,全县有1万余人参加革命,先后有700多人壮烈牺牲。境内有黄河、长城,有多处古渡口和原始社会遗址,还有老牛坡革命老区,又毗邻万家寨水利枢纽工程,发展旅游业潜力巨大。特别是清水河县生产陶瓷历史悠久,条件得天独厚。这里陶土资源储量大、品种多、品位高,经宜兴陶研所鉴定,被誉为"全国之冠"。据考古发掘,早在"仰韶文化"时期,这一带就有了彩陶。"南有景德镇,塞北清水河"是人们对曾盛极一时的清水河陶瓷业的称颂。如今,作为北方"磁州窑系"杰出代表的清水河陶瓷正日益走向衰落,传统技艺濒临失传,亟待通过产业化的途径进行传承和保护。

2. 大青山历史文化带

大青山属于阴山山脉中断,东西走向,绵亘约150多千米,海拔1500~2000米。主峰在土默特右旗北,海拔2338米。南坡较陡,濒临黄河和大黑河谷地;北坡较缓,过渡到乌兰察布高原。其西端在包头以昆都仑河为界,河东是大青山,河西是乌拉山。吴公坝(古白道谷)和昆都仑沟(鄂博口)为南北交通要道,是兵家必争之地,呼和浩特即位于大青山南麓。山上有丰厚的森林资源、动物资源和矿物资源。山上还有大青山公园、五一水库、滴水岩等景区。

大青山是红色革命圣地,抗日战争期间大青山游击队在此出没,是我国著名的抗日根据地之一。大青山抗日根据地位于武川县得胜沟乡的最南端、大青山深处,是全国著名的革命老区,被称为"塞外小延安",是国家100个景点项目之一。此地山大沟深,地形险要,是当年大青山支队司令部、绥远省委、省行署机关的驻扎地,现有司令部、卫生队、教导队、电台等遗址,李井泉、姚喆、黄厚、杨植林等领导人住过的窑洞和办公用的石磨、树墩,存有八路军作战使用过的电台、战刀、手榴弹、马蹬、火盆、粮食袋、火镰等革命历史珍贵文物。1964年,被内蒙古自治区政府列为重点文物保护单位。在景区内留下了一大批革命前辈戎马生涯的足迹,留下了大青山抗日军民奋勇杀敌、可歌可泣的英雄事迹。

大青山除了众多的革命遗存,自然风景十分独特,沟沟相连、溪泉缠绕,山清水秀,山壑交叠,峰耸入云,山山有景,万木争荣,野兽出没,有狮子嘴、石门、佛爷洞、晾人台、响沙湾、虎头山、板嘴石窟等自然景点,各景点均以"奇、雄、特、险"取胜,集自然景观和人文景观于一体,以红带绿,红绿相互辉映。

3. 黄河历史文化带

主要指黄河流域清水河、托克托县段。黄河究竟有多少弯似乎说不清楚,但这里却湾出一个地灵人杰、文化底蕴深厚的历史。在托克托县境内黄河北岸台地上发现的"海生不浪文化"遗址,证明早在五六千年前的新石器时代就有人类在这里繁衍生息。这里有被考古学家命名为"海生不浪文化"的新石器人类遗址,有中华民族的母亲河孕育的黄河文化,有秦始皇分天下三十六郡之一的云中古城,有唐代边陲要塞东受降城,有辽、金、元的云内、东胜州,有互市贸易的水旱码头河口古镇;有神奇莫测、变化无穷的海眼神泉,有老牛湾城堡、万家寨水库、千亩湖泊、苇丛点缀的南湖水上公园,有水面宽阔、气势恢弘的黄河中上游分界处;有绵延十余里、处处飘香的葡萄,有品质优良的、远近闻名的红辣椒、小茴香、黄河鲤鱼、绿豆、红萝卜、枸杞等土特产品。在历史发展进程中,这里曾先后孕育出孟舒、恰台吉、李裕智、苏谦益等历史名人和革命先驱。

依托古老的母亲黄河,围绕黄河孕育的淳朴文化,清水河与托克托县将黄河文化与农业、旅游相结合,打造出自然风光旅游精品。在这里湾湾叠翠,处处飘香,使人流连忘返。依傍黄河的优势,一家又一家"农家乐"旅游景区迅速兴起,为开展黄河文化体验旅游奠定了得天独厚的基础。

(三) 五区联动

五区指草原文化创意与交流区、科技文化区、黄河文化区、敕勒川文化区、大青山历史文化与生态旅游区,见图11-2。即在全市范围内根据文化产业资源要素的分布状况,规划五个各具特色又相互关联的文化产业功能区。呼和浩特市主城区打造草原文化创意与交流区,和林格尔县打造科技文化区,托克托县和清水河县联合打造黄河文化区,土左旗打造敕勒川文化区,城区北郊与武川县联合打造大青山历史文化与生态旅游区。

图11-2　呼和浩特文化产业布局(五区)

1.草原文化创意与交流区

依托呼和浩特市主城区完备的文化基础设施,集中的人才、科技和信息资源进行构建。该区域重点发展广电影视、文博会展、文化创意、文体娱乐、文化用品创作与交易产业集群,关联发展旅游观光、出版发行、数字文化产业集群。

2. 科技文化区

依托和林格尔县蒙牛总部、内蒙古师范大学盛乐校区,以及已经开工建设的呼和浩特云计算产业基地和即将建设的大学生创业园进行构建。该区域重点发展数字文化、出版发行产业集群,关联发展旅游观光、文体娱乐产业集群。

3. 黄河文化区

依托流经托克托县和清水河县黄河段的自然风光和当地的民风、民俗进行构建。该区域重点发展旅游观光和文体娱乐产业集群,关联发展广电影视、文化用品制作产业集群。

4. 敕勒川文化区

依托土默川源远流长,具有史诗色彩的"敕勒川文化"构建。该区域重点发展广电影视、文化创意、文体娱乐产业集群,关联发展旅游观光、文化用品制作产业集群。

5. 大青山历史文化与生态旅游区

充分利用呼和浩特市境内大青山南北麓已有的自然景观、历史遗迹、人文景观和当地特有的民风民俗进行构建,定位于本地居民和周边地区居民的文化休闲消费。该区域重点发展旅游观光和文体娱乐产业集群。

(四)八群集聚

八群指广电影视、出版发行、文体娱乐、数字文化、文博会展、文化创意、旅游观光、文化用品创作与交易,见图11-3至图11-11。

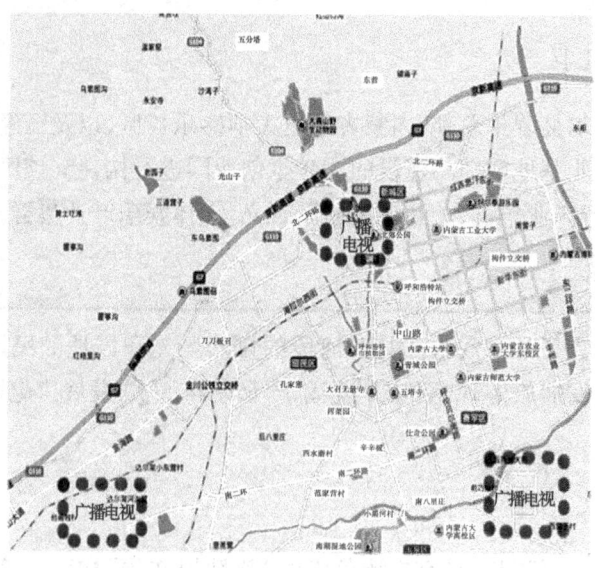

图 11-3 广播影视集群布局示意图

图 11-4 出版发行产业集群布局示意图

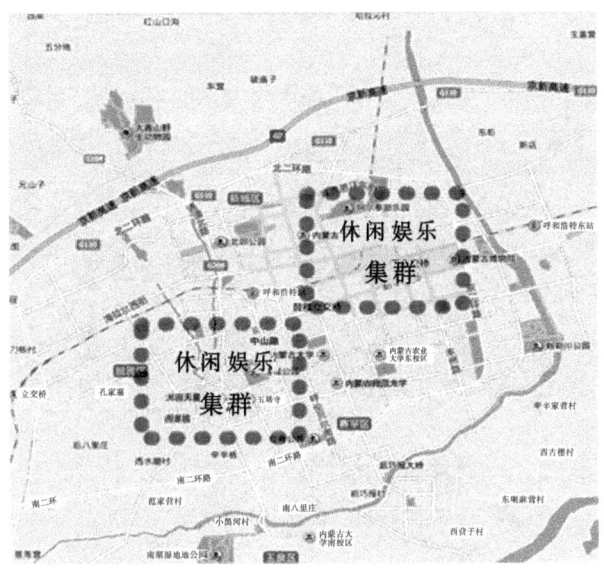

图 11-5 文体娱乐（休闲）产业集群布局示意图

图 11-6 数字文化（休闲）产业集群布局示意图

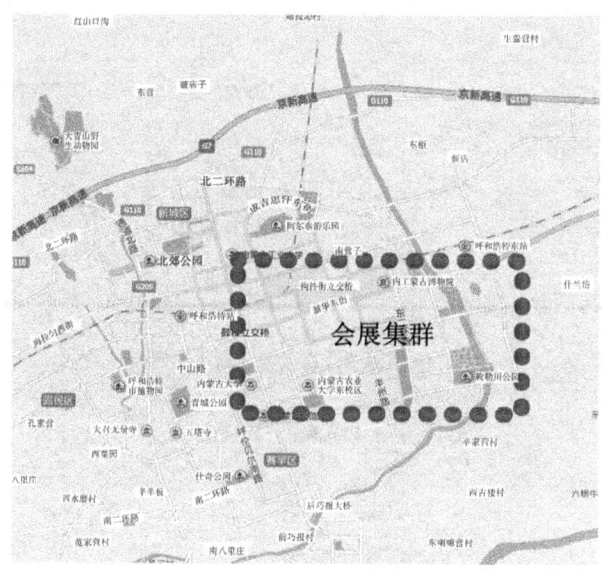

图 11-7 文博会展产业集群布局示意图

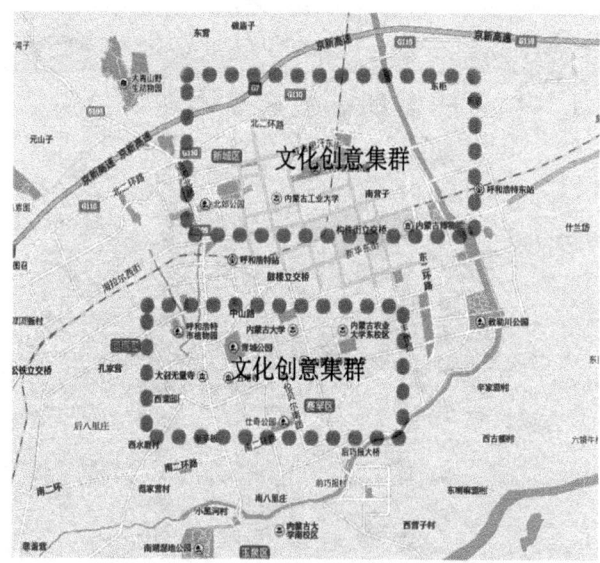

图 11-8 文化创意产业集群布局示意图

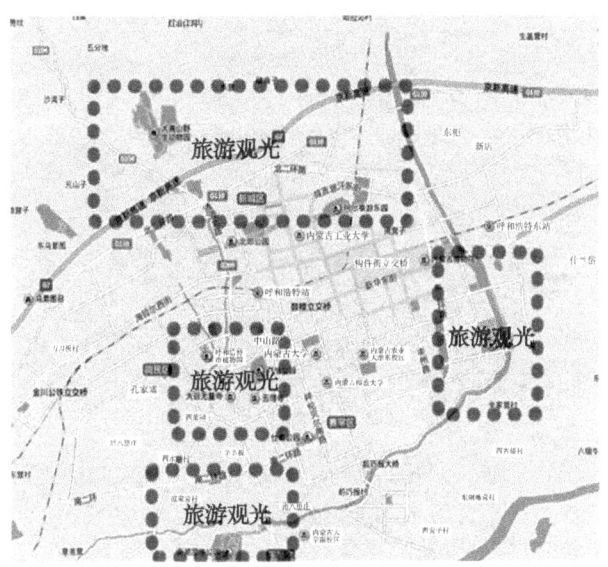

图 11-9 文化旅游产业集群主城区布局示意图

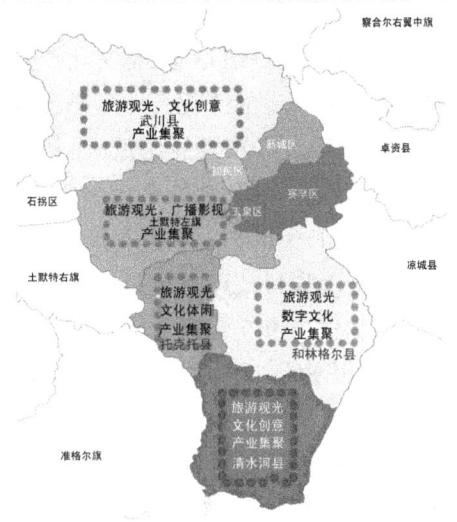

图 11-10 旗县区文化产业集群布局示意图

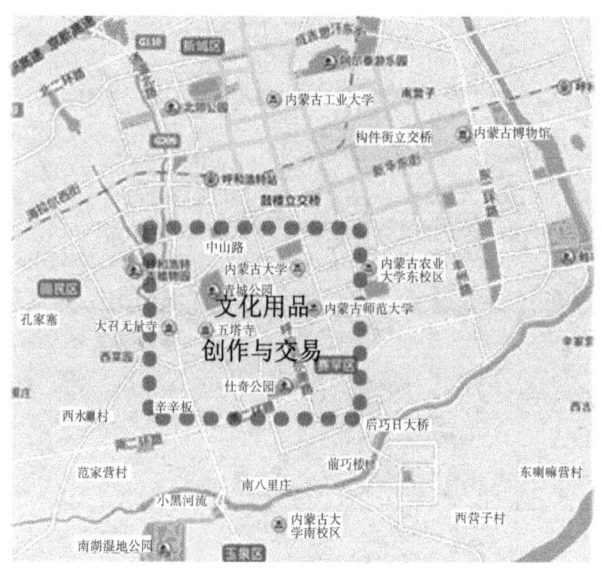

图11-11 艺术品创作与交易产业集群主城区布局示意图

　　文化产业集群是文化资源整合的高级形态,是文化产业形成集聚效应的重要依托,而文化产业集群的形成需要一定的文化产业基础作为支撑。从呼和浩特市文化产业的现状看,传统产业门类占有较大的比重,而新兴文化产业门类发展滞后,但也有一些亮点,如文博会展业。呼和浩特市应着眼于"国际草原文化创意与交流中心"的战略目标定位,依托自治区首府的特有优势和本地已有的文化产业基础,凭借全区产业结构调整和若干高科技产业项目,如呼和浩特云计算产业基地,落地呼和浩特市的契机,整合优化全市文化产业项目资源,改造传统产业,发展新兴产业,重点打造广电影视、出版发行、文体娱乐、数字文化、文博会展、文化创意、旅游观光、文化用品制作八大产业集群。

　　呼和浩特市文化产业集群建设应以国家级、自治区级文化产业园区和示范基地或龙头企业为核心载体,以"政、产、学、研、资、介"一体化发展为重点,推动文化产业园区、示范基地与政府、高校、研究机构、金融机构、中介机构等深度对接,聚集一批人才、技术、资金与政策,按照企业集群、产业集聚、资源集约的原则,通过合理布局和有效开发,将相关产业链中互相联系的各类文化企业聚集在一起,共享资源,协调发展,逐步实现文化产业发展的规模化、集约化。推动文化产业集聚集群发展,把文化产业园区和示范基地作为市场主体培育孵化的主要阵地和文化产业跨越发展的重要载体。

（五）五园支撑

五园支撑即影视文化产业园、印刷出版文化产业园、马文化产业园、大盛魁文化产业园和文化创意产业园，见图11-12。

图11-12　呼和浩特市文化产业布局图（五园）

通过集中力量打造五个国家级的文化产业园区，形成对呼和浩特市整个文化产业布局的有力支撑。分别是影视文化产业园、出版印刷文化产业园、马文化产业园、大盛魁文化产业园、文化创意产业园。

1.影视文化产业园

影视文化产业园：以内蒙古自治区广电集团为依托，以即将投资建设的文化产业新城为载体，以影视文化发展为主题，整合运用国际化、现代化文化产业发展理念和科技成果，充分挖掘内蒙古生态元素和民族文化元素，打造集文化创意产业、影视科技发展、文物保护资源利用、餐饮娱乐、旅游休闲度假等功能于一体的文化产业发展基地。影视文化元素应在新城建设中大放异彩，应充分发挥内蒙古电影集团的龙头作用，建立影视展博交易中心，引进先进的影视制作设备及技术，打造影视制作中心、影视体验中心、微电影制作发行中心等。与此同时，应同步建设微文化产业集群、影视拍摄基地和影视文化交流中心、影视文化创意产业园。未来，该园区将作为呼和浩特市的"文化客厅"，形成以广电影视传媒科技、微电影体验推广、经济影视文化、国际文化交流等项目为主要发展方向的文化业态，成为国内唯一、国际独具特色的国内外著名文化广场和文化体验区。此外，还可以同步建设大型国际娱乐体验区、明清博览园、民族风情区与国际化小镇、生态休闲度假区、城市生活与综合功能区等旅游休闲项目。①

2.出版印刷文化产业园

出版印刷文化产业园:以内蒙古自治区出版集团为核心,以中国蒙古文出版基地项目、内蒙古爱信达教育印务公司印刷出版产业园为主要支撑、聚集全市200多家印刷发行单位打造国家级出版印刷与发行产业园。园区在布局规划上,应设有大型企业自建区、园区统一建设区、园区仓储供应区、园区物流配送、园区生活配套区、园区综合配套区等功能区,建成后的印刷园将成为以高新技术产业为导向,现代工业为主体,服务体系和社会公益事业相配套的经济繁荣、设施完善、功能齐备、环境优美的现代化工业新区。出版印刷文化产业园区应按照经营权和所有权分离的方式运营,引用管理信息系统(ERP)、金融风险管理系统(FRM)、客户关系管理系统(CRM),对企业资源、财务管控、人力资源成本、客户服务、园区孵化器和网络建设等信息进行集中透明管理,实现信息的实时、可控、共享。

3.马文化产业园

马文化产业园:依托上海在内蒙古地区投资的最大西部生态环境改造的重要项目——草原马汇,建设万亩草场、赛马场、国际育马基地,改造周边村庄、完善蒙古部落及配套建设项目,打造国家级马文化产业园区。它以马文化为主题,将现代的国际马管理经验与深厚的蒙元文化相结合,打造从育马到赛马、从骑马游到马术的马产业链。

4.大盛魁文化产业园

大盛魁文化产业园:依托已经建成的大盛魁产业园为载体,整合大召区块和大盛魁南北区文化资源打造国家级文化产业园区。目前的大盛魁产业园和大召旅游商圈均位于呼和浩特市旧城的核心地带,这一地带集中了大量的历史遗存和"老字号",当地居民的生活习惯至今仍保留着浓郁的老归绥气息。近年来,呼和浩特市在旧城改造过程中,已经开始注意对历史文化街区的保护,并已经进行初步的文化产业开发。已建成的大盛魁商业街和大召旅游商圈虽然相互毗邻,但还没有进行

---

① 内蒙古自治区文化厅:《内蒙古投资150亿兴建国际文化产业新城》,中华人民共和国文化部官方网站,2013年6月21日。

整体的规划、开发和管理。下一步应该借鉴西安曲江新区的"文化资源＋文化旅游＋城市价值"的文化产业和城市发展战略,以历史文化街区保护性开发为手段,以召城文化、宗教文化、绥远文化、晋商文化为背景,以文化旅游为主要功能,以文化地产开发、文化产品制作与交易、文化休闲娱乐功能为辅助功能,整合文化资源,共同打造国家级文化产业园区。

5. 文化创意产业园

文化创意产业园:以呼和浩特市文化创意产业园、内蒙古新华创意城等项目为依托打造国家级文化创意产业园。文化创意产业是文化与科技紧密结合的文化产业新兴门类,最适宜在高校、科研机构、高科技企业聚集,智力型人才众多的地区滋长。呼和浩特市赛罕区科技文教资源相对集中,分布着大量的政府机关、科研院所和高校,交通和信息基础设施完备,具备了文化创意产业发生和发展的基本条件。文化创意产业是目前呼和浩特市文化产业体系中最薄弱的一环,但又是呼和浩特市文化产业整体质量提升的瓶颈所在。呼和浩特市应该从战略上高度重视,在政策上重点扶持文化创意产业的发展,整合现有文化创意业项目资源,充分发挥赛罕区政策、科技、文教和人才优势,营造文化创意产业发展的良好环境,全力打造集设计服务、数字娱乐、时尚消费等于一体的国家级文化创意产业园。

第十二章
中国西部城市文化产业发展战略举措与保障体系

合理有效的战略举措与切实可行的保障措施是中国西部城市文化产业发展可持续发展的必备条件,同时,也是文化产业能够健康发展的实践体现。因此,应该将之置于战略的高度来对待。

一、中国西部城市发展文化产业的战略举措

战略举措是对发展文化产业的指导思想更为具体的体现,根据前述指导思想与原则,我们认为中国西部城市发展文化产业的战略举措主要包括以下几点:

(一)市场主体培育战略

市场主体是指在市场上从事生产和交换活动的组织和个人,包括自然人和法人。在所有参与经济活动的主体中,企业是最重要的市场主体。任何市场主体参与经济活动都带有明确的目的性,即在满足社会需要中追求自身利益最大化。文化市场主体是文化产业的承载者。由于文化产品除了具有一般产品的使用价值属性外,还必须具有鲜明的意识形态属性,决定了文化产业较一般产业具有特殊属性,因而文化市场主体既具有一般市场主体的特征,同时也具有自己的特殊性,即具有"经济人"和"社会人"双重人格。

第十二章 中国西部城市文化产业发展战略举措与保障体系

1. 文化市场主体培育中存在的问题及原因

(1)文化市场主体在许多领域内缺位。城市文化事业单位阵容庞大,这其中包括了数量众多的本来应当是文化产业市场主体的各种文化事业机构,如各种文艺院团、宣传机构等。许多的文艺院团都是属于国家供养的文化事业单位,而不是文化产业的市场主体,文艺院团普遍存在演艺市场萎缩、经济状况欠佳的现象。而在发达国家,文艺院团大都是文化产业市场主体。目前许多转制后的所谓文化企业,尤其是国有性质的广电、传媒、出版集团,有一些本质上还是所谓的"事业编制、企业管理"模式,计划经济时期国有企业的种种弊端在当前的文化产业机构里依然严重存在。所以说,当前许多文化产业的市场主体缺位,是指实际意义上的投资者不存在、营利性与独立性缺失。在一些文化产业领域内,非国有资本是不能进入的,所以投资者在此是不成立的。

(2)文化市场主体市场竞争力不强。当前仍有一部分国有、集体经营性文化单位没有完成现代企业制度的创建,难以真正转型为市场竞争主体。部门垄断和趋于封锁现象比较严重,统一开放、竞争有序的市场体系还不完善。市场机制对文化资源的基础性配置作用未得到充分发挥,产业化程度还很低。尚未形成辐射力广、带动力强的"旗舰"企业和影响力大、吸引力强的知名文化品牌。

(3)文化产业与文化事业的主体责任模糊。目前许多文化企业大多是政府的下属机构,少有或没有自主权,是政府意图的忠实履行者,政府政策的严格执行者,名为文化企业而实质是政府的办事机构。例如许多文化局、宣传部下属的网络公司、传媒公司、报业集团等,都不是真正意义上的产业主体。

(4)文化市场主体管理水平落后,效益低下。由于城市文化创意经营管理人才匮乏,特别是复合型高层次人才奇缺,导致企业管理水平落后,制约了文化资源的产业化开发、市场化经营和规模化发展,虽有一些全国知名文化品牌,但较之发达地区,数量略显不足、影响力也不大,效益低下。

造成上述问题的原因众多,但归纳起来,主要有以下几方面的原因:中国西部城市对文化产业发展的内在规律认识不足,对文化事业的发展最终依靠文化企业主体的认识不足。在推动产业发展的过程中,过分地依赖政府的作用,相对忽略了市场的作用;过多地强调政府投入,而忽略了对消费市场的培育。产业发展过程中的权力导向严重,创新导向缺失,资源的市场配置程度过低。制度创新严重滞后,导致文化产业现行制度与市场规则不适应。现有的文化发展观、文化产业政策和产业规划严重滞后于国际文化产业发展现实,不仅制约了中国西部城市文化产业的发展,也滞后于我国文化产品消费现实。对文化产业、文化市场的作用认识不足,文化产业专业人才培养滞后。

2. 城市文化市场主体培育的路径

(1)要牢固树立文化产业市场主体本位思想。彻底摒弃把文化产品和文化服务泛政治化、泛意识形态化的倾向,转变过去长期实行的政府主导一切的经济体制。在计划经济时期,我国的文化领域一直是政府为主体,政府是一切社会资源的配置者,企业是政府的附属物,政府越俎代庖地包办一切,没有市场自由竞争,其结果是导致文化产业领域不能最广泛地调动最大多数人的积极性、主动性和创造性。实践证明,只有以文化产业市场主体为本位,让市场来配置资源,一切为了市场主体,一切依靠市场主体,文化产业才能真正振兴,我们才不会生产出那么多卖不出去的文化产品。

(2)积极推进经营性文化事业单位转制,加速文化体制改革,实行"大文化"管理体制,要彻底改变过去政府包办文化产业市场的做法。①要加强对文化事业单位剥离企业的监管,合理确定产权归属,明确出资人权利,建立资产经营责任制,努力形成有较强自主创新能力和市场竞争能力的文化企业与企业集团。②加快国有文化企业公司制改造。推进产权制度改革,实行投资主体多元化,使文化企业成为真正自主经营、自我约束、自我发展的市场主体。加快国有文化企业的股份制改造,尽快推出一批主业突出、核心竞争力强的上市公司。③以培育和引进骨干企业为重点,发挥资源整合和引导示范作用,带动相关行业发展。做大做强国有文化集团、大型国有骨干文化企业。比如,成都市先后组建成都传媒集团、成都文旅集团等大型国有文化骨干企业。④鼓励和引导非公有制文化企业健康发展。扶持本地骨干企业,引进国内外知名企业和机构,重点扶持一批文化领军企业,培育一批特色鲜明、创新能力强的文化科技企业,提高中国西部城市文化产业市场主体的数量和质量。⑤鼓励有实力的企业跨地区、跨行业、跨所有制兼并重组,培育文化产业战略投资者。支持企业加大对技术装备和科技研发的投入力度,注重品牌塑造、维护和推广,引进核心创意人才、高端技术人才和经营管理人才,提高文化产业市场竞争力。

(3)鼓励城市中小文化企业发展,活跃文化市场主体。大力发展中小文化企业,创新土地、财税政策,完善新创企业孵化服务,引导企业把握技术应用和消费市场的发展趋势,鼓励企业进行产品研发和市场拓展,完善和创新商业模式,开展产业配套协作,提升中小文化企业的专业化程度和经营管理水平,增强文化产业发展

第十二章　中国西部城市文化产业发展战略举措与保障体系

活力。

(4)健全各类文化市场。构建统一、开放、竞争、有序的文化市场体系,促进文化产品和生产要素合理流动,是推动文化产业发展的重要平台。①积极发展文化产品市场。运用市场准入、价格调节、财税优惠等政策,引导各类市场主体在出版发行、电影放映、文艺表演、网络服务等领域,积极开发文化市场。②充分完善文化要素市场。充分利用国内外资本市场,拓展文化产业投融资渠道。鼓励文化企业通过发行公司股票、企业债券在资本市场直接融资。完善文化企业间接融资制度,规范文化产权交易,重点发展版权和其他无形文化资产交易市场。③发展现代流通组织和流通方式。推进连锁经营、物流配送、电子商务,加快文化产品物流中心建设,努力建设区域文化产品物流中心,鼓励跨越区域、管理规范、技术先进、服务优质的现代文化产品物流企业发展。大力发展现代文化产品连锁经营,鼓励出版物发行、票务、互联网上网服务、电影发行放映等文化企业以资本为纽带,形成一批文化产品连锁企业。

(二)区域合作发展战略

受文化资源禀赋、经济基础和地理位置等因素的影响,中国西部城市文化资源在全国独具特色。在此大背景下,中国西部城市的文化资源也呈现出区域性的特点。为了避免重复建设,必须从全国的高度统筹规划西部城市文化产业发展,强化区域合作,携手创建"文化产业黄金带"。将中国西部城市发展的文化产业建设成为我国文化产业发展的"引擎"的发展定位立意高远,围绕这一定位,中国西部城市应实现区域联动、合作发展战略。不仅强调携手相关城市组团发展,推动城市文化产业形成集群,提升区域文化产业竞争力与影响力,而且强调与国外地区联动发展,积极对接相邻发达国家地区,主动承接发达地区先进产业、技术、人才的转移,主动联合发达地区共享文化市场。以蒙古、俄罗斯、韩国、日本等国家,北美洲、欧洲、亚洲、非洲等地区为重点文化目标市场,通过文化产业发展塑造对外文化品牌,加强文化输出与文化"走出去"。

1.推动城市文化产业区域合作

根据《中共中央关于深化文化体制改革推动社会主义文化大发展大繁荣若干重大问题的决定》、《国家"十二五"时期文化改革发展规划纲要》、《文化部"十二五"时期文化产业倍增计划》,提出打造"全国文化产业富集发展核心区"。以相对发达地区为核心,打造文化产业富集发展核心区,把西部城市文化产业打造成引领、辐射区域文化产业发展核心区。

加强西部城市文化产业的合作与发展对区域经济的发展有着重要的意义。一是有利于培育地区新的经济增长点。伴随着经济社会的快速发展,居民收入的稳步增长,对文化消费的需求日益强烈,文化产业作为一种新兴的业态,呈现出巨大的发展潜力,成为地区新的经济增长点。二是有利于转变经济增长方式。文化产业属于第三产业,是典型的绿色经济、低碳经济,对能源及其他自然资源消耗极小,其快速发展,不仅可以保护环境、节约资源,增加第三产业的比重,更重要的是改变地区资源消耗性经济增长方式的局面。另外,文化产业的发展可以渗透到其他领域,从而改变资源的配置结构,推动产业结构调整,促进经济发展。三是有利于推进全国经济一体化。经济一体化已经提出多年,也取得了一些成效,但合作的领域有较大的局限性。文化产业作为新兴产业的代表,加强区域合作,将会更加丰富"优势互补、互利共赢"的合作内容,进一步促进经济一体化发展。

文化资源的相容性、文化产业的梯度性和互补性是西部城市文化产业区域合作的重要基础。西部城市的文化资源相容性是文化产业区域合作的突出优势。以内蒙古呼和浩特市为例,内蒙古自治区一半以上的文化资源集中于此,具备了文化产业合作的最基本条件。此外,西部城市文化产业发展的梯度性和互补性也十分重要,也为文化产业的区域合作提供了可能。西部城市文化产业起步相对较早,文化创意人才、技术资源相对集中,文化产业的辐射力与影响力强大,初步形成了较为完整的产业体系,文化产业产值和对 GDP 的贡献多年位居全国前列;西部城市多以旅游业为龙头,带动了演艺、动漫产业、休闲娱乐产业的发展,初步建成一批文化产业园区和基地,文化产业获得了快速成长;有些地区文化产业发展相对缓慢一些,但也将文化产业发展纳入国民经济与社会发展的主导产业体系,并开始构建以文化旅游业为龙头,带动文艺演出产业、广播影视与动漫产业、广告会展产业、出版印刷发行产业、艺术培训与艺术品产业、休闲娱乐与俱乐部产业、健康服务与体育服务产业、文化信息产业八大产业体系。成都、昆明、西安等首府城市凭借的唯一性优势,文化产业发展较其他非首府城市不仅强势而且厚重,与文化资源较少城市形成了较大的落差,这种落差形成了文化产业高端与低端的互补性,为文化产业的合作与互动提供了条件。

要实现西部城市文化产业区域合作共赢,必须在政策、资本、人才、管理、运作等方面加强区域合作:

(1)要充分发挥资源型的引导和推动作用。文化产业的合作与发展是一项涉及面广、关联度强的综合性工程,需要三地政府充分发挥其在区域合作中的规划、引导和推动作用。①在制定三市文化产业发展个体规划的基础上,制定地区文化产业发展总体规划和三地区文化产业发展规划,明确各地在文化产业发展过程中的定位,并将两者有效衔接,避免利益冲突和地方保护。②建立健全地方性区域合作组织协调机构和各项制度,加强区域合作的组织协调能力,站在全局高度部署合作工作,避免重复建设,同质竞争。③鼓励有关部门和文化企业跨越行政区划的约束,参与区域文化产业合作开发。

(2)积极创造有利的发展环境。各地政府还要完善文化产业区域合作的政策环境,根据区域合作达成的协议调整地方性政策、法规,推动形成统一开放、竞争有序的市场体系。要破除封闭意识,进一步开放市场,营造竞争合作氛围。只有通过进一步开放,并配套相应的改革措施,才能激活市场主体,释放文化消费的巨大活力。在区域合作中,取长补短,开阔思路,尤其是在娱乐、旅游、文化信息服务、网络文化等领域加强交流与合作,达到互促双赢,成为推动文化产业的发展后劲。

(3)整合优势文化资源项目。西部城市文化产业各具优势,可以互为补充,可以通过区域体制共建来合力推进区域间的文化资源要素的合理流动与有效组合。

2. 推动城市与周边发达省市区域文化产业合作

西部城市应加强区域合作,承接以京津冀、长江三角洲、珠江三角洲为核心的环渤海经济圈以及东部沿海带文化产业先进技术、最新创意成果的转移,大力发展体验式文化旅游、创意设计、文化会展、新闻出版、工艺美术等业态,形成文化产业发展区域。

创意、科技、人才是文化产业发展非常重要的条件,作为文化产业发展的基础性资源,创意、科技、人才的匮乏成为西部城市文化产业发展非常重要的制约因素。要实现文化产业发展定位、目标,必须借力发展,在人才、资金、信息、技术等方面,不仅实现区域内合作,更应借助其他地区优势资源,承接相邻发达区域文化产业先进技术、最新创意成果的转移,引进文化产业发展高端人才,利用一切可利用资源。同时,还要努力在作为国家战略的"文化产业振兴规划"当中发挥主导作用,借机深化与周边省区的文化产业合作与交流。此外,还应该继续加强与蒙古、俄罗斯、韩国、日本等国家的文化交流,借助外力,扩大影响,坚持"引进来,走出去"的原则,实现各方共同促进区域文化产业发展,共同实现区域文化产业繁荣的战略目的。

(三)产业集聚发展战略

文化产业具有集群特性,体现在产业链条长、上下游企业众多。以演艺业为例,包括院团、演出公司、剧场、票务销售分销商、舞美道具制造商、音响生产租赁商、电视节目制作公司、音响发行商等。这种集群性本质决定文化产业不能单靠某一点发展,而应推动形成文化产业园区,以园区式发展带动文化产业发展。大量产业联系紧密的文化企业以及相关支撑机构在空间上集聚,为文化产业相关企业提供孵化和集聚功能,通过资源高度整合的协同作用,形成竞争优势。创建文化产业园区将成为各地发展文化产业的主要方式[①]。

我国目前文化产业园区属"政府扶持—园区互动—企业创新"的发展模式。它存在许多问题,集中体现在产业集聚功能和集群效应发挥不够(有些只是一个或几个项目的聚拢),缺乏产业链条,缺乏产业规模,缺少真正有实力的企业的集聚,有些则容易变成文化展示中心或者地产项目(建历史人物雕像、历史文化遗迹展,建大厦、主题酒店、山庄等),重视形式,缺乏规划,定位模糊等。将文化园与文化产业园相混淆,没有按照产业链经营的做法经营文化产业园。

经过近几年的发展,我国西部城市文化产业已初步形成了以文化旅游、文艺演出、文博会展、音像图书等产业为主要支柱的文化产业体系,以及以国有文化企业为主导,多种所有制经济共同参与,投资主体多元化、融资渠道社会化、投资方式多样化、项目建设市场化的文化产业发展新格局。但文化产业发展总体目标不明确,定位模糊,产业链条不完整,产业布局散乱等问题仍然突出,并未形成真正的文化产业集聚,这些问题的存在,严重制约了西部城市的文化产业发展水平。目前资源性城市文化产业园区也并非按照严格意义上的园区来进行规划与建设,更多的只是一两个项目的聚拢。推进西部城市文化产业集聚应加强以下工作:

(1)应以《文化部"十二五"时期文化产业倍增计划》为目标,结合各地区优势与特点,确定每个区域不同的文化产业发展重点,整合并改造现有的文化产业资源和产业体系,重新进行产业规划布局,在新的战略高度上实施西部城市文化产业的集群化发展战略。

(2)统筹西部城市文化产业园区规划建设,遵循集约发展、突出特色、合理布局的原则,加强规划在产业集聚发展中的引导作用。应对园区进行准确定位,体现

---

① 陈少峰、张立波:《文化产业商业模式》,北京大学出版社,2012年版。

园区特色,明确园区整体发展战略,体现园区专业化发展,做好规划,避免与周边城市低品质、同质化竞争。

(3)文化产业园区建设应完善产业链经营,建立起产业链形态的产业集聚。文化产业链包括纵向产业链条与横向产业链条。纵向产业链是指某个产业上下游的产业链,形成价值链的延伸。比如,动漫产业,依托故事情节或创意制作动漫片,利用动漫片中的情节和原创人物形象,开发衍生产品,比如舞台剧、微电影、动漫游戏、手机游戏、玩具、服饰、文具等,更能以形象授权方式衍生到更广泛的领域,像主题公园、主题酒店等。比如,小熊维尼卡通形象诞生于1925年,至今每年仍能销售出近60亿美元的衍生产品。横向产业链是指文化产业集群中不同行业之间的结合,比如文化旅游、文化会展、演艺娱乐、影视出版等行业的结合。不同行业共享同一历史文化资源,并且各产业或产业要素在时间和空间上形成协调配合、相得益彰的关系。

按照纵向产业链条或横向产业链条,明确园区整体发展战略,对园区内产业内容进行合理布局。两种产业链条有时是交织在一起的。以动漫创意产业园为例,可以有动画节目制作、影视制作、影视动画技术企业、人才培训基地、广告公司、艺术授权公司、衍生产品开发公司等,还可以有动漫嘉年华、动漫剧场、动漫艺术创意雕塑展示等,拉动文化消费。

(4)文化产业园区应体现产业集聚效应。园区应是在龙头企业的带动下,众多企业的集聚。在龙头企业的带动下,一大批中小企业围绕龙头企业提供发展所需配套。应吸引国内外知名大企业入驻,创园区品牌。比如,成都市红星路35号广告创意产业园区引进70余家广告创意设计机构,园区联系服务企业830家,引进龙头企业、国内知名广告企业入驻,形成广告创意产业集聚发展区。该园区规划到2015年集聚4000家以上广告及关联企业。

(5)文化产业园区应有完善的功能配套。加快基础设施的建设和完善,搭建投融资、技术研发、产业交流和产品展示交易等公共服务平台。比如,园区内建设有信息网络服务平台、技术服务平台(研发中心、新技术印务服务中心、创意产品展示中心等)、产品交易平台、企业孵化及人才培育平台等。

(6)文化产业园区应形成一定产业规模。比如,成都市红星路35号广告创意产业园区广告产业就业人员达5000余人,2011年园区产值达5亿元,相关服务企业产值达30亿元。计划到2015年广告经营额达50亿元,关联企业产值达100亿元。

(四)创意与科技引领战略

文化产业,又称"文化创意产业"或"创意产业"。"创意"与"科技"是文化产业发展的双翼。通过创意,可以开发和创造出新的文化资源。创意与创新资源在文博会展、影视、主题公园等领域是一个产业链形态的资源系统开发过程[①]。例如,迪士尼乐园的主要发展模式是通过创意和创新虚拟形象,进而形成艺术授权、主题公园和相关衍生产品开发。再如,熊猫本是中国传统文化元素,却被美国进行了创造性转化,实现资源的有效开发,"中国功夫 + 中国熊猫"在美国好莱坞梦工场缔造了票房神话。

借用查尔斯·兰蒂(Charles Landry)的价值生产链分析法,可将文化产业从创意到最终端的市场概括为如图12-1 所示。

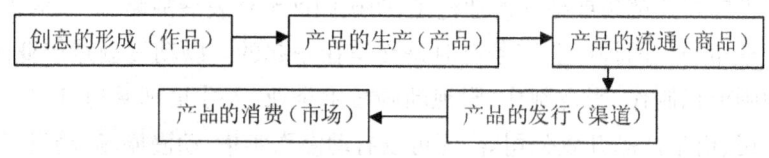

图 12-1　文化产业价值链流程图

从整个文化产业的价值链利润贡献值来看,前端的内容创意利润率为45%,中间的内容制作和内容复制分别为 10% 和 5%,后端的交易服务、产品营销为40%。文化产业是内容为王,内容创意生产是最重要的价值源泉。但是在我国,由于文化政策和文化管理机制的制约,目前出现的是平台或渠道为王。

创意作为重要的文化资源来源,主要取决于人力资源开发的力度和水平。创意人才需要具有宽阔的知识结构、灵活的思维方式、丰富的生活经验以及创新能力、思维能力、研究能力、表达能力等关键能力[②]。在进行创意人才开发时,第一,利用素质模型进行甄选;第二,开展多样的学习和培训;第三,创造优良的创意环境,鼓励员工大胆创新,勇于实践;第四,创意管理,通过绩效管理、报酬系统设计、员工职业生涯设计等加强创意管理。

虽然经过多年的发展,我国西部城市文化产业的发展已初步形成了以文化旅

---

① 陈少峰、张立波:《文化产业商业模式》,北京大学出版社,2012 年版。
② 向勇:《文化产业人力资源开发》,湖南文艺出版社,2006 年版。

游、文艺演出、文博会展、音像图书等产业为主要支柱的文化产业体系,但以旅游产业为主导仍是文化产业体系结构的基本形态。从长远来看,以此为主要支撑的文化产业体系在当今国内国际分工格局中的处境也是极为弱势和被动的。而且,受客观条件的限制,西部城市旅游产业增长性也并不很强。因此,西部城市在大力发展旅游产业的同时,必须依托突出的文化资源,发展若干高创意、高科技、高附加值、高文化含量、生命周期长、需求收入弹性大、具有唯一性或特色优势、不易被模仿替代、能代表区域经济发展方向的文化主导产业,以改变目前文化产业竞争力偏低的状况。

与东部沿海等文化产业发达地区相比较,创意人才的匮乏是西部城市乃至全国文化产业发展的"软肋"之一。在目前的文化资源产业化开发实践中,最为突出的问题就是创意和科技的缺乏造成的低效和粗放开发。对此,西部城市应以草原文化的高起点、可持续开发为主要发展方向,以传统、落后产业的创意化、技术化提升为重点,集聚、整合现有的处于分散状态的科技、人才、品牌、管理、设计、自主知识产权等高端要素资源,积极有效地把区域内研究机构、相关公司、辅助机构、行业协会、高等院校动员起来,着力推动官、产、媒、学各界的通力合作。同时,应兼顾生产、市场和营销,通过研究目标市场,寻求生产和营销的应对策略。通过创新营销模式,创造出新的和释放出潜在的市场需求,以拓展产业盈利空间,延长产品生命周期。应通过知识产权的生成和利用,开发衍生产品,延伸产业链条[①]。

(五)产业融合发展战略

党的十七届六中全会提出:"推动文化产业与旅游、体育、信息、物流、建筑等产业融合发展,增加相关产业文化含量,延伸文化产业链,提高附加值。"深入贯彻落实这一要求,推动文化产业与相关产业融合发展,既是加快发展文化产业、推动文化产业成为国民经济支柱性产业的必然要求,也是转变经济发展方式、实现相关产业升级的迫切需要。[②]

所谓产业融合,是指由于技术进步、规制放松、管理创新及需求拉动等原因,带来不同产业之间相互渗透、彼此交叉,进而演化为产业之间产品、业务与市场的融

[①]王光文:《依托草原文化资源发展特色文化产业》,浙江在线新闻网,http://www.zjol.com.cn/05culture/system/2006/11/03/007968610.shtml 2006-11-03。

[②]人民日报:《推动文化产业与相关产业融合发展》,2012年2月28日。

合,从而导致产业边界的模糊化甚至重新划定的动态发展过程。产业融合作为一种产业创新,给世界产业发展与经济增长带来了新的动力,正日益成为提升产业竞争力乃至一国竞争优势的重要因素。在各种产业中,文化产业是一个综合性、渗透性、关联性比较突出的产业,与多个产业存在天然的耦合关系,具有融合的深厚基础和广阔空间。在世界产业融合发展潮流中,文化产业扮演了先锋角色。当前,推动西部城市文化产业与相关产业融合发展具有两方面的重要意义。

1. 推动文化产业与相关产业融合发展是文化产业发展的强大引擎

当前,推动地区文化产业跨越式发展,使之成为新的经济增长点,需要多措并举,其中一个重要方面就是推动文化产业与相关产业融合发展。因为旅游、演艺、体育、信息、物流、建筑等相关产业可以为文化的交流和传播提供平台,为文化资源的开发提供载体,实现文化产业的市场化和规模化。通过产业融合突破产业分立的限制,为文化产业提供扩大规模、扩展事业范围、扩张产业边界、开发新产品和新服务、创造新业态等方面的巨大商机,推动西部城市文化资源在更大范围内合理配置,进而促进文化产业跨越式发展。

2. 推动文化产业与相关产业融合发展是推动西部城市相关产业升级的重要路径

产业升级是产业由低技术水平、低附加值状态向高技术水平、高附加值状态发展的过程。附加值不仅包括技术附加值,而且包括文化附加值。当前,随着经济社会的发展,人们对精神文化的需求越来越强烈,在注重产品功能性价值的同时,更加关注产品的文化价值。这就要求我们在继续坚持依靠技术创新、提高产品技术附加值的产业升级路径的同时,开辟提高产品文化附加值的新路径。这就需要推动文化产业与相关产业融合,使文化产业的文化符号价值、文化理念、创意等向相关产业渗透,嵌于相关产业的研发、设计与品牌营销等高端价值链环节,提升相关产业的文化附加值,推动相关产业升级。对此,山西省的经验值得研究与借鉴:晋商文化是山西省的一张文化"名片",通过《乔家大院》、《走西口》、《白银帝国》等影视剧的热播,王家大院、乔家大院、晋祠等旅游景点让众多游客慕名而来。"王家归来不看院"已成为老百姓耳熟能详的话语。将影视、传媒、旅游等产业相结合,拉动经济增长,山西省采取的这一"妙招",成为促进当地旅游业发展的新推手。

当前,促进西部城市文化产业与相关产业融合发展,应从优化产业融合发展的内外部环境入手,制定和实施相关政策措施。①强化创新驱动。文化产业与相关产业融合发展的本质是创新。因此,应重视和鼓励文化产业与相关产业交叉部分的技术创新,创造良好的文化产业与相关产业共性技术平台。②营造制度环境。适当放松产业规制,建立顺应产业融合发展的新规制,为产业融合发展创造宽松的制度环境。③坚持市场导向。消除部门限制和地区分割,促进形成统一开放、竞争有序的国内大市场,充分发挥市场配置资源的基础性作用。④建设组织载体。根据产业优化升级的方向和产业关联的性质,培育文化产业与相关产业融合发展的产业集群,并支持、鼓励按照市场经济原则,通过混合兼并、战略重组等形式,组建新的产业融合发展的企业集团。

(六)重大项目带动战略

党的十七大报告提出"大力发展文化产业,实施重大文化产业项目带动战略,加快文化产业基地和区域性特色文化产业群建设,培育文化产业骨干企业和战略投资者,繁荣文化市场,增强国际竞争力"。近年我国的文化产业发展表明,文化产业项目,特别是具有地方特色的重大文化产业项目,在引导文化产业向集约化与规模化方向发展、提升文化产业结构以及提高地区文化产业竞争力等方面发挥了重要作用[1]。

近年来,国家认定和实施了一批文化产业重大项目。但是,在重大项目认定、管理方面存在很多问题,重大项目建设重复现象严重,带动作用与影响力不强。结合地区实际,实施重大文化产业项目带动战略,要以《文化部"十二五"时期文化产业倍增计划》为目标,发展壮大文化产业基地,培育区域性特色文化产业群。

1.科学合理认定文化产业重大项目

(1)西部城市文化产业重大项目应属于地区重点发展的数字传媒、文化旅游、文化创意与设计、文博会展、文艺演出、艺术品创作与交易、出版印刷与发行等文化产业领域。

(2)建立重大项目申报评价机制与办法,评价指标体系应以项目竞争力评价

---

[1] 南京大学国家文化产业研究中心:《重大文化产业项目带动战略研究》,《国家文化产业课题研究报告(2008)》,云南大学出版社,2009年版。

为核心,对申报项目的发展基础、发展潜力和相对优势通过专家团队进行评价,避免重复建设、资源浪费与恶性竞争,确保文化产业项目的整体竞争力提升。

2. 加大对重大文化产业项目的管理

各级文化产业管理部门从规划、用地、税收等方面对重大文化产业项目单位进行指导。对于通过认定的国家级、省级重大文化产业项目,在专项资金支持、土地使用、税收减免、投融资服务、招商推介、信息咨询等方面享受优惠待遇;建立文化产业项目数据库,搭建西部城市重大文化产业项目发展平台。文化产业管理部门责成相应工作机构收集和汇总市文化产业项目,由市文化产业管理部门进行整理分类。市文化产业管理部门通过招商引资、提供项目基础设施和产业发展资金扶持等形式孵化和培育文化产业项目;对重大文化产业项目积极进行对外宣传、推介;编制重大文化产业项目招商手册;加强对重大文化产业项目的跟踪管理。

3. 鼓励社会资本进入文化产业发展领域

坚持"社会资本投入、政府引导扶持、企业经营运作"的发展思路,充分吸引社会资本进入文化产业投资领域,吸引社会资本进入西部城市重大文化产业项目领域。

(七) 文化品牌实施战略

文化品牌是西部城市核心文化竞争力,是形成区域文化品牌的关键点。但目前各地区对文化资源的内涵尚未形成统一认识,虽然分类并整理了一系列文化资源内涵,但对各地文化内涵的推广、弘扬指向性不明确,没有形成品牌塑造与推广的合力,导致文化品牌形象认知度不高,没有形成属于自己地区的文化反射。西部城市作为我国重要的文化产业发展基础,虽经多年的努力,打造了一些具有一定品牌影响力的节庆和会展活动,但真正能反映城市文化资源灵魂的整体文化品牌并未树立起来。同时,能带动城市文化产业发展的文化品牌体系尚未建立起来,文化产业、文化企业、文化产品的品牌形象并不突出。

西部城市实施文化品牌战略,可采取如下措施:

1. 利用重点文化产业项目打造特色鲜明的区域文化品牌形象

特色的文化资源是着力打造的区域文化品牌,在这一战略引领下,西部城市应该以建设国际标准的文化产业发展为定位,充分利用经济全球化的发展带来的重大机遇。同时,各地区文化节也是重要的文化产业发展平台。如呼和浩特市拥有"一会两节"重点文化产业项目,即中国呼和浩特民族商品交易会、中国呼和浩特昭君文化节、中国呼和浩特少数民族文化旅游艺术节活动。并且,呼和浩特市确立大盛魁(南北区)文化产业园、内蒙古敕勒川文化旅游产业园、蒙亮、苏鲁锭、德股乐等民族工艺品制作与交易平台建设等重点项目。对重点文化产业项目进行建设与管理,策划与运作,发挥项目品牌效应,提升项目国内外影响力,对提升城市文化品位,打造城市文化品牌形象,突出呼和浩特市"国际草原文化创意与交流中心"的发展带来重要影响。

2. 构建产业品牌体系,扩大文化产业品牌效应

打造特色鲜明的文化产业品牌、文化企业品牌和文化产品品牌。以产品、企业、园区为支撑,构建文化产业品牌体系,扩大资本聚集、消费导向、产业示范和利润增长等多重文化产业品牌效应。有效挖掘西部城市自然资源与人文资源,例如民族历史文化资源;深入挖掘草原文化、伊斯兰文化、黄河文化、长江文化,大力推广具有民族历史特色的歌曲、民族歌舞、民族声乐等文艺演出精品,民族手工艺品以及具有民族特色的动漫、图书、影像制品。塑造特色文化产品品牌;以出版发行、文化旅游、文博会展、文艺演出、创意设计、动漫游戏、工艺美术为重点,培育一批能够引导市场选择,具有核心竞争力的文化品牌企业。全力提升核心文化企业的品牌化经营,集中力量培育和打造在国际具有一定知名度的文化企业品牌,塑造一批品牌文化形象;以文化产业园区、特色街区为重点,打造一批具有产业示范效应和聚集效应,对城市经济具有带动效应的品牌园区。

3. 出台政策培育和扶持一批具有深厚民族文化底蕴和浓郁时代气息的文化品牌

对地域文化特点鲜明、水平较高,有保留和推广价值的品牌,经审核可给予项目补贴。鼓励文化企业实施品牌战略。经审核被命名为市级重点文化产业项目和重点文化企业的,优先享受国家制定的关于资金支持、土地使用、税收减免、人才引进等各项优惠政策。对新获得中国驰名商标地区著名商标的文化企业,给予一定奖励。对原创的影视、演艺、动漫、图书等作品,在国家级和省级评比竞赛中获得重

要奖项并产生重大社会效益和经济效益的,对作者、拍摄制作单位、创作演出单位给予奖励。对成绩突出的文化企业每年予以表彰,授予"发展文化产业先进单位"称号,并予以奖励。

4. 建立强大的传播体系和交易平台来推广文化产品和营销品牌,提升文化品牌知名度

进一步整合电视、网络、移动互联网、移动多媒体等渠道资源,打造和提升西部城市文化品牌核心传播能力。通过数字化、网络化应用,打造不受时间、空间限制,全天候、全时段、全自治区、全国范围内展示、推广文化产品信息的平台,逐步展现地区文化品牌效应,促进投融资对接和产品交易,拉动文化消费。

二、中国西部城市文化产业发展的保障体系

文化产业发展是一项复杂的系统工程,组织保障、制度保障、财政保障、政策保障、人才保障,缺一不可,只有各个领域和部门统筹协调,发挥各方面的职能作用和工作积极性,才能形成推进文化产业发展的强大合力。

(一)组织保障

我国文化产业的发展,政府发挥着主导作用,西部城市文化产业的发展更离不开政府的重视、支持。城市文化产业之间实现合作,必须要打破"保护主义"壁垒,实现政府之间的合作,在合作城市之间建立有效的组织机构,保障区域文化产业合作的顺利进行。

1. 建立跨越行政区划的区域合作城市市长联席会议制度

区域合作城市市长联席会议是区域文化产业合作的最高领导机关,负责对文化创意产业发展区域合作工作的领导,解决区域文化产业在合作中存在的问题。联席会议由合作城市市长组成,联席会议设轮值主席1名(由各城市市长轮流担

任),采取定期和不定期两种会议形式。轮值主席负责召集、组织会议,确定会议主题和议题,协调相关事务。联席会议下设办公室,由合作城市文化行政部门主要负责人组成。办公室作为区域文化产业实现合作的具体部门,主要负责拟定区域文化创意产业发展战略;制定区域文化产业联动工作推进实施方案;督办区域文化产业联动工作落实情况;协调相关城市对文化产业项目给予政策、资金支持;完善区域文化产业合作机制运行工作,探索建立区域文化产业合作的长效机制。

2. 成立城市文化产业发展委员会

以贯彻、落实区域合作城市市长联席会议的有关精神,制定本市的文化产业发展战略和规划,领导本市文化产业发展。委员会应该由市委市政府主要领导牵头,其成员应包括市委宣传部、发改委、文化局、统计局和旅游、广电、出版等文化产业相关行业的主要领导组成。其中市委宣传部侧重于方向性调控,发改委侧重于文化产业发展宏观管理;统计局要依照国家 2012 年颁布的《文化及相关产业分类》,尽快制定文化产业统计制度,把文化产业统计从各门类统计中独立出来,在充分运用信息技术的基础上,规范数据来源渠道,建立起科学的文化产业数据库和评估体系,并积极发挥在监测产业发展数据方面的作用。为加强具体工作事务的沟通协调,在城市文化产业发展委员会领导下,建议建立由市委宣传部牵头的联席会议制度,具体负责产业推进工作。

3. 提高政府管理及服务能力,加大文化产业发展的市级统筹力度

加强区域协调,打破行政、区域、行业、部门和所有制壁垒,消除资源要素流动的瓶颈梗阻和分散割裂状态,建立文化资源整合、文化产业集团化整合、关联产业基地化聚合、文化人才整合、价值链整合的机制,使文化产业由散兵游勇式的要素推动型向各要素战略协作的合力拉动型转变①。

4. 建立健全文化创意产业中介机构和行业组织

研究并建立与国际接轨的创意产业统计评估体系,定期发布《城市文化创意产业发展年度报告》。鼓励建立文化创意产业市场的各种行业协会,强化行业自律,加强行业内部信息沟通和合作。发展经纪机构、代理机构、咨询服务机构等中介组

---

① 王光文:《依托草原文化资源发展特色文化产业》,浙江在线新闻网站,http://www.zjol.com.cn/05culture/system/2006/11/03/007968610.shtml 2006 - 11 - 03。

织,充分发挥其在资源供给、产品生产和市场之间的纽带作用,促进各产业链上中下游的渠道畅通。规范文化中介企业的设立和运行,实行许可证及资格认证制度,完善文化经纪人与经纪组织的资格评定体系,为文化交易信息化、法制化和网络化奠定基础。

(二)人才保障

制定文化产业人才中长期发展规划。结合西部城市文化产业发展定位、发展目标、发展重点领域,在文化产业人才数量、结构需求方面做出中长期发展规划,制定文化产业领域紧缺人才开发引进目录,建立高端领军文化人才库、经营管理人才库、创意策划人才库、专业技术人才库。

加快培养造就一批文化产业经营管理人才和各领域优秀拔尖人才。西部城市要制订文化产业专业人才培养计划,鼓励以岗位聘用、项目聘任、客座兼职、定期服务、项目合作等多种形式引进高层次文化产业人才。加强西部城市高等院校之间的合作,整体推进西部文化产业学科建设,培养一批既了解西部文化又懂经营管理,既有地方特色又能服务西部的专业人才。支持文化企业与教育机构联合搭建文化产业人才培养基地,加快培养一批文化产业紧缺人才、专业技术人才和年轻后备人才。注重选拔培养各级文化产业管理干部,定期举办文化产业人才培训班、研修班。

通过"引进、激活、培养"的方式,壮大文化产业人才队伍,具体可采取如下措施:

1.制定文化产业人才引进优惠政策,多渠道、多方式引进国内外高端优秀文化产业人才

西北地区城市由于财力、环境、条件所限,直接引进大量文化产业人才并加以安置存在诸多困难。对此,一方面应努力打破各种条件限制,采取间接引进的办法,通过跨地区机构联合、项目协作、信息交流、资源共享等途径,吸引发达地区文化产业人才,提高本地区文化产业运作水平;另一方面应定期发布文化产业人才需求信息,成立人才中介组织,建立灵活的人才引进机制。

2. 建立健全文化产业人才引进综合评价体系、创新人才评价体系，不断完善人才政策及保障、奖励措施，激活现有文化产业人才

一方面存在文化产业人才匮乏的问题，但同时也存在用得不好的问题。对此，除一般性松绑和激励外，还应进一步了解研究文化产业人才的特殊性，建立与文化产业发展规律相适应的人才选拔、使用、激励机制。完善公平竞争和分配激励机制，加快人事制度、分配制度、评价与奖励制度改革，支持和激励优秀拔尖人才脱颖而出。尽快完善文化人才编制配备和编制外人员使用体系。积极推行管理入股、成果入股、技术分红等制度，大胆探索知识资本化途径，依法保护知识产权，建立文化产业人才资本及科研成果有偿转移制度。

3. 将文化产业人才培养工作纳入西部地区城市人才培养规划

积极探索政府、高校、院所、企业合作培养机制，拓宽文化产业人才培养、培训渠道，创新培训机制。一方面以具备条件的高校为依托，建立文化产业人才培养、培训基地。不但培养在校学生，还要对各行各业相关人员进行培训，并进行文化产业人才方面的职业资格认证。另一方面将文化产业人才培养纳入到各级职业教育培训范畴，形成多层次、立体型的人才培养机制。同时，依托文化产业园区、大型文化项目和骨干文化企业，建立一批文化产业人才实训基地。

(三)资金保障

1. 设立文化产业发展专项资金

主要用于培育骨干文化企业、扶持重点文化产业项目、推进文化产业园区建设、引导重点产业的培育和形成，采取项目补助、贷款贴息、保费补助、绩效奖励等方式。鼓励西部城市政府安排文化产业发展专项资金。完善专项资金管理办法和使用、考核机制。充分发挥财政资金的杠杆作用，在国家政策许可范围内，引导非公有制经济组织和社会资本以多种形式投入到文化产业发展中，参与国有经营性文化单位转企改制，参与重大文化产业项目实施和文化产业园区建设。

2. 创新文化产业投融资方式

设立西部、区域合作城市、城市三级文化创意产业投资引导基金。吸收西部合

作区域内或城市内骨干文化企业、大型国有企业和金融机构加入,带动社会资本投资文化产业。该基金委托基金管理公司运作、管理,实行市场化运作,在支持区域、城市重点文化产业发展领域、重点文化产业项目、重点文化企业、文化产业园区建设等方面发挥重要作用;积极开展政银合作,鼓励金融机构加大对文化企业的信贷支持。根据文化产业特点,探索建立文化知识产权第三方评估机制,创新金融产品和金融服务,推动金融机构开发多元化、多层次的信贷产品和贷款模式;建立西部、区域合作城市、城市文化产业投融资公共服务平台,发布文化产业投融资最新资讯、文化产业投融资政策法规、产业观察等信息,通过搭载文化产业项目评价系统、文化企业信用评级系统、文化产业保险系统、文化产业担保系统以及文化企业股权融资平台、文化企业债券融资平台、政府文化产业投资基金、文化产业产权交易平台等平台,促进文化产业和金融业结合;支持有发展潜力、效益有保障的文化创意企业通过创业板乃至主板市场上市,充分利用资本市场的资源做大做强文化创意产业。

(四)政策保障

认真落实中央和省(市、自治区)关于文化产业发展的各项政策,加快研究制定西部城市文化产业发展的促进政策。西部城市的发改委、国土、规划、商务、工商、金融、税务等部门,要采取切实措施加大对文化产业政策扶持力度。对文化企业自主创新、文化内容创意生产、非物质文化遗产传承等项目经营按国家规定实行税收优惠。全面落实国家文化改革发展配套政策,可根据不同城市实际情况,对转企改制国有文化单位扶持政策执行期限予以延长。降低文化产业市场准入门槛,鼓励投资者以知识产权等非货币出资方式向公司出资。完善文化产业园区、基地和重点项目的认证考核办法,规范文化产业园区、基地的建设和管理,提升文化产业园区、基地发展质量。

加大知识产权保护力度。建立健全知识产权保护体系,为文化创意产业的发展营造有利的法制环境和市场环境。建立第三方知识产权评价中心及文化创意产业的知识产权评价制度。通过建立一整套对知识产权和文化创意项目进行评价的机制、模型、原则和运作模式,占领全国文化创意项目评价的制高点。允许经有关部门依法认定、评估的专利和技术按一定比例折价作为股本和注册资金。

(五)公共服务平台保障

结合西部城市的实际,通过建设"数字城市",推进"三网融合"等方法,重点组织实施高速宽带网络、电子政务、电子商务和公众信息服务平台四大工程,使西部城市成为高效、便捷的区域性信息和商务服务中心、文化产业发展公共服务平台。建立城市文化产业发展网络平台。建立项目数据库,搭建西部城市重点文化产业项目发展平台,对西部、区域合作城市、城市内重点文化产业项目进行整理、推介,在平台上招商引资,为国内外文化企业和机构投资文化产业提供信息服务。建立健全西部、区域合作城市、城市文化产业信息发布制度,将发展文化产业的政策、法规以及行业信息在网站上予以公布。定期编制和发布城市文化产业年度发展报告。加强政府、企业和科研院所的合作,培育和发展项目推介、商业经济、人才培训、风险投资、代理服务等各类中介服务机构。建立综合性文化产权交易所,使之成为省(市、自治区)、西部乃至国内服务的文化创意项目、产品交易平台,使原创动漫、歌舞作品、文化创意可以像商品一样挂牌出售,让文化与资本产生有效对接,促进文化产业的"核聚变"。